U0090230

民國文化與文學研究文叢

三　編

李　怡主編

第 18 冊

現代中國小說史學之建立——以魯迅、胡適爲中心

鮑國華著

國家圖書館出版品預行編目資料

現代中國小說史學之建立——以魯迅、胡適為中心／鮑國華著 -- 初版 -- 新北市：花木蘭文化出版社，2014〔民 103〕
目 2+162 面；19×26 公分
(民國文化與文學研究文叢 三編；第 18 冊)
ISBN 978-986-322-790-8（精裝）
1. 中國文學史 2. 現代小說 3. 文學評論
541.26208　　103012754

特邀編委（以姓氏筆畫為序）：

丁　帆　　王德威　　宋如珊
岩佐昌暲　奚　密　　張中良
張堂錡　　張福貴　　須文蔚
馮　鐵　　劉秀美

民國文化與文學研究文叢
三　編　第十八冊　　ISBN：978-986-322-790-8

現代中國小說史學之建立
——以魯迅、胡適爲中心

作　　者　鮑國華
主　　編　李　怡
企　　劃　四川大學現代中國文化與文學研究中心
　　　　　民國文學與海外漢學研究中心（籌）
　　　　　北京師範大學民國歷史文化與文學研究中心
總 編 輯　杜潔祥
副總編輯　楊嘉樂
編　　輯　許郁翎
出　　版　花木蘭文化出版社
社　　長　高小娟
聯絡地址　235 新北市中和區中安街七二號十三樓
　　　　　電話：02-2923-1455／傳眞：02-2923-1452
網　　址　http://www.huamulan.tw 信箱 hml 810518@gmail.com
印　　刷　普羅文化出版廣告事業
初　　版　2014 年 9 月
定　　價　三編 20 冊（精裝）新台幣 35,000 元　版權所有・請勿翻印

現代中國小說史學之建立
——以魯迅、胡適爲中心

鮑國華　著

作者簡介

鮑國華，男，1976 年 11 月生。天津市人。文學博士。副教授。1999 年獲天津師範大學中文系文學學士學位。2002 年獲天津師範大學文學院中國現當代文學專業碩士學位。2005 年獲北京師範大學文學院中國現當代文學專業博士學位。2006 ～ 2008 年在北京大學中文系從事博士後研究工作。現任教於天津師範大學文學院。主要研究中國現代小說、中國現代學術和魯迅。著有《魯迅小說史學研究》（2008 年），主編有《二十世紀天津文學期刊史論》（2012 年）等。

提　要

本書以中國小說史學的開創期——晚清「小說界革命」至「五四」新文化運動期間的小說史學爲研究對象，將「小說成爲學術」作爲現代中國學術史上的一個文化事件，進行發生學的考察，通過分析中國小說史學開創期學人的研究思路與方法、理論貢獻及遺留問題，凸顯小說史學在現代中國學術史上的意義。在論述過程中，選取魯迅和胡適這兩位中國小說史研究的先驅者爲切入點，將兩位學人視爲現代學術史上承前啓後的「歷史關節點」，通過考察《中國小說史略》、《中國章回小說考證》以及其他小說史論著，對魯迅和胡適的研究思路及其背後的文化選擇進行歷史評估與價值考量，藉此展現中國小說史學的創建過程及其之於現代中國學術史的意義。本書作者認爲，魯迅和胡適等學人通過提升小說文類的文化地位，使之成爲顛覆正統文化的思想資源和建立新的文化與文學秩序的有效工具。開創期的中國小說史學，其價值不限於對小說史學科的奠基作用，還在於中國學人第一次將小說納入學術研究視野，並採用西來之文學史（小說史）的研究體式，預示並最終實現了一種新的學術認同與文化選擇。小說成爲學術研究對象，其影響也不限於學科內部，還包括對「文學」概念的重新建構，對一種新的文學研究思路與閱讀趣味的倡導和發揚。

「民國熱」與民國文學研究
——第三輯引言

李　怡

經過多學界多年的倡導和努力，「民國文學」的概念在越來越大的範圍內獲得了人們的理解和接受，從民國歷史文化的角度闡述文學現象也正在成為重新定位「現代文學」的重要思路，從某種意義上看，這可以說是近年來中國文學研究的一大動向。當然，面對我們業已熟悉的一套概念、思路和批評方式，「民國文學」的價值、意義和研究方式也依然需要更多的學者共同參與，並貢獻自己的創造性思想，在更獨特更具規模的「民國文學史」問世之前，種種的疑問是不可避免的。其中之一，就是困惑於社會上越來越強烈的「民國熱」：在不無喧鬧、魚龍混雜的「民國消費」的浪潮中，所謂的「民國文學研究」又意味著什麼？它根源於何方？試圖通往何處？如何才能將流俗的迷亂與學術的理性劃分開來？

在這個意義上，釐清當前中國社會的「民國熱」與學術研究的「民國文學」思潮之相互關係，也就成了一件極有必要的事情。

作為當代大眾文化的民國熱

民國熱，這個概念的所指本身並不明確：一種思想潮流？一種社會時尚？一種消費傾向？我們只能先這樣描述，就目前一般報章雜誌的議論而言，主要還是指由媒體與出版界渲染之後，又部分轉入社會時尚追求與大眾想像的「趣味的熱潮」。

在一個相當長的時期內，「民國」這一概念通常被另外一個色彩鮮明的詞語代替：舊中國，它指涉的就是那一段早已經葬身歷史墳墓的「軍閥當道，萬馬齊喑，民不聊生」的時代，因早已結束而記憶發黃，因過於黑暗而不願詳述。而所謂的「民國熱」就是對這些固化概念的反動，重新生發出瞭解、談論這段歷史的欲望，並且還不是一般的興趣，簡直引發了全社會範圍內的廣泛而強烈的熱潮。據說，當代中國的「民國熱」要追溯到 2005 年。餘世存的《非常道》、美籍華人學者唐德剛的《袁氏當國》、張鳴的《歷史的壞脾氣》相繼出版，一反過去人們對「民國」的刻板印象，種種新鮮的歷史細節和「同情之理解」，喚起了中國人對原本早已塵封的這段「舊中國」歷史的新的興味。接下來的幾年中，陶菊隱、傅國湧、何兆武，楊天石、智效民、邵建、李輝、孫郁等「民國見證人」與「民國史學者」不斷推出各種鮮活的「民國話題」，使得我們在不斷「驚豔」的發現中似乎觸摸到了「眞實」的歷史脈搏，而且，這些關於民國往事、民國人物的敘述又不時刺激到了我們當今生活的某些負面，今昔對比，但不再是過去那種模式化的「憶苦思甜」，在不少的時候，效果可能恰恰相反，民國的細節令人欣羨，反襯出今天的某種不足，這裡顯然不無記憶者的美化性刪選，也難免闡釋者的想像與完善，但對於廣大的社會讀者而言，嚴謹考辨並不是他們的任務，只要這些講述能夠填補我們的某種欠缺，滿足他們的某些精神需要，一切就已經夠了。「民國熱」在「辛亥百年」的紀念中達到高峰，如今，在大陸中國的稍具規模的書店裏，我們都能夠看到成套、成架、成壁的民國專題圖書，圖書之外的則是更多的報刊文章、電視節目，甚至服飾的民國懷舊潮流，大陸中國的民國熱還在一定程度上波及到了海峽對岸，在臺灣的圖書與電視中，也不時晃動著「民國記憶」的身影，只是，對於一個自稱「民國進行時」所在，也會同我們一起講述「過去的民國」，多少令人覺得詫異，它本身似乎也生動地提醒我們：民國熱，主要還眞是一種大眾趣味的流變，而非知識精英的文化主題，儘管我們的知識界在其中推波助瀾。〔註 1〕

作爲當代大眾文化體現的「民國熱」是由知識分子津津樂道的「民國掌故」喚起興味的，正是借助於這些「恍如隔世」的故事，人們逐漸看到了一個與我們熟悉的生活格局迴然有別的時代和社會，以及生活於其中的個性色彩鮮明的歷史人物，出於某種可以理解的現實補償心理，人們不免在這一歷史意象中寄予了大量的想像，又逐漸將重塑的歷史意象召喚進現實，成爲某

〔註 1〕參看周爲筠：《「民國熱」之下的微言大義》，載《南方都市報》，2008 年 1 月 20 日。

種時尚趣味的符號，如在一些婚紗藝術照與大學畢業紀念照中流行「民國服飾」。應當說，作爲這一社會趣味的推動力量，一些知識分子的「關於民國」的寫作發揮了明顯的作用，但是，作爲流行的社會趣味本身的「民國熱」卻還不能是一種自覺的時代思潮，而只是知識分子的個人的某種精神訴求與社會情緒的並不嚴密的合流，一方面，知識界對這些「民國文化」的提取和發掘尚未進入系統的有序的理性層面，本身就帶有明顯的趣味化和情緒性色彩，包括目前流行甚廣的所謂「民國范兒」，這個本來是一個值得深入探討的精神現象，但是到目前爲止，依然主要流於種種極不嚴格的感性描述與文學比喻，而且據說提出者本人也還試圖放棄其概念發明權。〔註2〕

大眾文化，不管我們今天對它的評價究竟如何，都應該看到，這是一種與通常所說的由知識分子自覺建構的並努力納入到精英文化傳統的追求所不一樣的「文化」，它更多地與人們的日常生活方式及生活趣味緊密聯繫，是指普通大眾基於日常生活的需要而生成的種種精神性追求和傾向，它與精英知識分子出於國家民族意識、歷史使命或文化獨創性目標而刻意生產的成果有所不同。當然，作爲個體的知識分子既致力於精英文化的建構，又同時置身於大眾生活的氛圍之中，所以嚴格地講，他同樣也擁有大眾文化的趣味和邏輯，受到日常生活文化的影響，也自覺不自覺地影響著以日常生活爲基礎的大眾文化。

從精英知識分子的邏輯出發，我們不難發現大眾文化的若干消極面，諸如與媒體炒作對眞正的個性的誤導甚至覆蓋，工業化生產的趣味同質化，五彩繽紛背後隱含的商業利益，對世俗時尚缺乏眞正的批判和反思，甚至對國家意識形態的某種粉飾和媾和等等，當年的法蘭克福學派就因此對資本主義的大眾文化大加鞭撻。的確，源於日常生活需要的物質性、享受性與變異性等特點使得大眾文化往往呈現出許多自我矛盾的形態，這裡就有法蘭克福學派所痛心疾首的「商品性」、「同質化」、「工業生產式的批量化」、「傀儡化」、解構主體意識等消極面，如霍克海默和阿多洛在《啓蒙辯證法》中指出的那樣：「文化工業的產品到處都被使用，甚至在娛樂消遣的狀況下，也會被靈活地消費。」〔註3〕「文化工業反映了商品拜物教的強化、交換價值的統治和國

〔註2〕舒非：《「民國熱」》，見2012年8月10日「大公網」，http://www.takungpao.com/fk/content/2012-08/10/content_913084.htm。

〔註3〕霍克海默、阿多諾：《啓蒙辯證法》，洪佩郁、藺月峰譯，重慶：重慶出版社，1990年版，第118頁。

家壟斷資本主義的優勢。它塑造了大眾的鑒賞力和偏好，由此通過反覆灌輸對於各種虛假需求的欲望而塑造了他們的幻覺。因此，它所起的作用是：排斥現實需求或眞實需求，排斥可選擇的和激進的概念或理論，排斥政治上對立的思維方式和行動方式。」〔註 4〕

所以，我們今天也不難發現大眾「民國熱」中的一些爲消費主義牽引的例證。例如今天的「民國熱」也開始透露出不少獵奇和窺隱的俗套，諸如《民國公子》、《民國黑社會》、《民國八大胡同》一類黑幕消費、狹邪消費同樣開始流行一時，走上被法蘭克福學派抨擊的文化解構、文化異化的萎靡之路。

作爲學術史演進的「民國文學研究」

上述大眾之熱，在最近一些年給人留下了深刻的印象（有人稱之爲「愈演愈烈」），所以當「民國文學研究」的呼聲出現，便自然引起了不少的聯想：這是不是「民國熱」的組成部分呢？又會不會落入獵奇窺隱的窠臼呢？

在我看來，「民國熱」與「民國文學研究」的出現，其最大的相關性可能就在時間上。拋開臺灣學界基於意識形態原因而書寫「中華民國文藝史」不算，中國大陸最早的「民國文學」設想出現在 1990 年代末（陳福康），最早的理論倡導出現在 2000 年代早期（張福貴），但形成有聲有勢的多方位研究則還是在 2000 年代後期（張中良、丁帆、湯溢澤、李怡及「西川論壇」研究群體），這一逐漸成熟的時間剛好與所謂的「民國熱」相重疊，所以難免會給令人從中尋覓關聯。不過，值得我們注意的是，在前述大眾趣味的民國熱之外，其實還有另外一條線索被我們忽略了，這就是學術界對中國近現代歷史的考察和追問方式。

20 世紀初，劍橋史書已經成爲英語世界的多卷本叢書典範，《劍橋中國史》從 1966 年開始規劃，迄今已經完成 16 卷，它對歷史的劃分很自然地採用了朝代與政治形態的變化加以命名，至我們所謂的現代與當代分別編寫了《中華民國史》與《中華人民共和國史》各兩大卷，在這裡，「民國」歷史的梳理和描述已經成爲國際學界的正常工作，絲毫不涉及流行趣味的興起問題。

在大陸中國，雖然因爲政治原因，「民國」一詞一度包含了某種政治禁

〔註 4〕斯道雷：《文化理論與通俗文化理論導讀》，楊竹山譯，南京：南京大學出版社，2001 年版，第 71 頁。

忌，需要謹愼使用，但總體來看，除了「文化大革命」這樣的極端的文化專制時期之外，對「民國史」的關注和研究一直獲得了國家層面的包容甚至支持。《中華民國史》的編修工作可以追溯到半個世紀以前，早於《劍橋中國史》的編寫計劃。1956 年，在「向科學進軍」及「百花齊放、百家爭鳴」的熱潮中，國家科學發展十二年規劃中就已經列入了「民國史」的研究計劃。1961 年是辛亥革命 50 週年紀念，作爲辛亥革命親歷者的董必武、吳玉章等人又提議開展民國史研究。1971 年全國出版工作會議期間，周恩來總理親自指示，將編纂民國史列入國家出版規劃，具體交由中國科學院哲學社會科學學部（今中國社會科學院）近代史研究所負責組織實施，由著名史學家李新先生負責統籌。由於「文革」的環境所限，編寫工作眞正開始於 1977 年，但作爲項目卻始終存在。作爲民國史研究系列之一，《民國人物傳》第一卷於 1978 年出版，1981 年，《中華民國史》第一卷上下兩冊亦由中華書局正式出版，至 2011 辛亥革命一百週年前夕，全套《中華民國史》共 36 卷全部出齊，被稱爲是中國出版界在近年來的一件大事。有趣的是，《中華民國史》第一卷在當年問世之後，遭到了臺灣學界的激烈批評，被認爲是政治色彩濃厚、評價偏頗的「官史」，當時大陸方面特意回應，辯解說我們的民國史研究不是政治行爲，是完全的學術行爲。雖然這辯解未必完全道出了我們學術制度的現實，但是從那時起，「民國史」的研究至少在形式上已經成爲學術而不是政治的一部分，卻是値得肯定的事實。到今天，史學界內部的民國史研究已經成爲中國學術重要的方向，中華民國史研究被確立爲中國社會科學院重點學科也已經十多年了；致力於「民國史」研究的自然也不只中國社會科學院一家，如南京大學、復旦大學、北京師範大學、中國人民大學等諸多學術機構都在這方面投入甚多，且頗有成就，就是一部《中華民國史》今天也不僅有中國社會科學院牽頭版，也另有南京大學版（南京大學出版社，2005 年，張憲文主編）、中國現代史學會版（四川人民出版社，2006 年）等，2000 年 9 月，南京大學中華民國史研究中心被批准爲教育部普通高等學校人文社會科學重點研究基地，多年來，他們通過編輯出版《民國研究》、承擔國家重點科研項目、連續舉辦中華民國史國際學術研討會、不斷推出大型研究叢書等方式穩健地推動著民國史的研究。

這一「民國史」的學術努力試圖突破當代「以論代史」之弊、還原歷史眞實，承襲的是實事求是的中國學術傳統，與當下社會文化的時尚毫無關係。

民國文學研究的出現和發展同樣是歷史學界實事求是追求的一種有力回應。

同整個歷史學界一樣，中國文學史研究也一度成為「以論代史」的重災區，甚至作為學科核心概念的「現代」一詞也首先來自於政治思想領域，與中國文學發生發展的事實本身沒有關係，以致到了 1980 年代，我們的文學博士還滿懷疑惑地向學科泰斗請教「何謂現代」。1990 年代的「現代性」知識話語讓中國文學研究在概念上「與國際接軌」了，但同樣沒有解決「以中國術語表述中國問題」的困惑，凡此種種，好像都在一再證實「論」的重要性，於是，「以論帶史」的痕迹依舊存在。

如何回到中國歷史自己的現實，如何在充分把握這些歷史細節的基礎上梳理和說明我們文學的發展，我們需要走的路還很長很長。

「民國文學」概念的重新提出，其實就是創造了一種可能：我們能不能通過回到自己的國家歷史情態之中，就以這些歷史情態為基礎、為名詞來梳理文學現象——不是什麼爭議不休的「現代」，也不是過於感性的「新文學」，就是發生在「民國」這一特定歷史語境中的精神現象和藝術追求，一切與我們自己相關，一切與生存於「民國」社會的我們相關。

就是這樣，本著實事求是的治史傳統，我們可以盡可能樸素地返回歷史的現場，勘探和發掘豐富而複雜的文學現象。實事求是，這本來是當年「民國史」負責人李新先生的願望，他試圖倡導人們從最基礎的原始材料做起，清理和發現「民國」到底有哪些值得注意的史實，這樣的願望雖然在「文革」的當時並不能實現，但卻昭示了一代民國史學人的寶貴的學術理想。今天，文學史研究也正在經歷一場重要的轉型，這就是從空洞的理論焦慮中自我解放，重新返回歷史，在學術的「歷史化」進程中鳳凰涅槃，迎來自己新的生命。

只有在這樣的學術脈絡中，我們才有可能洞悉「民國文學」研究的眞諦，也才可能將眞正學術的自覺與大眾文化的潮流區分開來，為將來的文學史研究開闢嶄新的道路。

社會的時尚是短暫的，而文學史研究的發展卻有它深遠的思想淵源。

大眾的文化是躁動的，而我們需要的學術卻是冷靜的、理性的。

當下的潮流總是變動不居的，除了「民國」之熱，照樣還有「啓蒙」的熱，「黨史」的熱，「國學」的熱……不是每一樁的「時髦」都可以牽動學術思想的重大演變，儘管它們可以在某種程度上相遇，也可以發生某種的對話。

一切都是如此的不同，一切本來也就是根本不同。

熱中之冷與冷中之熱

我如此強調文學史學術的冷靜與理性，與鼓譟一時的社會潮流區別開來，這當然並不意味著我們的工作是封閉於社會，不食人間煙火的學院活動，當代學術向著「歷史化」的方向轉型，這並不意味著學術從此與主體感受無關，與社會關懷無關，從根本上看，這是一種對於研究主體與歷史客體雙向關係的全新的調適，我們必須最充分地尊重未經干擾的事實本身，同時也要善於從歷史事實的豐富中把握我們感受的眞實性，在過去的歷史敘述中，我們對此經驗欠缺，希望「民國文學史」研究能夠讓我們重新開始。

這也就是說，雖然我在根本上強調了學術邏輯與時尚邏輯的不同，但是，我也無意拒絕從社會的普遍感受中獲得關於「歷史價值」的追問和思考，包括對大眾文化內在意義的尊重和關注。法蘭克福學派曾經激烈地抨擊了大眾文化的諸多弊端，不過，這不能掩蓋另外一些學者如英國的文化研究（如費斯克的學說）從相反的角度所展開的正面的發掘與肯定，這指的是對大眾文化追求中積極的建構性意義的褒揚。如費斯克所欣賞的反抗性、自由選擇性，正所謂「身體的快感所進行的抵抗是一種拒絕式的抵抗，是對社會控制的拒絕。它的政治效果在於維持著一種社會認同。它也是能量和強有力的場所：即這種拒絕提供強烈的快感，並因而提供一種全面的逃避，這種逃避使身體快感的出現令上層覺得驚慌，卻使下層人民感到了解放。」〔註5〕中國的大眾文化是在結束文革專制、社會改革開放的過程中發展壯大的，這樣的過程本身就與法蘭克福學派所警惕的成熟的資本主義文化不盡相同，它在問題重重的同時依然帶有抵抗現實秩序的某些功能，因此值得我們認眞對待。即以我們目前看到的「民國熱」爲例，一方面其中肯定充斥了消費主義的萎靡之態與嘩眾取寵的不負責任，但是，在另外一方面，我們卻也應該承認，帶動了「民國熱」的許多講述者本身也是民國史的研究者和關注人，他們兼具知識

〔註5〕費斯克：《理解大眾文化》，王曉玨、宋偉強譯，北京：中央編譯出版社，2001年版，第64頁。

基礎與人文關懷，即使是對「民國」的浪漫化的想像也部分地指向了某種對理想信念的緬懷——教育理念、文化氛圍、人格風骨等等——顯然不都是歷史的事實，但是提出問題本身卻無不鑒古知今，繼續變革中國、造福民族的意味，這卻不是無的放矢的。這樣的大眾文化包含了某些值得深思的精神訴求，在信仰沉淪、物質至上、唯利是圖的時代，尤其不可爲「治民國史」者所蔑視，在某些時候，其本質上胸懷民族未來的激情恰恰應該成爲學術的內在動力。

當然，社會情懷的擁有並不就是學術本身。學術自有自己的理念和法則，作爲學者，我們思考的不是改變這些法則去遷就大眾的情趣，相反，是更好地尊重和完善法則，讓法則成爲社會情懷的合理的延伸和提煉。民國文學的研究首先是學術，不是轉瞬即逝的社會潮流，與那些似是而非的「民國熱」比較，我們起碼還應該在下面幾個方面意識清晰：

第一，作爲學者而不是媒體人，思想是學者的第一生命，而思想的提煉必須來自於對現實生活的有距離的觀察和判斷。我們要特別強調一種理性的認知，以代替某些煽情式文字書寫。之所以這樣強調，乃是在「學術通俗化、市場化」的今天，學術著作有時混同於媒介時代大量的「抒情讀物」中，如果單純依從大眾閱讀的快感，難免會模糊掉學者的本位，使思想讓位於抒情。

其次，作爲歷史敘述的工作者，我們應該盡力還原歷史的複雜性，以區別於對歷史的想像。作爲大眾文化的精神需求，其實不可能「較真」，有時候似是而非的故事更能夠調動人們的情緒，但是對於歷史工作者就不同了，它必須對每一個細節展開盡可能的考察、追問，即使充滿矛盾之處，也必須接受仔細的勘探和分析，當然，這樣的刨根問底可能會打破不少的幻夢，瓦解曾經的想像，就是「歷史見證人」的「口述實錄」也必須接受專業的質疑，未經質疑和考證的材料不能成爲我們完全信賴的根據，這樣的「工作」常常枯燥而繁瑣，並不如一般大眾想像的那麼自由和愜意，但是學術的眞相必須在直面這樣的事實之中，只有洞察了所有這一切的矛盾困惑，我們方能獲得更高的事實的頓悟，也只有不間斷的疑問，才能推動我們對「問題」的不斷髮現。正如有學人指出的那樣：「民國自有許多值得我們繼承、借鑒的遺產，如自由之精神，如兼容並包的大學氣度等等，但我們不應不加辨析，只選取光鮮處，一味稱歎；更無意於要在民國諸賢中分個高低上下，使孔子大戰耶穌，魯迅 PK 胡適，只是覺得我們在關注歷史人物時，首先要研究其思想、事功，而非僅僅作為飯後談資的八卦、段子。」〔註 6〕

第三，民國文學的研究最終是為了解釋說明文學本身的問題而不是其他。這裡的「其他」常常就是大眾豐富的需求，或者為了各自的政治道德目標，或者為了心理的釋放，或者就是獵奇與八卦，一切事物都可以成為談資，一切談論的方式都無不可，超越「專業」的任性而談往往更具某種「自由」的魅力。但是，一旦真正進入專業研究，這都是學術的大敵。民國文學研究最終是為了深刻地解釋和說明民國時期的文學何以如此，所有「文學之外」的信息都必須納入到對「文學之內」的認定才有其必要的價值，而且這些信息的真正性也須得我們反覆校勘、多方考辨。在「文學解釋」的方向上，關於「民國」的種種逸聞趣事本身未必都有價值，未必都值得我們津津樂道，只有能夠幫助我們重新進入文學文本的「故事」才具有學術史料的意義。

最後，也是我們必須格外重視的一點，那就是學術研究所包含的社會情懷主要是通過對社會文化環境的緩慢的影響來實現的，它並不等於就是目標單純的政治抨擊，也不同於居高臨下的道德訓誡。就民國文學研究而言，如何我們能夠在學術研究中發掘某些民國文學的發展規律，揭示某些民國作家的精神選擇，闡述某些文學文本的藝術奧妙，本身就對當前的文學生態發生默默的轉移，又經過文學的啓迪通達我們更大的當代精神，誠如斯，學術的價值也就實現了。學術研究有必要與傳統所謂的「現實隱射」嚴格區別開來，雖然我們能夠理解傳統中國的專制主義壓抑下「隱射」思維出現的理由，但是在總體上看，精神活動對社會現實的影響應當是正大光明的，而「隱射」思維卻是偏狹的和陰暗的，文學研究是排除「預設」的對歷史現象的豐富呈現，「影射」卻將思想牽引到一個特定的主觀偏執的方向之上，不僅不能真正抵達眞相，而且還可能形成對歷史事實的扭曲和遮蔽，學術擁有更為開闊的目標和境界，而「影射」則常常被個人的私欲所利用。和一切嚴肅的學術研究一樣，民國文學研究是在健康和積極的方向上為中國的當代文化貢獻自己的智慧和力量。

恰恰是「民國熱」之中，我們需要一種「冷」的研究，當然，這「冷」並非冷漠，而是學術的冷靜和理性的清涼。

〔註 6〕王晴飛：《冷眼「民國熱」》，《文學報》，2012 年 7 月 5 日。

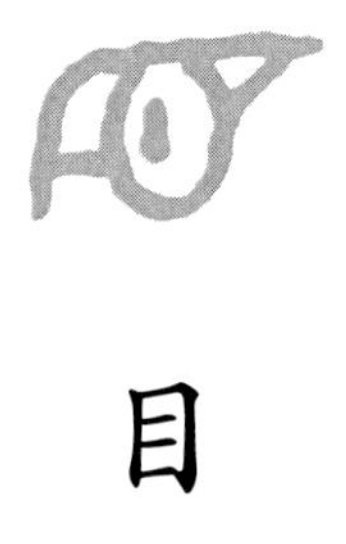

目次

引　言

小說文類在二十世紀中國獲得了前所未有的價值提升。晚清與「五四」兩代學人對於小說的重視與推崇，對這一提升起到了至爲關鍵的作用。以梁啓超爲代表的晚清學人，奉小說爲「文學之最上乘」，在奉詩文爲正統的士大夫階層中提升了小說的地位。以胡適與魯迅爲代表的「五四」學人將小說納入學術視野，使之進入現代大學教育體制，成爲學術研究對象，並建立起具有學科意義的中國小說史學。小說史學一躍成爲文學研究中的一大顯學，吸引了大批傑出學人投入其中，是二十世紀中國學術史上的一個突出現象，甚至可以作爲一個文化事件來解讀。一方面，作爲俗文學文類的小說的價值提升，是新文學倡導者實現其文化主張的需要。「五四」一代學人激揚民間文化的生命活力，作爲顛覆正統文化的思想資源，力圖藉此建立新的文化與文學秩序。小說在中國古代文學體系中長期處於邊緣地位，民間性至爲突出，成爲實現上述文化主張的有效工具。另一方面，隨著小說等俗文學文類逐漸由邊緣走向中心，又反過來影響並規約了中國人對於「文學」的理解與想像的圖景，改變了既有的「文學常識」。作爲俗文學文類的小說由邊緣走向中心，逐漸取代了詩文的正統地位，成爲中國讀者的主要閱讀對象。中國作家也逐漸改變了視小說創作爲正業之餘的悠閒筆墨這一觀念，小說家的文學地位空前提高。二十世紀中國文學史上，因小說創作而名世者，其數量遠超前代。時至今日，小說家幾乎成爲作家的代名詞。可見，發生階段的中國小說史學，其認識價值不僅在於對小說史學科的奠基作用，還在於中國學人第一次將小說納入學術研究視野，並採用西來之文學史（小說史）的研究體式，預示並最終實現了一種新的學術認同與文化選擇。小說成爲學術研究對象，其影響也不限於學科內部，還包括對「文學」概念的重新建構，對一種新的文學研究思路與閱讀趣味的倡導和發揚。

基於以上分析，本書以中國小說史學的開創期——晚清「小說界革命」至新文化運動期間的小說史學爲研究對象，將「小說成爲學術」作爲二十世紀中國學術史上的一個文化事件，進行發生學的考察，通過分析小說史學開創期學人的研究思路與方法、理論貢獻及遺留問題，凸顯小說史學在二十世紀中國學術史上的意義。

由於歷史現象錯綜複雜，爲了便於把握和描述，本書選取魯迅和胡適這兩位「五四」新文化運動的先驅者作爲研究的切入點。魯、胡二人作爲新文化的代表人物，在治學方面均做到了穿越「古今」、取法「中西」；二人又都對小說研究具有濃厚的興趣，分別以《中國小說史略》和「中國章回小說考證」奠定了中國小說史學的研究格局和自家的學術地位，成爲中國小說史學的開拓者。較之前人，魯迅和胡適不像以梁啓超爲代表的晚清學人，對於小說的推崇明顯承載著政治訴求，而更具學術價值和理論的建設性；比照後輩，二人又更具「通人」色彩，沒有也不願成爲僅在某一研究領域中卓有建樹的「專門家」。同時，知識結構、學術理念、文化理想及審美趣味的不同，又使二人的小說史研究體現出鮮明的個性。基於各自的研究成果和學術威望，魯迅和胡適在小說史研究方面均不乏追隨者，逐漸形成了兩條各自獨立而又相互交織的學術潮流，使中國小說史學呈現出「雙峰並峙」的學術格局。特別是在上世紀二十年代初中國小說史學的開創期，二人的「通力合作」與「各自爲戰」，都對小說史學之建立產生了重要影響。

作爲「章門弟子」的魯迅，治學繼承「清儒家法」，從史料鈎沉入手，逐漸建立起中國小說史的研究框架。而作爲小說家傑出的藝術感受力，又使魯迅得以對作品的審美價值做出精確而深刻的評價。《中國小說史略》作爲中國小說史學的「開山之作」，改變了中國小說「自來無史」的局面，奠定了中國小說史寫作的基本格局，得到後人的廣泛推崇。不過，魯迅的小說史研究，雖爲後世大力推崇，但其學術思路卻沒有得到小說史學界有效的繼承和發展，反而在其他研究領域中獲得了成功實踐，如王瑤《中古文學史論》、郭預衡《中國散文史》等。

胡適作爲現代中國學術之新範式的建立者，其大部分學術著作都具有

「教人以方法」的典範意義。對於章回小說的系列考證亦如是。小說史學之於胡適，首先是其倡導的「整理國故」運動的重要組成部分。「考證」視野下的小說，首先也是作爲史料，而不是以具有審美價值的文學文類的身份進入胡適的研究視野。談藝既非胡適所長，亦非其所願。雖然上述思路在胡適的小說史研究中只是初露端倪，但經其弟子和學術追隨者顧頡剛、孫楷第、周汝昌等人的進一步倡導與發揮，逐漸蔚爲大觀，也使文學研究呈現出史學化的趨向。

本書以魯迅和胡適爲切入點，將其視爲中國小說史學史上承前啓後的「歷史關節點」，對魯迅和胡適小說史研究的學術思路與文化選擇作出歷史考察與價值判斷，展現中國小說史學的創建過程及其之於二十世紀中國學術史的意義。

除引言外，本書共分五個部分。第一部分《魯迅〈中國小說史略〉與中國小說史學之建立》和第四部分《胡適〈中國章回小說考證〉與中國小說史學之建立》以魯迅《中國小說史略》和胡適「中國章回小說考證」系列論文爲個案，分別考察二人的研究對於中國小說史學之建立的重要意義。第二部分《魯迅〈中國小說史略〉與鹽谷溫〈中國文學概論講話〉——中日小說史學交流的一個經典個案》選取現代中國學術史上一樁著名公案——魯迅《中國小說史略》「抄襲」日本鹽谷溫《中國文學概論講話》展開論述。所謂「抄襲」並不屬實，但幾位當事人的態度卻頗爲耐人尋味。在誣陷、誤解與申辯的背後，對於小說史學的不同理解成爲導致這場公案的關鍵因素。這一章力圖追問的並不是學術公案的是非曲直，而是在表面的人事糾葛的背後，研究者學術觀念的重大分歧，藉此展現中國小說史學建立之初，中日兩國研究者不同的學術思路與文化選擇。第三部分《魯迅中國小說史研究繫年》和第五部分《胡適中國小說史研究繫年》則分別將魯迅和胡適從事小說史研究的知識背景、資料準備、學術成果以及學術交流和論爭的情況以編年方式記錄，展現二人小說史論著的生成過程和小說史研究的基本面貌。《繫年》分別以魯迅和胡適爲中心，描繪小說史學興起及變遷的歷史軌迹，力圖「回到現場」，尋找並發現歷史的「關節點」，尤其是一些看似與小說史學無關，卻成爲促使其興起的重要誘因的歷史事件，從而在中國小說史學與眾多文化因素相互糾纏的狀態下，梳理出一條較爲清晰的發展線索。

一、魯迅《中國小說史略》與中國小說史學之建立

在眾多涉足中國小說史研究的新文學倡導者中，魯迅的學術貢獻與成就極爲突出。《中國小說史略》（以下簡稱《史略》）開創了中國人獨立撰寫小說史的先河，以宏大的學術視野和精闢的理論概括，改變了中國小說「自來無史」的局面，奠定了中國小說史寫作的基本格局。在魯迅之後撰寫小說史者，代不乏人，在資料佔有上較之中國小說史學的發生期有很大提高，研究方法也不斷更新，力圖實現超越。唯小說史體例和敘述框架仍多因襲《史略》，鮮有突破。對作家作品的論斷更是奉《史略》爲圭臬。之所以如此，除基於魯迅傑出的藝術感受力和深厚的學術積累外，也和魯迅對小說史這一研究體式進行了成功的理論設計密切相關。作爲現代中國學人對小說史寫作的最初嘗試（儘管是最初嘗試，卻憑藉魯迅傑出的理論才能和深厚的學術積累，成爲中國小說史研究的一座高峰），《史略》的學術思路和研究方法在中國小說史學的發生時期具有典範意義。本章力圖將《史略》的出現視爲現代中國學術史上的一個文化事件，對該書進行發生學意義上的考察，通過分析《史略》的學術思路和研究方法，進而凸現魯迅小說史研究背後的文化選擇。

（一）小說如何入史

1923 年 10 月，魯迅爲新潮社初版《史略》撰寫序言，開篇即稱：

> 中國之小說自來無史；有之，則先見於外國人所作之中國文學史中，而後中國人所作者中亦有之，然其量皆不及全書之什一，故

於小說仍不詳。〔註1〕

視自家著作爲第一部由中國人撰寫的較爲成熟的小說專史，魯迅這一論斷，充滿了學術自信，並得到後世研究者的認可。〔註2〕儘管在《史略》之前出現的冠以「小說史」名稱的著作，尚有王鍾麒《中國歷代小說史論》和張靜廬《中國小說史大綱》二種，但前者是一篇論文，僅以數百字概括中國小說幾千年的發展變革，而將主要篇幅用於分析古人作小說的原因，體現出鮮明的宣傳色彩，意不在於學術，尚不具備小說專史的性質和規模；後者則在「小說」概念下兼及戲曲，並且在資料的準確性和論斷的科學性上均嫌不足。最初的幾種由中國人撰寫的文學史，誠如魯迅所言，專論小說的篇幅極其有限。其中「第一部」——林傳甲著《中國文學史》〔註3〕，鮮見對小說的正面評價；稍後出現的黃人（摩西）著《中國文學史》〔註4〕，雖然在著作規模和理論深度上均超林著，但仍以詩文爲論述中心，對小說較少涉及。文學史家對小說的態度，既體現在若干具體論斷之中，亦通過文學史著作留給小說的論述空

〔註1〕魯迅：《中國小說史略·序言》，《魯迅全集》第9卷，北京：人民文學出版社，2005年11月，第4頁。以下引用《史略》中的文字，無特別注明者，均出自這一版本。

〔註2〕黃霖等著《中國小說研究史》指出「在魯迅《中國小說史略》之前出現的小說史著作尚無嚴謹的體例與科學的指導思想，顯得較爲稚嫩」，杭州：浙江古籍出版社，2002年7月，第244頁。胡從經《中國小說史學史長編》亦認爲《史略》「發前人未發之覆，於『自來無史』的空白中進行首創」，上海：上海文藝出版社，1998年4月，第403頁。胡著第五章論及包括《史略》在內的十五種小說史論著，稱「其中有三種問世於魯著之前，十一種出版於魯著之後」，第373～374頁。依胡著的論述順序，「三種」當指張靜廬《中國小說史大綱》（上海：泰東圖書局，1920年6月初版）、郭希汾編譯《中國小說史略》（上海：中國書局，1921年5月初版，係日本人鹽谷溫所著《支那文學概論講話》之一節）和盧隱《中國小說史略》（1923年6～9月連載於《晨報》附刊《文學旬刊》3～11號）。可見，胡著判定《史略》的問世時間，是以該書的初版本（北京大學第一院新潮社，1923年12月初版上卷）爲據。而在此之前問世的鉛印本《史略》（1921～1922年由北京大學印刷科陸續排印），小說史體例和基本論斷已大體確立。由此可知，《史略》之前出現的中國人所著之小說史，僅張靜廬《中國小說史大綱》和胡著中未提到的王鍾麒《中國歷代小說史論》（1907年發表於《月月小說》第一年第十一號，署名「天僇生」）二種。

〔註3〕初爲光緒三十年（1904）京師大學堂優級師範館中國文學史課程講義，宣統二年（1910）武林謀新室出版，是中國人獨立撰寫的第一部中國文學史。

〔註4〕係作者任教於東吳大學時所編之教材，國學扶輪社印行，約1905年前後出版。

間得以彰顯。可見，《史略》之前的小說史寫作，之所以成就有限，不僅源於著者學術水平的高下，更是其學術觀念使然。在中國古代以詩文為中心的文學批評體系中，很難有作為俗文學文類的小說的生存空間。小說尚不被正統的詩文評所接納，遑論入史。傳統的小說評點，儘管不乏精闢的見解與獨到的發現，但整體觀之尚不能望詩文研究之項背，而且印象式的批評畢竟無法取代以系統嚴密見長的小說史研究。對魯迅及其同時代人而言，小說如何成為學術、如何入史，在中國幾無先例可循，基本上是從頭做起。這一方面使其學術成績比較容易獲得凸顯〔註5〕，另一方面，由於缺乏可供借鑒的本土學術資源，小說史的理論框架和術語都需要重新創制。早期研究者多采取借鑒乃至直接移植西人成說的方式解決這一問題，把中國小說納入西人現成的理論框架之中。然而真正卓有成就的學人，卻在借鑒西人研究成果的同時努力突出自家的理論創見，保持中國小說史學獨立的學術品格。這一努力自魯迅及其同時代學人開始，並在他們手中收穫了第一批學術成果。因此，前引《史略》序言中的文字，可以作為一種學術史觀來解讀。對他人小說史著作的評價，往往依據論者眼中「小說史應該怎樣」的理論設計。魯迅對既往研究成果的褒貶取捨，實隱含著對自家著作的理論設計與期待——探索並總結適用於中國小說史研究的理論體系、批評方法和概念術語。這一理論設計與期待，顯示出魯迅創建中國小說史學的獨立研究體系的理論勇氣與學術自覺。《史略》的學術生命力，首先植根於魯迅對小說史的學術定位，植根於對以下幾個關鍵問題的理論設計：何謂「小說」，何謂「小說史」，小說如何入史。

小說作為「散文體的敘事性虛構文類」這一定義在今天已成共識，何謂「小說」似乎構不成一個理論命題。〔註6〕但如果考慮到中國古代文學理論體系中「小說」概念的寬泛與流動，以及近代以來在西學參照下產生的種種歧見〔註7〕，對於今人「文學常識」中的「小說」概念在中國的確立就有進一步

〔註5〕陳平原《小說史學的形成與新變》指出：「正因為『中國之小說自來無史』，魯迅、胡適等人的實績便更容易凸顯。不僅如此，日後幾代學者孜孜以求，耕耘於小說研究這一園地，且大都有所收穫，也跟其起點較低有關。」見氏著：《文學的周邊》，北京：新世界出版社，2004年8月，第160頁。

〔註6〕參看童慶炳主編：《文學概論》（修訂本），武漢：武漢大學出版社，1995年9月，第200頁。

〔註7〕黃霖等著《中國小說研究史·引言》指出中國古代的「小說」概念過寬，而現代某些學者「以有完整故事的唐代傳奇開始，甚至以個人獨立創作的《金瓶梅》開始才承認其為『小說』的觀點」則又過嚴，《引言》第1頁。

追問的必要。「小說」一詞在中國古代文獻中，指非關大道的瑣屑之言，與今人作爲文學文類的定義相去甚遠。〔註 8〕「小」既包含著價值判斷，也是對其篇幅短小的文體特徵的形象概括，本身即具有貶義。這在相當長的時間裏成爲文人的普遍觀念。小說也因此一直處於文學的邊緣地位。儘管歷代不乏肯定和推崇小說者，但究竟如鳳毛麟角，未能佔據主流。〔註 9〕將小說置於文學體系的中心地位而提升其價值，自晚清始。梁啓超等人接受自日本轉道傳入的西方文學觀念，發起「小說界革命」，將小說納入文學範疇之中，實爲中國小說理論史上的重要事件。小說從此獲得了承載「大道」的文化職能和地位，並逐漸成爲最受重視的文學文類。不過，晚清學人主要強調小說的知識傳播作用和社會影響力，首先在功能層面立論，對其作爲文學文類的藝術本質缺乏透闢的認識。而且，「小說界革命」實際上也包括對戲曲的革新，在「小說」概念的理解上仍有汗漫不清之處。〔註 10〕即如當時最具理論深度的小說研究論著——管達如《說小說》一文，借鑒西方小說理論，論及小說價值和功能時不乏卓識，而對小說「文學上之分類」，則斷爲「文言體」、「白話體」和「韻文體」，後者包括作爲戲曲的傳奇及彈詞。「小說」概念兼及戲曲，是清末民初的普遍觀念。〔註 11〕可見，晚清學人實現了對小說價值的前所未有的提升，但對其文學本質的探索和總結，尚有不如人意之處。五四學人在晚清學術積累的基礎上，通過對西學更直接、更透徹的理解和接受，克服了晚清小說理論的不足，注重考察小說的文學本質，並將戲曲摒除於小說概念範疇之外。至此，作爲獨立的文學文類的小說概念，在中國終獲確立。綜上可知，今人「文學常識」中「小說」概念的形成，歷經晚清至五四兩代學人的理論探索和學術創建。晚清學人的理論貢獻主要在於奠定了小說在文學體系的中心地位，並嘗試建立系統的中國小說學，爲後世提供了深厚的學術積累。五四學

〔註 8〕「小說」一詞最早見於《莊子・外物》:「飾小說以干縣令，其於大達亦遠矣。」並不是對後世理解的一種文學文類的概括。

〔註 9〕「小說」概念在中國古代的流變及其地位的升沉，可參看陳洪:《中國小說理論史》，合肥：安徽文藝出版社，1992 年 9 月。

〔註 10〕參看黃霖:《近代文學批評史》，上海：上海古籍出版社，1993 年 2 月，第 380 頁。

〔註 11〕民初問世的幾部小說理論著作，蔣瑞藻《小說考證》、錢靜方《小說叢考》、張靜廬《中國小說史大綱》均兼及戲曲。參看陳平原:《魯迅以前的中國小說史研究》，見《陳平原小說史論集》(下)，石家莊：河北人民出版社，1997 年 8 月，第 1394～1399 頁。

人則進一步將小說納入學術研究的視野中，通過創建具有學科意義的中國小說史學，重新繪製中國文學的歷史圖景，進而實現對中國文化與文學秩序的重建。小說概念更因中國小說史的出現，獲得了充分的歷史依據和堅實的理論支撐，逐漸成為常識，深入人心。

由於知識背景和學術理念的相對一致，魯迅與其新文學同道對小說概念的理解近似。而這一理解上的近似又有助於在他們小說史研究中形成合力。二十世紀初的小說史研究，成就最著者當推魯迅與胡適。同為新文學代表人物，魯迅以《史略》開中國人著小說史之先河，對中國小說的發展歷程進行了史的概括，創建了中國小說史寫作的科學體系；胡適則憑藉其章回小說考證，辨正了中國小說史實上的若干疑難，並以歷史的眼光考察了多部章回小說的情節、版本由初創到最終確立的演進過程，提供了一種具有典範意義的研究方法。〔註 12〕兩人在研究思路和成就上交相輝映，形成學術上的默契，共同奠定了中國小說史學的研究格局。此後的小說史研究者，幾乎都是在魯、胡二人開創的研究格局中繼續開拓。以上論斷，建立在整體觀的基礎之上，倘若做細部考察，魯迅與胡適及其他學術同行，對「小說」概念的理論設計仍有區別。

周作人曾對《史略》的學術成就做出以下概括：「其後研究小說史的漸多，各有收穫，有後來居上之概，但那些成績似只在後半部，即明以來的章回小說部分，若是唐宋以前古逸小說的稽考恐怕還沒有更詳盡的著作。」〔註 13〕周作人這一評價是否準確客觀尚可進一步討論，值得關注的是，上述評價提供了一個頗有價值的觀察視角：即《史略》前半部對先秦至唐代文言小說的研究，更能凸顯魯迅小說史研究的理論特色。如前文所述，小說在中國古代被排斥在正統的文學研究範疇之外，在最初由中國人撰寫的文學史中也未能佔據一席之地。晚清至五四兩代學人參考西方文學理論，試圖重建中國人對「小說」的理解與想像，主要依據小說的俗文學性質立論，這決定了他們對白話小說的格外關注，在文學史著作中留給白話小說的篇幅也逐漸增多。〔註 14〕兩代人對小說的重視和推崇，主要針對白話而言。綜上可知，小

〔註 12〕參看〔美〕余英時：《中國近代思想史上的胡適》，見歐陽哲生選編：《解析胡適》，北京：社會科學文獻出版社，2000 年 10 月，第 112 頁。

〔註 13〕周作人：《關於魯迅》，見魯迅博物館魯迅研究室《魯迅研究月刊》編輯部選編：《魯迅回憶錄》（專著）中冊，北京：北京出版社，1999 年 1 月，第 884 頁。

〔註 14〕以兩代學人的代表——梁啓超和胡適為例。梁啓超在「小說界革命」的綱領

說在晚清前後的文學研究中經歷了或棄或取的不同際遇，但在這一棄一取之中，被遺漏的恰恰是文人創作而又受文人輕視的文言小說。較之白話小說，文言小說在中國文學史上的地位顯得更爲尷尬。首先，儘管出自文人之手，但在古代仍被視爲與大道相對的瑣屑之言和詩文之外的遊戲之作〔註 15〕；即使如唐傳奇那樣得到文人稱賞，也是就其文章價値而言，作爲小說的特質仍不被看重。其次，晚清至五四學人注重小說的俗文學價値，白話小說顯然更符合他們的這一理論期待，更容易成爲立論的依據，文言小說因此仍被排除在學術研究的視野之外。可見，晚清至五四，對白話小說的認識，基本上達成共識，而對文言小說的態度，則尙有分歧。在中國小說史學的發生時期，對文言小說的研究，魯迅差不多是孤軍深入。魯迅對「小說」概念異於同時代人的理論設計，集中體現在《史略》對唐前文言小說的命名之中。

《史略》作爲以小說爲論述中心的專門史，對小說概念的理解，是決定其立論的關鍵。魯迅通過小說類型的劃分和命名，承擔對不同時期小說創作形態的歷史定位。〔註 16〕《史略》中對小說類型的命名，或借用前人成說，如「志怪」、「傳奇」等；或出於自創，如「神魔小說」、「人情小說」、「譴責小說」等。對於唐代「敘述宛轉，文辭華豔」的小說，魯迅襲取明人胡應麟《少室山房筆叢》中的概念，命名爲「傳奇文」；而唐前「粗陳梗概」的叢殘小語，則依題材分爲兩類：「張皇鬼神」者名爲「志怪」，仍借用胡應麟說，

性文章《論小說與群治之關係》（最初發表於 1902 年《新小說》第一號，署名「飲冰」）中，主要依據白話小說（兼及同屬「說部」的戲曲）立論，對小說「薰、浸、刺、提」四功效的概括，也針對白話小說的作用而言。晚清學人強調小說的知識傳播功能，文言小說顯然不適用。胡適在新文學的「開山綱領」《文學改良芻議》（最初發表於 1917 年 1 月《新青年》第二卷第一期）中，強調白話文學在中國文學史上的正宗地位；旨在爲新文學主張尋求歷史依據的《白話文學史》（上海：新月書店，1928 年 6 月）一書，儘管只完成上卷，至唐代而絕，但卻體現出概括並總結中國文學史中白話文學的發展線索這一研究思路；其小說考證，也只涉及明清兩代的章回小說。至於五四之後出現的各種中國文學史，雖然觀點和體例不一，但論述小說、尤其是白話小說的章節，卻逐漸呈增加之勢。參看陳玉堂：《中國文學史書目提要》，合肥：黃山書社，1986 年 8 月。

〔註 15〕參看浦江清：《論小說》，見氏著：《浦江清文錄》，北京：人民文學出版社，1958 年 10 月，第 181～182 頁。

〔註 16〕陳平原《魯迅的小說類型研究》指出《史略》「把中國小說（尤其是元明清三代的章回小說）的藝術發展理解爲若干主要小說類型演進的歷史」這一學術思路，載《魯迅研究月刊》1991 年第 9 期。

記時人言行流品者則名為「志人」，係自創。以上都是小說史意義上的命名。魯迅對唐前文言小說尚有一總稱，曰「古小說」。

1901 至 1912 年間，魯迅輯錄唐前小說佚文三十六種，彙為長編，題名《古小說鉤沈》。〔註 17〕「古小說」這一稱謂，自該書始。與魯迅對小說類型的命名相比，「古小說」缺乏對特殊的歷史和文化語境中小說創作形態的概括力，小說史意味不甚突出。「古小說」並不是類型學層面的概念，而是魯迅旨在揭示中國小說的發展特質的理論設計。晚清以降的中國學人開始借鑒西方小說理論，總結中國小說的特色和價值。但是，中國古代小說畢竟有著相對獨立的發展形態。對多數研究者而言，西方小說理論所提供的思路和方法，擴大了他們的學術視野，而中西文化差異造成的理論盲點，又限制了他們對中國小說獨特性的認知，在促進研究者發現問題的同時，也可能遮蔽一些問題。如前文所述，有研究者從西人小說概念出發，將中國小說的發生，限定為作者立意虛構且有完整情節的唐傳奇。而唐前小說由於創作理念和藝術形態與上述標準存在出入，被多數研究者排除在小說史研究視野之外。魯迅將無意虛構並且呈隻言片語形態的唐前文言小說納入小說史敘述的框架之中，體現出以研究對象為中心的學術理念：根據研究對象的特點調整理論，而不是從理論出發對研究對象進行取捨，在借鑒西人成說的同時，保持了必要的冷靜與審慎。為探索和總結中國小說的發展形態、為創建獨立的中國小說史學的理論話語開闢了廣闊的空間，奠定了小說史寫作的中國形態：既是中國「小說」的歷史，又是「中國」的小說史。

之所以特別強調《史略》的「中國」形態，意在揭示魯迅小說史研究的一個重要思路：通過對中國小說的歷史概括突出其獨有的藝術特質與發展形態，進而探索並總結適用於中國小說史研究的理論體系和批評方法。這一思路，決定著魯迅對「小說史」概念的理論設計，以及對「小說文類如何寫入歷史」這一問題的處理方式。作為近代思想與文化的產物，文學史（小說史）以十九世紀以來的民族——國家觀念為基礎。以歷史的方式概括一個民族國家的文學創作及其發展過程，實現對民族精神的揭示，是其主要文化職能之一。〔註 18〕晚清以降的中國學人開始關注並嘗試撰寫文學史，也正是出於探

〔註 17〕《古小說鉤沈》的輯錄時間及成書過程，參看林辰：《關於〈古小說鉤沈〉的輯錄年代》，載 1950 年《人民文學》第 3 卷第 2 期。

〔註 18〕參看戴燕：《文學史的權力・前言》，北京：北京大學出版社，2002 年 3 月，

索民族國家的歷史定位這一政治訴求與文化期待。五四一代學人，多將文學史納入文化史範疇之中，力圖重新繪製中國文學的歷史圖景，進而實現重建文化與文學秩序的思想主張。小說的俗文學性質使之在新的文學秩序中佔據中心地位，無論是進入大學課堂，還是入史，都使之獲得了文化價值的空前提升，爲小說由邊緣走向中心提供了歷史依據和理論支撐。魯迅對「小說史」的學術定位，即體現出上述思路。這決定了《史略》在分析具體作家作品，突出小說的藝術本質的同時，格外重視一個時期的政治環境、社會風尚以及文人心態等文化因素，著力於穿越紛繁複雜的文化現象透視時代的精神。這樣，小說就以一種文化形態的身份進入歷史。《史略》通過若干小說類型的演進概括小說藝術的發展歷程，對不同類型的命名，不僅是對一個時期小說藝術的總結，也是對小說創作所代表的文化精神的揭示。

以「神魔小說」這一類型爲例。「神魔小說」是對明代奇幻怪異題材小說創作的概括。這一類型在《史略》最初的油印本中，名爲「歷史的神異小說」：

> 至於取史上之一事或一人，而又不循舊文，出意虛造，以奇幻之思，成神異之談，則至明始有巨製，其魁傑曰《西遊記》。〔註19〕

在油印本中，《西遊記》與《英烈傳》等「講史」（油印本稱爲「英賢小說」）列入同一篇，「歷史的神異小說」這一命名，主要針對這類作品在借用歷史事件的基礎上，敷衍出具有奇幻色彩的情節這一創作理念。《西遊記》、《封神演義》等作品儘管將歷史事件植入情節之中，但主要作爲故事發生的背景，講述歷史並不是小說創作的初衷，小說敘述主要建立在對天上人間各種奇幻怪異故事的想像之上。因此，「歷史的神異小說」這一命名並不準確。鉛印本《史略》易名爲「神魔小說」：與「講史」分離，獨立成篇。這一處理方式在《史略》以後的各版本中不復更改。

《史略》在論述「神魔小說」出現的文化背景時說：

> 奉道流羽客之隆重，極於宋宣和時，元雖歸佛，亦甚崇道，其幻惑故遍行於人間，明初稍衰，比中葉而復極顯赫，……且歷來三教之爭，都無解決，互相容受，乃曰「同源」，所謂義利邪正善惡是非眞妄諸端，皆混而有析之，統於二元，雖無專名，謂之神魔，蓋

《前言》第2頁。

〔註19〕單演義標點：《魯迅小說史大略》，西安：陝西人民出版社，1981年4月，第76頁。

可賅括矣。

可見，「神」「魔」並舉，突出以道教爲代表的中國本土宗教神秘文化和佛教爲代表的外來宗教文化的合流〔註 20〕，正是基於明代特殊的文化趨向和小說創作環境。「神」「魔」相對，又是對這類以正邪之爭爲主要情節的小說創作傾向的形象概括。因此，「神魔小說」是中國古代奇幻怪異題材的小說創作發展到明代的一種特殊形態，具有鮮明的小說史意味和文化內涵。這一命名，較之「神異」、「神怪」等更能反映出一個時期的社會風尚和文化精神對小說創作的影響。

從《史略》對小說類型的命名不難看出，魯迅重視小說創作背後的文化因素，藉此尋求建立中國小說史學的理論體系；同時，避免使用現實主義、浪漫主義等西人成說，保持中國文學研究的獨立的命名權。類型的命名，既是對小說藝術特質的概括，又是對其產生的文化環境的還原。以上思路使《史略》不僅是一部中國小說的藝術史，也是一部中國小說的文化史，爲建立中國小說史學的理論體系做出了有益的探索，顯示出魯迅獨特的小說史運思方式。

（二）教材與專著

與晚清至五四時期許多學術經典著作一樣，《史略》最初也是大學講義。儘管魯迅在辛亥革命之前就曾輯錄《古小說鈎沈》，但當時未必有研究小說的想法；即便有此想法，也未必採用小說史的書寫方式。魯迅撰小說史，很大程度上是在大學授課的需要。〔註 21〕不過，考慮到魯迅在離開大學講壇後仍反覆對《史略》做出修改，足可見其將《史略》作爲專著經營的用心。這使該書成爲一部介乎教材與專著之間的文學史，具備雙重的學術職能。〔註 22〕

〔註 20〕「神」是宗教及神話中所指的超自然體，是源出中國本土的概念。見羅竹風主編：《漢語大詞典》第 7 卷，北京：漢語大詞典出版社，1991 年 6 月，第 855 頁。「魔」則是梵文 māra 的音譯，「魔羅」的略稱。佛教把一切擾亂身心，破壞行善者和一切妨礙修行的心理活動均稱作「魔」，是源於佛教的外來語。見羅竹風主編：《漢語大詞典》第 12 卷，北京：漢語大詞典出版社，1993 年 11 月，第 473 頁。

〔註 21〕參看陳平原：《作爲文學史家的魯迅》，見《陳平原小說史論集》（下），第 1771 頁。

〔註 22〕陳平原：《小說史：理論與實踐》第三章《獨上高樓》，根據學者撰史時對「擬想讀者」的不同認定，將文學史的書寫形態劃分爲研究型、教科書型和普及型三類，是恰當的劃分。見《陳平原小說史論集》（下），第 1201～1202 頁。

討論《史略》這方面的理論特徵，有助於進一步考察魯迅對「小說史」的理論設計，以及背後的學術價值取向。

韋勒克、沃倫在《文學理論》中，列專章討論了文學理論、文學批評和文學史相互區別而又相互包容的關係。〔註 23〕文學史首先作爲一種文學研究體式，與文學理論和文學批評相區別，分別代表不同的研究思路，以及相應的著述體式。十八世紀，文學史的寫作開始由羅列作家和作品名稱的百科全書式的大綱向歷史描述轉移。這次轉移進一步強化了其作爲獨立的文學研究體式的理論個性，並擔負起民族意識的教化任務。〔註 24〕教育功能開始成爲文學史的文化職能之一。可見，文學史在其誕生地西方，教育功能只是其諸多文化職能之一，而且還是一種後來追加的職能。而中國古代不存在文學史這一研究體式，以之取代傳統「文章流別」，實有賴於晚清以降對西方學制的引進，對近代日本及歐美文學教育思路的移植。〔註 25〕這使文學史的理論個性在傳入中國過程中發生了微妙的偏轉，教育功能進一步突出，教材成爲其主要書寫形態。因此，由中國人撰寫的文學史一經出現，即先天地具備教材性質，承擔教學職能，並逐漸形成彌漫於學界的「教科書心態」。〔註 26〕以中國人撰寫的第一部「中國文學史」——林傳甲著《中國文學史》爲例。林著是京師大學堂優級師範館中國文學課程的授課報告書。儘管著者自陳以日人笹川種郎《支那文學史》爲藍本，但又將笹川著作中予以專門論述的戲曲、小說等一併棄置，而大體上以文體遞變爲中心，兼及文字和文法，使西來之文學史與中國傳統的「文章流別」兩種研究思路相錯雜，講述歷史與應用寫作的功能相併置。之所以產生這樣複雜的文本形態，除體現出新舊交替之

但考慮到《史略》問世之初，各種文學史著作主要作爲大學講義，供大眾閱讀的功能尚未顯露，故本書將普及型文學史暫且擱置，僅討論研究型和教科書型兩類。

〔註 23〕參看〔美〕韋勒克、沃倫著、劉象愚等譯：《文學理論》第四章《文學理論，文學批評和文學史》，北京：生活·讀書·新知三聯書店，1984 年 11 月，第 30～39 頁。

〔註 24〕參看〔德〕赫·紹伊爾著、章國鋒譯：《文學史寫作問題》，見〔英〕赫爾塞等著、黃偉等譯：《重解偉大的傳統》，北京：社會科學文獻出版社，1999 年 1 月，第 74～79 頁。

〔註 25〕參看陳平原：《新教育與新文學——從京師大學堂到北京大學》，見氏著：《中國大學十講》，上海：復旦大學出版社，2002 年 10 月，第 112～113 頁。

〔註 26〕參看陳平原：《小說史：理論與實踐》第三章《獨上高樓》，見《陳平原小說史論集》（下），第 1204 頁。

際，傳統文學觀念的巨大慣性在林氏身上的投影外，也是他嚴格遵從 1903 年頒佈的《奏定優級師範學堂章程》對中國文學課程的基本定位的結果。〔註 27〕林著雖冠以「文學史」的名目，本質上卻更接近於「國文講義」〔註 28〕，照章辦事的教科書心態，使其基本上不敢放手發揮，作爲個人獨立的著述來經營。這令該書無論在學術思路還是書寫形式上均與後世的文學史大相徑庭。不過，像林著這樣亦步亦趨地遵循教學章程的文學史畢竟還是少數。在與林氏同時代的研究者中，已經有人開始注意到「教科書」與「專家書」的區分。〔註 29〕只是在經營自家著述時極少採用文學史這一書寫形式。〔註 30〕可見，即使依據歐美學制設置了文學史課程，若非完成教學章程所規定的任務，絕大多數研究者是不願意採用文學史體式的。這一方面與對文學史的思路和體式不盡熟悉，暫時採取謹慎迴避的態度有關；另一方面，「教科書」與「專家書」的嚴格區分，亦包含對兩種著述類型之高下的價值評判。畢竟，普及知識的「教科書」無法像立一家之言的「專家書」那樣引起研究者的興趣，前者對具體學術運作的嚴格規定，也可能限制研究者學術專長的充分發揮。何況，京師大學堂的管理者和教員，多爲清廷官員和舊派讀書人。儘管依據歐美學制爲「文學」設科，但對「文學」概念的設定卻往往「別具幽懷」。〔註 31〕對絕大多數人而言，爲適應新學制的要求，不得已對西方文學觀念和著述體式採取俯就的態度，其內心仍保持著對傳統意義上的「文學」，尤其是

〔註 27〕參看夏曉虹：《作爲教科書的文學史——讀林傳甲〈中國文學史〉》，載陳平原、陳國球主編：《文學史》（第二輯），北京：北京大學出版社，1995 年 10 月。

〔註 28〕林著於宣統二年（1910）由武林謀新室出版，封面標有「京師大學堂國文講義」的字樣。陳國球《「錯體文學史」——林傳甲的「京師大學堂國文講義」》亦指出該書「主要目標是編『國文講義』多於撰寫『文學史』」。見氏著：《文學史書寫形態與文化政治》，北京：北京大學出版社，2004 年 3 月，第 59 頁。

〔註 29〕參看陳平原：《新教育與新文學——從京師大學堂到北京大學》，見氏著：《中國大學十講》，第 118 頁。

〔註 30〕林氏之後任教大學堂的林紓、姚永樸等人，均在講義基礎上形成自家著述。但初爲講義的《春覺齋論文》、《文學研究法》等，雖然其中不乏精彩的文學史論斷，卻都沒有採用文學史的書寫方式。

〔註 31〕陳平原《新教育與新文學——從京師大學堂到北京大學》詳細梳理了「文學」學科在京師大學堂學制中逐漸確立的過程；陳國球《文學立科——〈京師大學堂章程〉與「文學」》對晚清新學制設立過程中「文學」概念的流變及其背後的政治訴求與文化期待亦有深入考辨，見氏著：《文學史書寫形態與文化政治》，可參看。

經學與文章的高度自信。這也使他們無法以平靜的心態接納文學史。

之所以率先討論林著這一不甚成功的文學史寫作實踐，意在指出西方學制及文學史研究思路初入中國時，研究者反應的不甚積極和自身選擇的被動性。這也是作爲「專家書」的文學史遲遲不得以面世的主要因素之一。上述局面，自蔡元培執掌北大，特別是「章門弟子」和劉師培等人陸續登上北大講臺之後，始有根本性的改觀。

新文化運動之後的北京大學，在文學課程設置上較之大學堂章程有相當大的調整和突破，其中最突出的是「中國文學史」和「中國文學」課程的分置。〔註 32〕此舉使二者的學術分界漸趨明朗，開始形成各自獨立的學術視野和理論個性。這兩門課程的邊界，類似於後來高等院校文學專業的「文學史」和「文學作品選」的區分，前者講歷史演變，提供文學知識和研究思路；後者重藝術分析，培養鑒賞能力和寫作水平。〔註 33〕課程分置改變了晚清學制中「文學史」概念上的混沌局面，使之逐漸擺脫了傳統「文章流別」的干擾，理論個性得到更充分的發揮。文學史概念的正本清源，是提升其學術價值的基本條件之一。同時，爲長期被排除在學術視野之外的小說和戲曲單獨設課，也使具有西學背景的研究者有了用武之地。這一時期進入北大的劉師培、「章門弟子」等學人，既有深厚的國學基礎，又對西方文學理論非常熟悉，在經營文學史方面有著前輩學人不可比擬的理論優勢。他們往往依據自家的研究興趣與學術水平，對教學大綱中規定的文學史教學內容及書寫形式有所調整和自由發揮，植入研究者本人的理論個性，促進了文學史由教科書向個人著作的轉化。此外，蔡元培掌校時期的北大，在爲各門課程選擇教師時，特別注重其學有所長與術業專攻，延請劉師培講授中古文學史，周作人講授歐洲文學史，吳梅講授戲曲史，魯迅講授小說史，俱爲一時之選。其中小說史課程的設置，最初由於找不到合適的人選，而暫時擱置。1920 年國文系預備增加小說史課，擬請周作人講授。周作人考慮到魯迅更爲適合，就

〔註 32〕參看陳平原《新教育與新文學——從京師大學堂到北京大學》中引錄的 1917 年北京大學中國文學門課程表。該文未指出兩門課程內容上的區別。見氏著：《中國大學十講》，第 131 頁。在最近的一篇學術隨筆中，陳平原先生依據巴黎法蘭西學院漢學研究所收藏的北大講義，論述了兩門課程的分界，並有精彩的發揮。見陳平原《在巴黎邂逅「老北大」》，載《讀書》2005 年第 3 期。「中國文學史」和「中國文學」課程的分置，突出兩種文學研究思路，並規定了各自的學術對象和方法，使前者逐漸趨向史學。

〔註 33〕參看陳平原：《在巴黎邂逅「老北大」》。

向當時的系主任馬幼漁推薦。魯迅於是受聘北大，開設小說史課，並因此成就了其小說史的撰寫。〔註 34〕可見，在北京大學的課程設置和教師遴選中，體現著因人設課，因課擇人的辦學理念。這既保證了各門課程的學術水平，又促使學者將其學術思路與研究成果以文學史的書寫方式落實到文字，公諸於世。

綜上可知，晚清至五四的學人選擇文學史這一著述體式，大都與在學院任教的經歷有關。而且隨著對文學史概念理解的深入，以及具有西學背景的研究者加盟，文學史開始由教材式的書寫形態向專著化發展，學術價值獲得了明顯的提升。在講義基礎上形成的文學史著作，不乏在觀點和體例上卓有創見者，不僅顯示出作者的學術個性，而且實現了對文學史這一著述體式的學術潛質的創造性發揮。可見，衡量一部文學史著作學術價值的高下，除作者學術水平的因素外，也有賴於作者對自家著作的學術定位。教材型的文學史，以知識的傳授爲主，彙集各家學術觀點，避免自家見解的過分突出，強調材料的準確和論述的穩健。專著型的文學史，則避免滯著於知識的介紹，而重在研究思路與方法的展示，以及個人學術創見的充分發揮。依上述標準考量《史略》，不難看出魯迅經營自家小說史專著的明確意識。與劉師培、黃侃、吳梅等學者一樣，魯迅登北大講壇，是因爲在某一學術領域中的非凡造詣，而不是爲課程的開設，涉足新的專業。這保證了他們從事研究的主動性和學術特長的發揮。魯迅在講授小說史之前，在這一研究領域中浸淫已久。憑藉深厚的學術積累撰寫講義，一出手便不同凡響。同時，小說史作爲選修課，不同於必修課在內容上有明確的規定，講授者可根據自家的學術興趣和研究水平調整課程的內容，選擇講述的方式，可進可退，擁有更大的自由度。魯迅個人的學術創見因此得到了更充分的發揮。應北大之請講授小說史，爲魯迅學術思路的系統梳理和研究成果的全面展示提供了一個難得的契機。

魯迅將《史略》作爲專著經營，還有賴於他對文學史這一著述體式的學術定位。首先，魯迅非常重視文學史的學術職能。在廈門大學中文系講授中國文學史期間，他曾致信許廣平，介紹自己授課和編寫講義的情況：

> 我的功課，大約每周當有六小時，因爲語堂希望我多講，情不

〔註 34〕參看周作人：《知堂回想錄・一三七・瑣屑的因緣》，香港：三育圖書文具公司，1980 年 11 月，第 410 頁。

> 可卻。其中兩點是小說史，無須豫備；兩點是專書研究，須豫備；兩點是中國文學史，須編講義。看看這裡舊存的講義，則我隨便講講就很夠了，但我還想認眞一點，編成一本較好的文學史。〔註 35〕

這段自述，體現出魯迅對自家著作的學術期待：不僅滿足教學需要，更要在學術上有所創獲，希望奉獻流傳後世的學術經典，而非只供教學的普通講義。這使他對文學史的撰寫精益求精，下筆極爲謹愼。魯迅晚年屢有撰寫中國文學史的想法，並做了較長時間的準備，但終未著手。〔註 36〕除過早去世不及動筆，遠離學院的研究環境，以及晚年的創作心態等因素外〔註 37〕，多少也與其過於求精的治學態度有關。其次，魯迅考量文學史的眼界甚高，對同時代人著作的評價極嚴。〔註 38〕在中國學者撰寫的文學史中，得魯迅激賞者僅劉師培《中國中古文學史》。不僅向友人大力推薦〔註 39〕，而且在自家關於魏晉文學的演講中，明示以劉著爲參考文獻，詳其所略並略其所詳，對魏晉文學特色的概括也明顯師承劉氏〔註 40〕。這與魯迅對鄭振鐸《插圖本中國文學史》的評價恰堪對照。在致臺靜農信中，魯迅批評鄭振鐸「恃孤本秘笈，爲驚人之具」的做法，稱其文學史著作爲「資料長編」〔註 41〕。這一評價道出

〔註 35〕魯迅：《兩地書・四一》，《魯迅全集》第 11 卷，第 119 頁。

〔註 36〕魯迅在與友人的通信中，多次表達出撰寫文學史的想法。如《320413　致李小峰》：「文學史不過拾集材料而已，倘生活尚平安，不至於常常逃來逃去，則擬於秋間開手整理也。」《魯迅全集》第 12 卷，第 298 頁。《320514　致許壽裳》：「而今而後，頗欲草中國文學史也。」《魯迅全集》第 12 卷，第 305 頁。《320509（日）　致增田涉》：「今後擬寫小說或中國文學史。」《魯迅全集》第 14 卷，第 204 頁。1928 年以後的日記中也多有購買商務印書館版《四部叢刊》和《二十五史》的記載。

〔註 37〕關於魯迅晚年文學史著述的「中斷」現象及其文化意義，可參看陳平原《作爲文學史家的魯迅》中的有關分析，見《陳平原小說史論集》（下），第 1770～1776 頁。

〔註 38〕魯迅在《331220　致曹靖華》中推薦若干種文學史著作，包括謝无量《中國大文學史》，鄭振鐸《插圖本中國文學史》，陸侃如、馮沅君《中國詩史》，王國維《宋元戲曲史》，魯迅《中國小說史略》。但評價爲：「這些都不過可看材料，見解卻都是不正確的。」《魯迅全集》第 12 卷，第 523 頁。

〔註 39〕魯迅在《280224　致臺靜農》中說：「中國文學史略，大概未必編的了，也說不出大綱來。我看過已刊的書，無一冊好。只有劉申叔的《中古文學史》，倒要算好的，可惜錯字多。」《魯迅全集》第 11 卷，第 103～104 頁。

〔註 40〕魯迅：《而已集・魏晉風度及文章與藥及酒之關係》，《魯迅全集》第 3 卷，第 524～525 頁。

〔註 41〕魯迅：《320815　致臺靜農》，《魯迅全集》第 12 卷，第 321～322 頁。

了魯迅考量文學史的獨特眼光——對「史識」的特別看重。推崇劉師培，正是出於對其史識的欽佩，對其文學史寫作思路的認同。同信中，魯迅談及《史略》的修改：

> 雖曰改定，而所改實不多，蓋近幾年來，域外奇書，沙中殘楮，雖時時介紹於中國，但尚無需因此大改《史略》，故多仍之。〔註42〕

這段話值得仔細玩味。在魯迅看來，儘管新史料層出不窮，但不足以撼動《史略》的學術框架和基本論斷。維繫《史略》學術生命的不是對史料的佔有，而是在「史識」基礎上對史料的重新「發現」——在取捨之間體現學術眼光。一部《史略》，稀見史料不多，儘管時人對其考證方面的成績大加讚賞〔註43〕，但該書其實並不以此見長。論史料上的成就，鄭振鐸並不在魯迅之下，甚至對一些具體問題的研究還有過之。魯迅的優勢，在於「史識」——通過尋常的作品和尋常的史料，能夠產生不同尋常的發現。對史識的注重，使魯迅在《史略》中著力突出自家的理論創見，而將知識性的內容以資料長編的形式，單獨成書，既體現出「先從做長編入手」〔註 44〕的治學理念，又使小說史著作獲得了準確的學術定位。《史略》超越於教材的學術個性與魅力，也因此得以凸顯。

以《史略》中對《儒林外史》的分析爲例。

《史略》第二十三篇《清之諷刺小說》中只討論了《儒林外史》一部作品。這是不同於當時及後世小說史的處理方式，體現出獨特的理論設計。「諷刺小說」這一類型在《史略》最初的油印本中尚未出現，《儒林外史》歸入「譴責小說」範疇中。鉛印本對此做出調整，《儒林外史》從「譴責小說」中分離，作爲《清之諷刺小說》獨立成篇，並獲得極高評價：「秉持公心，指擿時弊」，「慼而能諧，婉而多諷」，成爲對作品諷刺精神及藝術特質的定評。該篇對「諷刺小說」類型的概念及特徵有如下概括：「寓譏彈於稗史者，晉唐已有，而明爲盛，尤在人情小說中。」〔註45〕可見，「諷刺小說」古已有之，並

〔註42〕同上，第 322 頁。

〔註43〕胡適《〈白話文學史〉自序》評《史略》曰：「搜集甚勤，取裁甚精，斷制也甚謹嚴，可以爲我們研究文學史的人節省無數精力。」阿英《作爲小說學者的魯迅先生》稱《史略》「實際上不止是一部『史』，也是一部非常精確的『考證』書」。都在史料學層面立論，雖言之鑿鑿，但有些不得要領。

〔註44〕魯迅：《330618　致曹聚仁》，《魯迅全集》第 12 卷，第 404 頁。

〔註45〕許壽裳保存：《中國小說史大略》，見魯迅博物館魯迅研究室編：《魯迅研究資料》第 17 輯，天津：天津人民出版社，1986 年 9 月，第 135 頁。

非自《儒林外史》始。以《儒林外史》爲「諷刺小說」的唯一代表，基於魯迅衡量「諷刺小說」思想和藝術價值的最高標準——「公心諷世」和「婉曲」之美。完全符合這一標準的僅此一部作品，自該書問世「說部中乃始有足稱諷刺之書」〔註 46〕。僅以一部作品概括一種小說類型，看似不符合小說史寫作的常規，而且上述標準也似乎過於嚴苛。但《史略》中獨特的小說史運思方式恰恰體現於此：類型的設計與命名，體現對小說創作觀念和審美取向的歷史定位與價值評判；選取某一類型的代表作品，反過來又對類型的小說史意味做出準確的概括與詮釋。魯迅對「諷刺小說」價值標準的認定，以及對《儒林外史》的推崇，表面上將同類型中其他作品排除於理論視野之外，但實質上卻通過一部代表作品的參照，完成了對其他作品的小說史定位，而無需做一一評述，從而超越了務多求全的「教科書心態」，超越了作品羅列式的靜態研究。

綜上可知，《史略》作爲專著型小說史的學術個性在於：對作品和史料的選擇不求多多益善，而在取捨之間凸顯作者的學術眼光。魯迅最初應授課之需，編寫教材，但出於傑出的理論才能和對自家著作的學術期待，在此過程中顯示出經營個人著作的明確意識。魯迅對小說史的學術定位，使之超越了單一的教學職能：一部《史略》，用於講壇則是教材，供同行閱讀則爲專著，在教材和專著之間自由出入，形成一種學術張力，實現了對小說史學術價值的提升。

（三）進化與反覆

晚清以降，中國傳統的循環論的文學史觀念模式開始爲進化史觀所取代，後者更因五四時期胡適等人的大力倡導，逐漸居於二十世紀中國文學史觀之主流。〔註 47〕同爲五四學人的魯迅，與其同道具有相近的學術興趣與文化追求，加之早年亦曾深受進化論的影響，在學術研究與文化批評中均不免此理論印記。〔註 48〕然而，就魯迅的小說史觀而言，則與佔據主流的進化史

〔註 46〕同上，第 135 頁。

〔註 47〕參看陳伯海：《中國文學史之宏觀》，北京：中國社會科學出版社，1995 年 12 月，第 166～185 頁。

〔註 48〕魯迅留日時期通過閱讀嚴復譯《天演論》和日本人丘淺治郎著《進化論講話》，開始接觸進化論。參看魯迅：《朝花夕拾・瑣憶》，《魯迅全集》第 2 卷，第 296 頁；周啓明：《魯迅的青年時代・魯迅的國學與西學》，見《魯迅回憶錄》（專著）中冊，第 821 頁。魯迅在介紹西方生物進化學說的《人之歷史》

觀判然有別。

1924 年 7 月，魯迅應邀到西安做關於中國小說史的講演，記錄稿經本人整理後，題作《中國小說的歷史的變遷》（以下簡稱《變遷》），次年刊於西北大學出版部印行的《國立西北大學、陝西教育廳合辦暑期學校講演集》（二）。在開場白中，魯迅說：

> 我所講的是中國小說的歷史的變遷。許多歷史家說，人類的歷史是進化的，那麼，中國當然不會在例外。但看中國進化的情形，卻有兩種很特別的現象：一種是新的來了好久之後而舊的又回覆過來，即是反覆；一種是新的來了好久之後舊的並不廢去，即是羼雜。然而就並不進化嗎？那也不然，只是比較的慢，使我們性急的人，有一日三秋之感罷了。文藝，文藝之一的小說，自然也如此。〔註 49〕

這一論斷常爲研究者引用，作爲論證魯迅與進化論相關而又相異的文學史觀的重要依據。然而仔細體味上述論斷，似乎還包括另一重內涵：對文學史這一研究體式的理論預設。在魯迅看來，文學史研究的基本思路在於考察不同時代文學現象的變遷過程，這是由其先在的理論視野決定的，「史總須以時代爲經」〔註 50〕。同時，文學史和文學現象並不僅僅是研究方法與研究對象的關係。文學現象的複雜性使之呈現相對獨立的存在方式，而不完全遵循研究者的理論認定。因此，對文學現象的任何一種考察方式，都只是研究者基於自家學術觀念的一種研究思路和言說方式而已，其闡釋的有效性和有限性往往同時存在。魯迅在《變遷》開場白中明確交代以歷史的眼光考察中國古代小說這一理論出發點，力圖「從倒行的雜亂的作品裏尋出一條進行的線索」〔註 51〕，正是基於對自家學術思路的功效與局限的理論自覺。這一自覺使魯迅突破了進化史觀的先在局限，依照已成的事實，對中國小說的變遷過程予

和闡述浪漫主義文藝思潮的《摩羅詩力說》等論文中均論及進化學說。至於雜文中關涉進化論之處更是不勝枚舉。

〔註 49〕魯迅：《中國小說的歷史的變遷》，《魯迅全集》第 9 卷，第 311 頁。

〔註 50〕魯迅：《351105　致王冶秋》，《魯迅全集》第 13 卷，第 576 頁。該信中，魯迅還對「文學史」與其他文學研究體式的邊界做出了明確限定：「講文學的著作，如果是所謂『史』的，當然該以時代來區分，『什麼是文學』之類，那是文學概論的範圍，萬不能牽進去，如果連這些也講，那麼，連文法也可以講進去了。」從中可見魯迅對「文學史」理論視野的基本預設。

〔註 51〕魯迅：《中國小說的歷史的變遷》，《魯迅全集》第 9 卷，第 301 頁。

以詳細的梳理和準確的把握，從而對文學史觀念模式做出了獨立的理論選擇。鑒於進化史觀在二十世紀中國文學史寫作中的重要地位，本章首先對晚清至五四文學史觀中的進化論因素進行一番正本清源式的梳理，以凸現魯迅的理論選擇的學術背景。

韋勒克、沃倫在《文學理論》一書中介紹了兩種進化概念：一是由蛋成長爲鳥的進化過程，二是由魚腦到人腦的進化過程，並指出後者不僅「假定有變化的系列」，還「假定這變化系列有它的目的」，因此更接近「歷史」進化的觀念。〔註 52〕以之作爲文學史寫作的假定性前提，可以把文學史解釋爲向一個特殊目標進化的一系列文學作品與文學現象的序列。這使進化論的文學史觀念模式具備了鮮明的決定論和目的論色彩。進化論的文學史觀在晚清以降大行其道，主要原因有二：一是在十九世紀後半葉的西方，實證主義成爲最主要的歷史和文化思維模式之一，對文學史寫作產生了決定性的影響，向後者輸入自然科學的規律性思維，突出進步與發展的歷史觀念。〔註 53〕作爲進化史觀的思想基礎，實證主義被當時熱衷引進西學的中國人作爲最新的歷史與文化觀念而接納。二是晚清的政治危局，促使中國知識分子尋找強國保種的思想動力和文化資源。進化論對發展與進步的強調，非常切合晚清的這一政治期待與文化訴求。被後人譽爲「介紹西洋近世思想的第一人」〔註 54〕的嚴復，通過翻譯《天演論》介紹進化學説〔註 55〕，影響了晚清至五四兩代學人的歷史觀念。在文學史觀上的影響，則見於兩代學人對「一代有一代之文學」這一命題的反覆申説。

王國維《宋元戲曲史・序言》開篇有云：

> 凡一代有一代之文學：楚之騷，漢之賦，六代之駢語，唐之詩，

〔註 52〕參看〔美〕韋勒克、沃倫著、劉象愚等譯：《文學理論》第十九章《文學史》，第 294～296 頁。

〔註 53〕參看〔德〕赫・紹伊爾著、章國鋒譯：《文學史寫作問題》，見《重解偉大的傳統》，第 81～82 頁。

〔註 54〕胡適：《五十年來中國之文學》，見姜義華編：《胡適學術文集・新文學運動》，北京：中華書局，1993 年 9 月，第 106 頁。

〔註 55〕《天演論》是英國人赫胥黎《進化論與倫理學》的中文譯本，但嚴復在翻譯過程中進行了大量的增刪。在翻譯過程中隨意發揮本是晚清譯界之風尚，但嚴復的改寫中突出「物競天擇，適者生存」的理念，進一步將生物進化學説引入社會文化領域，體現出晚清知識分子尋求富強的文化訴求。參看〔美〕施瓦茨著、葉鳳美譯：《尋求富強：嚴復與西方》，南京：江蘇人民出版社，1989 年 7 月。

宋之詞，元之曲，皆所謂一代之文學，而後世莫能繼焉者也。〔註 56〕

王國維這一論斷首先是對清人焦循（理堂）觀點的轉述。焦循《易餘籥錄》卷十五提出「一代有一代之勝」說，並在《與歐陽制美論詩書》中加以發揮：

故五代之詞。六朝初唐之遺音也。宋人之詞。盛唐中唐之遺音也。詩亡於宋而遁於詞。詞亡於元而遁於曲。〔註 57〕

對此，錢鍾書《談藝錄》第四評曰：

若用意等於理堂，謂某體限於某朝，作者之多，即證作品之佳，則又買菜求益之見矣。元詩固不如元曲，漢賦遂能勝漢文，相如高出子長耶。唐詩遂能勝唐文耶。宋詞遂能勝宋詩若文耶。〔註 58〕

焦氏此論，是一種以文類衰變爲中心的退化論文學史觀〔註 59〕，這在中國古代文論中並不鮮見。錢鍾書《談藝錄》中即從各種古籍中摘引多則相似的論斷。王國維轉述焦循觀點，並未持肯定態度，看法卻和錢鍾書相近。〔註 60〕《宋元戲曲史》第十二節《元劇之文章》有云：

焦氏謂一代有一代之所勝，欲自楚騷以下，撰爲一集，漢則專取其賦，魏晉六朝至隋，則專錄其五言詩，唐則專錄其律詩，宋專錄其詞，元專錄其曲。余謂律詩與詞，固莫盛於唐宋，然此二者果爲二代文學中最佳之作否，尚屬疑問。〔註 61〕

可見，王國維只是借用焦循的表達方式，文字雖同，觀念實異。焦循依朝代立論，以歷朝新見之文類爲文學史之主流，忽視其他文類的存在，簡化了文學史的複雜性。王國維則依文類立論，某一文類在某一朝代達到其高峰，所謂「後世莫能繼焉者」即指文類自身的發展狀況而言，各文類之間不存在相互取代的關係。《宋元戲曲史》以戲曲這一中國古代的邊緣文類爲研究對象，

〔註 56〕王國維：《宋元戲曲史》，上海：華東師範大學出版社，1995 年 12 月，第 1 頁。

〔註 57〕焦循：《與歐陽制美論詩書》，見氏著：《雕菰集》（下），第 235 頁，北京師範大學圖書館藏商務印書館國學基本叢書本，書無版權頁，出版地及時間不詳。

〔註 58〕錢鍾書：《談藝錄》（補訂本），北京：中華書局，1984 年 9 月，第 31 頁。

〔註 59〕參看陳伯海：《中國文學史之宏觀》，第 175 頁。

〔註 60〕王國維「一代有一代之文學」說常被研究者等同於焦循的觀點，高恒文《讀〈管錐編〉〈談藝錄〉札記》較早對此提出不同看法，並對二者的區別有精闢的辨析，載《文藝理論研究》2001 年第 6 期，可參看。

〔註 61〕王國維：《宋元戲曲史》，第 120 頁。

借用「一代有一代之文學」的命題，意在突出其文學史地位。王國維借用焦循觀點，而剔除其文類以朝代爲限的批評觀和退化論因子，部分地體現出進化論的理論傾向。

王國維提出「一代有一代之文學」這一命題，主要還是藉以突出戲曲的文學史價值，進化論對其文學史觀而言，只是多種理論元素之一，尚不具備方法論的決定性意義。進化史觀眞正大行其道並深入人心，還有賴於五四時期胡適等人的大力倡導。

與王國維借用「一代有一代之文學」說的研究姿態不同，胡適則明確地賦予這一命題以方法論的意義，體現出鮮明的進化論色彩。首先，在新文學開山綱領——《文學改良芻議》中，胡適基於重建中國文學秩序的新文化立場，重申「一時代有一時代之文學」這一命題，力圖提升白話文學的文學史地位。在「文學因時進化，不能自止」〔註 62〕的觀念下，中國文學史被胡適解釋爲白話文學不斷進化，逐漸佔據文學發展的主流，動搖並最終取代古文文學正宗地位的過程，強化了中國文學史之變遷的目的性和方向性。其次，歷史進化的文學史觀，還體現出方法論意義。胡適承認在治學方法上受到赫胥黎進化論和杜威實驗主義哲學的影響。〔註 63〕在他看來「一切學說都必須約化爲方法才能顯出它們的價值」〔註 64〕，其大部分學術著作也都具有教人以「拿證據來」的思想方式和治學方法這一終極目的。〔註 65〕進化史觀的建立，一方面從文學史的發展趨勢上肯定白話文學的「正宗」地位，爲新文學的合理性與合法性提供了歷史依據〔註 66〕；另一方面則便於把複雜的文學現

〔註 62〕胡適：《文學改良芻議》，見歐陽哲生編：《胡適文集》第 2 卷，北京：北京大學出版社，1998 年 11 月，第 7 頁。

〔註 63〕參看唐德剛譯：《胡適口述自傳》，北京：華文出版社，1992 年 8 月，第 102～109 頁。

〔註 64〕〔美〕余英時：《中國近代思想史上的胡適》，見歐陽哲生選編：《解析胡適》，第 112 頁。

〔註 65〕對此胡適曾多次予以承認。《〈胡適文存〉序例》中稱：「我的唯一的目的是注重學問思想和方法。故這些文章無論是講實驗主義，是考證小說，是研究一個字的文法，都可以說是方法論的文章。」見《胡適文集》第 2 卷，第 1 頁。《介紹我自己的思想》中還特別強調：「我的幾十萬字的小說考證，都只是用一些『深切而著明』的實例來教人怎樣思想。」《胡適文集》第 5 卷，第 517 頁。

〔註 66〕胡適在《〈中國新文學大系・建設理論集〉導言》中稱：「我們特別指出白話文學是中國文學史上的『自然趨勢』，這是歷史的事實。……我們再三指出這

象系統化與知識化，形成一種簡單可行、操作性強的文學史寫作思路。進化史觀由此成爲中國文學史學（小說史學）發生階段被絕大多數研究者所接受的一種觀念模式。五四以後多有冠以「發展史」或「發達史」名目的著作出現，一些雖不以此命名，但也以進化論爲基本思路。在破舊立新的歷史階段，進化論爲中國文學史的價值重建提供了可借鑒的理論資源，在特定的歷史與文化語境中具有重要意義。但是，進化史觀的理論缺陷，如強調文學史變遷的連續性和方向性，熱衷於總結規律與建立聯繫，使這一觀念模式體現出明顯的先驗性。而且，胡適等人對進化論的宣揚，現實功利目的過強，在特定歷史階段具有闡釋的有效性，但隨著時間的推移，其弊端也就日益顯露出來。

以上簡要論述了晚清至五四文學進化史觀的基本狀況，意在揭示魯迅小說史研究的學術背景及其相對獨立的理論選擇。如前文所述，魯迅曾深受進化論的影響，在學術研究和文化批評中均體現其理論印記。但是，進化論只是構成魯迅精神世界與思維方式的諸多因素之一，而不是唯一的決定性因素，在接受並闡釋這一理論的過程中也時有質疑與反思。特別是某些文化現象的反覆，使魯迅產生一種「回到過去」的歷史輪迴之感。〔註 67〕在考察歷史時，也就對各種「反覆」和「羼雜」的現象格外敏感。同時，魯迅的小說史研究，始終以研究對象爲中心，依其特點選擇研究方法，而不是依據方法對文學現象做出取捨，從而祛除個人主觀的好惡成見，避免了先驗性的思維模式。上述研究姿態使魯迅的小說史著述超越了進化史觀的理論局限。

《史略》對進化史觀的超越集中體現在兩個方面：一是對小說史時間性的獨特處理，二是「擬」與「末流」等小說史論斷的提出。

文學史作爲對既往文學現象的回顧式的研究，對時間有著先在的依賴。「史」的眼光首先將研究對象置於時間線索之上，在時間流程中展現文學現象的演變過程。尤其是進化史觀，更加突出文學史寫作的時間意識，強調文學史變遷的連續性與方向性，把複雜的文學現象落實在因時進化的規律之

個文學史的自然趨勢，是要利用這個自然趨勢所產生的活文學來正式替代古文學的正統地位。簡單說來，這是用誰都不能否認的歷史事實來做文學革命的武器。」《中國新文學大系・建設理論集》，上海：良友書局，1935 年 10 月，第 20～21 頁。

〔註 67〕參看魯迅：《集外集拾遺・又是「古已有之」》，《魯迅全集》第 7 卷，第 239 頁。

中，顯示出線性的思維模式。新與舊、進步與倒退也都是以時間性爲基本前提的理論預設。可以說，進化論是一種維繫在單一的時間性基礎上的文學史觀。魯迅的小說史觀與此不同。首先，以中性的「變遷」而非「發展」、「演進」等具有明顯方向性的稱謂命名自家的小說史著作，正是出於對進化史觀過於明確的方向感的警惕。其次，《史略》（包括《變遷》）對於小說的歷史演化不僅進行歷時性的描述，還予以共時性的考察。該書以朝代爲經，但只作爲小說產生的時間背景，對創作觀念與審美趨向沒有決定性作用。〔註 68〕以類型爲中心，突出小說創作背後的文化因素，同一時代的各種小說類型共同構成這一時代整體的藝術成就與文化面貌。可見，《史略》中每一小說類型都是一個相對獨立的空間性存在，其章節設置因此體現出空間意識。同一時代的若干小說類型，無論省略其中的任何一種，對小說史知識的全面性可能有所影響，但都不會造成歷史線索的中斷。魯迅小說史研究的空間意識，打破了進化史觀對時間性的單一依賴。這樣，小說史不再滯著於對連續性與規律性的主觀想像之上，不再被視爲向某一終極目標演進的包含若干階段性的序列，從而對每一時代每一類型小說創作的特色與價值，都做出了準確而清晰的理論概括。

《史略》對進化史觀的突破還體現在部分小說史論斷上。該書大體上是以朝代爲經，小說類型爲緯，用類型概括某一朝代主要的小說創作趨向，尤其是新出現的趨向。但並不局限於此。對個別不適合用單一類型概括者，魯迅寧可放棄類型化的命名方式，如「明之擬宋市人小說」、「清之擬晉唐小說」、「清之以小說見才學者」等。如果說後者是對清代獨有的以「文章經濟」爲宏旨的小說創作風尚的概括，本身仍具有類型化命名的理論特徵的話，前兩者則針對古已有之，經過一段時間的消遁後重新進入作家創作視野的小說類型，並使用「擬」字概括小說史上的這類「反覆」現象。《史略》中的「擬」

〔註 68〕魯迅在《中國小說史略・題記》中說：「即中國嘗有論者，謂當有以朝代爲分之小說史，亦殆非膚泛之論也。」這裡「論者」即指鄭振鐸。該《題記》手稿作：「鄭振鐸教授之謂當有以朝代爲分之小說史，亦殆非膚泛之論也。」據增田涉回憶，《史略》付印時，鄭振鐸知道點了他的名字，要求不要點出，因此，校正時改作「嘗有論者」。魯迅對此的解釋是：「『殆非膚泛之（淺薄之）論』，實際上正是『淺薄之論』，所以本人討厭。」參看〔日〕增田涉著、鍾敬文譯：《魯迅的印象・三三・魯迅文章的「言外意」》，見《魯迅回憶錄》（專著）下册，第 1405～1406 頁。可見，魯迅對以朝代爲小說史變遷的決定因素這一研究思路並不認同。

字，除在引文及敘述語中出現外，作爲判斷語出現者凡十四次，含義有二，而又彼此關聯。一是對摹擬前人，缺乏獨創精神的創作趨向的批評，如「擬古且遠不逮，更無獨創之可言矣」（第十二篇），「惟後來僅有擬作及續書，且多濫惡」（第二十七篇）等，是一種基於創作經驗和審美趣味的價值判斷，體現出魯迅的小說批評觀。一則如前述，概括小說史上某一創作類型中斷後復又盛行的現象，主要承擔歷史判斷，體現出魯迅的小說史觀。以《史略》第二十二篇《清之擬晉唐小說及其支流》爲例。志怪傳奇至元代漸趨消亡，明初復有文人仿傚，因朝廷禁止而衰歇，至明末又盛行，清代依舊，並產生了《聊齋誌異》和《閱微草堂筆記》這樣的優秀作品。明清兩代文人創作志怪傳奇，在小說類型上已非新創。因此，魯迅不再另設新詞，而使用「擬晉唐小說」這一命名方式（《變遷》中命名爲「擬古派」，作爲「清小說之四派」之一）。依進化史觀看來，這類消遁後復又盛行的創作形態，是對小說史發展鏈條的中斷和倒退，違反了進化的基本原則。《史略》則依據創作的具體情況立論，沒有將這一現象視爲小說史的「逆流」，對其代表作有較高評價。特別是對於《閱微草堂筆記》這部取法六朝，創作觀念及審美趣味更趨古雅的作品，評價不在由下層文人本傳奇而作的《聊齋誌異》之下，實現了對五四「民間本位的進化史觀」的超越。〔註 69〕可見，作爲歷史判斷與作爲價值判斷的「擬」，儘管存在理論上的關聯，但仍需做必要的區分。前者無疑更能體現《史略》作爲小說史著作的學術特色。

《史略》中另一突破進化史觀的小說史論斷是「末流」。「末流」在《史略》中出現凡三次，概括摹仿前人而又缺乏創新，以致喪失原作精神的創作趨向。和「擬」相比，「末流」在歷史判斷中蘊含著更爲明確的價值判斷。部

〔註 69〕新文化運動時期「民間文學本源說」的理論特色及得失，參看陳伯海：《中國文學史之宏觀》，第 181 頁。魯迅在《340220　致姚克》中說：「歌，詩，詞，曲，我以爲原是民間物，文人取爲己有，越做越難懂，弄得變成僵石，他們就又去取一樣，又來慢慢的絞死它。譬如《楚辭》罷，《離騷》雖有方言，倒不難懂，到了揚雄，就特地『古奥』，令人莫名其妙，這就離斷氣不遠矣。詞，曲之始，也都文從字順，並不艱難，到後來，可就實在難讀了。現在的白話詩，已有人掇用『選』字，或每句字必一定，寫成一長方塊，也就是這一類。」《魯迅全集》第 13 卷，第 28 頁。這一論斷表面基於五四時期民間本位的文化價值觀，但本質上是不滿於新詩創作的日漸僵化，批評束縛文學創作的各種清規戒律，論述的中心實在最後一句。這是一種基於創作觀念的文學批評觀，而不是一種文學史觀，與「民間本位的進化史觀」無涉。

分小說家借用某種久不爲文人採納的小說類型，融入自家的創作觀念和審美理想，不僅不失獨創，而且使這一類型在小說史上重放光彩，獲得新生，可謂「名」舊而「實」新。這一創作趨向爲魯迅所認可，以「擬」概括之，主要作爲歷史判斷。而部分小說家，慕他人作品之高格，或仿照或續寫，由於小說觀念和藝術水平上的差距，加上一味因襲的創作態度，不僅未能發揮原作的優長，而且益顯其弊惡，成就較原作相去甚遠。對於這類追趕潮流而又等而下之的跟風之作，魯迅以「末流」斷之，在歷史判斷中凸顯價值判斷。上述小說史論斷的提出，避免了將中國小說史的變遷過程處理爲一個「代變而代勝」線性序列，揭示出小說史演化的複雜性，克服了進化史觀過度強調連續性與方向性的理論缺陷。

魯迅的小說史觀，很難用進化、退化或循環等任何一種文學史觀念模式加以概括。研究者可以從《史略》中找到一些模式的理論痕迹，但任何一種模式都無法提供唯一合理的解釋。這基於魯迅小說史研究的學術思路。魯迅對作品與現象的評價，首先從自家的眞實感受出發，而不爲任何既定標準所左右。魯迅的學術視野，也不爲模式自身的理論盲點所遮蔽。這樣，《史略》作爲一部客觀地概括中國小說演化過程及其藝術特徵的文學史，而不是一部觀念史，其學術生命力也不會因爲任何一種觀念模式的衰落而喪失。

二、魯迅《中國小說史略》與鹽谷溫《中國文學概論講話》——中日小說史學交流的一個經典個案

1923 年 10 月，魯迅爲北京大學新潮社初版《中國小說史略》撰寫序言，開篇即稱：「中國之小說自來無史；有之，則先見於外國人所作之中國文學史中，而後中國人所作者中亦有之，然其量皆不及全書之什一，故於小說仍不詳。」〔註 1〕魯迅序言中所謂「外國人所作之中國文學史」，包括〔俄〕瓦西里耶夫《中國文學簡史綱要》(1880)、〔日〕古城貞吉《支那文學史》(1897)、〔英〕翟理斯《中國文學史》(1897)、〔日〕笹川種郎（臨風）《支那文學史》(1898)、〔德〕顧魯柏《中國文學史》(1902) 等。〔註 2〕這些撰著於世紀之交的文學史著作，儘管各有其成就，但均未能及時譯爲中文，因此在當時的中國聲名不著。倒是稍後問世的鹽谷溫著《中國文學概論講話》，大有後來居上之勢。〔註 3〕鹽谷氏的著作之所以聲名遠播，除本身的學術價值較高，並且多次譯爲中文、爲國內讀者所熟知外〔註 4〕，也和該書與魯迅《中國小說史

〔註 1〕魯迅：《中國小說史略》上卷，北京：北京大學第一院新潮社，1923 年 12 月，《序言》第 1 頁。

〔註 2〕參看郭延禮：《19 世紀末 20 世紀初東西洋〈中國文學史〉的撰寫》，載《中華讀書報》2001 年 9 月 19 日第 22 版。

〔註 3〕該書據鹽谷溫 1917 年夏在東京大學的演講稿改寫而成，於 1918 年 12 月完稿，1919 年 5 月由大日本雄辯會出版。《中國文學概論講話》雖不是嚴格意義上的文學史，但對中國的影響卻超越了此前及同時代的文學史著作。

〔註 4〕郭希汾節譯該書小說部分，題名《中國小說史略》，上海：中國書局，1921 年 5 月。後有陳彬龢節譯本，題名《中國文學概論》，北平：樸社，1926 年 3

略》之間的一場涉及「抄襲」的學術公案密切相關。兩部著作之關聯，至今仍引起紛紜眾說。本章力圖「回到歷史現場」——首先對於八十年前的這樁學術公案進行詳細梳理與論析，進而通過比較兩部著作的學術思路與方法，廓清二者之關係，以此接近並還原歷史的本來面貌，從而在實證研究的基礎上，使對「抄襲」之論的批駁，超越爲魯迅本人的辯誣，而從學理層面探討同時代學人對《中國小說史略》的歷史評價，進而展現「中國小說史學」建立之初，中日兩國學人不同的學術思路與文化選擇。

（一）從一樁學術公案說起

魯迅《中國小說史略》最初作爲在北京大學、北京高等師範學校等院校開設中國小說史課程的講義，從 1920 年 12 月起陸續油印編發，共 17 篇；後經作者增補修訂，由北大印刷所鉛印，內容擴充至 26 篇。1923 年 12 月，該書上卷由北京大學第一院新潮社出版，下卷出版於次年 6 月。《中國小說史略》至此得以正式刊行。〔註 5〕作爲中國小說史研究劃時代的著作，該書問世之初，並未引起評論家和研究者的重視。魯迅在當時主要以小說家聞名，其小說史研究方面的成就不免爲小說家的盛名所掩蓋。涉及該書的第一次論爭也並未發生在學術研究範圍內，而是陳源（西瀅）在《閒話》及與友人的通信中，指責《中國小說史略》抄襲鹽谷溫《中國文學概論講話》之小說部分。

1925 年 11 月 21 日，陳源在《現代評論》上發表《閒話》，稱：

> 現在著述界盛行「摽〔註 6〕竊」或「抄襲」之風，這是大家公認的事實。一般人自己不用腦筋去思索研究，卻利用別人思索或研究的結果來換名易利，到處都可以看到。……

月；君左節譯本，題名《中國小說概論》，載《小說月報》第 17 卷號外《中國文學研究》（下冊），上海：商務印書館 1927 年 6 月；孫俍工全譯本，題名《中國文學概論講話》，上海：開明書店，1929 年 6 月。

〔註 5〕《中國小說史略》的成書過程及其版本流變，參看榮太之：《〈中國小說史略〉版本淺談》，載《山東師院學報》（社科版）1979 年第 3 期；呂福堂：《〈中國小說史略〉的版本演變》，見唐弢等著：《魯迅著作版本叢談》，北京：書目文獻出版社，1983 年 8 月；楊燕麗：《〈中國小說史略〉的生成與流變》，載《魯迅研究月刊》1996 年第 9 期；〔日〕中島長文：《「悲涼」の書——〈中國小說史略〉》，見中島長文譯注：《中國小說史略・附錄》，東京：平凡社，1997 年 6 月。

〔註 6〕當作「剽」，原文如此，下同。

> 可是，很不幸的，我們中國的批評家有時實在太宏博了。他們俯伏了身軀張大了眼睛，在地面上尋找竊賊，以致整大本的摽竊，他們倒往往視而不見。要舉個例麼？還是不說吧，我實在不敢再開罪「思想界的權威」。……
>
> 至於文學，界限就不能這樣的分明了。許多情感是人類所共有的，他們情之所至，發為詩歌，也免不了有許多共同之點。……
>
> 「摽竊」「抄襲」的罪名，在文學裏，我以為只可以壓倒一般蠢才，卻不能損傷天才作家的。文學史沒有平權的。文學是「只許州官放火，不許百姓點燈」的。……至於偉大的天才，有幾個不偶然的摽〔註7〕竊？〔註8〕

陳源這篇《閒話》以「剽竊」為主題，事出有因。1925年10月1日起，徐志摩接編《晨報副刊》，報頭使用淩叔華所作畫像一幅。10月8日，《京報副刊》發表署名重餘（陳學昭）的《似曾相識的〈晨報副刊〉篇首圖案》，指出該畫像剽竊英國畫家比亞茲萊。1925年11月7日，《現代評論》第二卷第四十八期發表淩叔華的小說《花之寺》。11月14日《京報副刊》又刊登署名晨牧的《零零碎碎》一則，暗指《花之寺》抄襲契訶夫小說《在消夏別墅》。可見，陳源大談「剽竊」為主題，概源於此，實有為淩叔華開脫之意。陳源與魯迅因同年的「女師大事件」而交惡，因此懷疑上述兩篇文章皆出於魯迅之手，於是旁敲側擊，暗指魯迅抄襲。雖然「整大本的剽竊」一說的矛頭所向，文中沒有明言，但「思想界的權威」一語，實指魯迅而言。〔註9〕然而既然陳源未曾指名，魯迅「也就只回敬他一通罵街」〔註10〕，在一篇文章的附記裏略作回應：

> 按照他這回的慷慨激昂例，如果要免於「卑劣」且有「半分人氣」，是早應該說明誰是土匪，積案怎樣，誰是剽竊，證據如何的。

〔註7〕當作「剽」，原文如此。

〔註8〕陳源：《閒話》，載1925年11月21日《現代評論》第二卷第五十期，署名「西瀅」。

〔註9〕1925年8月初，北京《民報》在《京報》、《晨報》刊登廣告，宣稱「本報自八月五日起增加副刊一張，專登學術思想及文藝等，並特約中國思想界之權威者魯迅……諸先生隨時為副刊專著」。

〔註10〕魯迅：《華蓋集續編・不是信》，《魯迅全集》第3卷，北京：人民文學出版社，2005年11月，第244頁。該文最初發表於1926年2月8日《語絲》周刊第六十五期，署名「魯迅」。

> 現在倘有記得那括弧中的「思想界的權威」六字，即曾見於《民報副刊》廣告上的我的姓名之上，就知道這位陳源教授的「人氣」有幾多。〔註11〕

次年一月，陳源在發表於《晨報副刊》上的通信裏，重提「剽竊」之事，並將矛頭明確指向魯迅及其《中國小說史略》：

> 他常常控告別人家抄襲。有一個學生抄了郭沫若的幾句詩，他老先生罵得刻骨鏤心的痛快。可是他自己的《中國小說史略》卻就是根據日本人鹽谷溫的《支那文學概論講話》裏面的「小說」一部分。其實拿人家的著述做你自己的藍本，本可以原諒，只要你在書中有那樣的聲明，可是魯迅先生就沒有那樣的聲明。在我們看來，你自己做了什麼不正當的事也就罷了，何苦再去挖苦一個可憐的學生，可是他還盡量的把人家刻薄。「竊鈎者誅，竊國者候〔註12〕」，本是自古已有的道理。〔註13〕

這組題爲《閒話的閒話之閒話引出來的幾封信》的私人通信，內容主要是陳源和周作人就「女師大事件」的餘波展開的若干問答，以及試圖在陳周之間進行調解的張鳳舉的來信。不過，陳源在批評周作人之餘，筆鋒一轉，將矛頭指向魯迅，圍繞「剽竊」大做文章。因「女師大事件」交惡於前，懷疑魯迅著文指責淩叔華「抄襲」在後，陳源此舉也就不難理解。針對上述攻擊和指責，魯迅隨即發表《不是信》一文予以駁斥：

> 鹽谷氏的書，確是我的參考書之一，我的《小說史略》二十八篇的第二篇，是根據它的，還有論《紅樓夢》的幾點和一張《賈氏系圖》，也是根據它的，但不過是大意，次序和意見就很不同。其他二十六篇，我都有我獨立的準備，證據是和他的所說還時常相反。例如現有的漢人小說，他以爲眞，我以爲假；唐人小說的分類他據森槐南，我卻用我法。六朝小說他據《漢魏叢書》，我據別本及自己的輯本，這工夫曾經費去兩年多，稿本有十冊在這裡；唐人小說他據謬誤最多的《唐人說薈》，我是用《太平廣記》的，此外還一本一本搜起來……。其餘分量，取捨，考證的不同，尤難枚舉。自然，

〔註11〕魯迅：《學界的三魂》附記，載1926年2月1日《語絲》周刊第六十四期。
〔註12〕當作「侯」，原文如此。
〔註13〕陳源：《閒話的閒話之閒話引出來的幾封信》之九《西瀅致志摩》，載1926年1月30日《晨報副刊》，署名「西瀅」。

> 大致是不能不同的，例如他說漢後有唐，唐後有宋，我也這樣說，因爲都以中國史實爲「藍本」。我無法「捏造得新奇」，雖然塞文狄斯的事實和「四書」合成的時代也不妨創造。但我的意見，卻以爲似乎不可，因爲歷史和詩歌小說是兩樣的。詩歌小說雖有人說同是天才即不妨所見略同，所作相像，但我以爲究竟也以獨創爲貴；歷史則是紀事，固然不當偷成書，但也不必全兩樣。〔註14〕

在上述回應之後，這場紛爭暫時偃旗息鼓。然而魯迅對「剽竊」之說一直耿耿於懷。直到十年後《中國小說史略》由增田涉譯爲日文出版，魯迅稱：

> 在《中國小說史略》日譯本的序文裏，我聲明了我的高興，但還有一種原因卻未曾說出，是經十年之久，我竟報復了我個人的私仇。當一九二六年時，陳源即西瀅教授，曾在北京公開對於我的人身攻擊，說我的這一部著作，是竊取鹽谷溫教授的《支那文學概論講話》裏面的「小說」一部分的；《閒話》裏的所謂「整大本的剽竊」，指的也是我。現在鹽谷教授的書早有中譯，我的也有了日譯，兩國的讀者，有目共見，有誰指出我的「剽竊」來呢？嗚呼，「男盜女娼」，是人間的大可恥事，我負了十年「剽竊」的惡名，現在總算可以卸下……〔註15〕

從這段充滿了洗刷屈辱的快意之情的文字中，不難看出所謂「剽竊」事件給魯迅帶來的巨大的心靈壓抑與傷害。其實，陳源又何嘗不是在遭遇「女師大事件」及此後的一系列衝突所造成壓抑與傷害中，慌不擇言，以致聽信他人「魯迅《中國小說史略》係『剽竊』而來」的傳言，不經查證不假思索，即以之作爲攻擊魯迅的「有力」證據。假使陳源認眞閱讀魯迅和鹽谷溫的著作，再加以比較，恐怕不會犯此「常識錯誤」。〔註16〕此後，魯迅和陳源都不再提及這場論爭。倒是在魯迅去世的當年，胡適在復蘇雪林信中重提此事，並表

〔註14〕魯迅：《華蓋集續編・不是信》，《魯迅全集》第3卷，第244～245頁。

〔註15〕魯迅：《且介亭雜文二集・後記》，《魯迅全集》第6卷，第450～451頁。

〔註16〕陳源所謂「抄襲」說來自傳言，魯迅對此亦有所覺察，在《不是信》中說：「好在鹽谷氏的書聽說（！）已有人譯成（？）中文，兩書的異點如何，怎樣『整大本的摽竊』，還是做『藍本』，不久（？）就可以明白了。在這以前，我以爲恐怕連陳源教授自己也不知道這些底細，因爲不過是聽來的『耳食之言』。不知道對不對？」魯迅：《華蓋集續編・不是信》，《魯迅全集》第3卷，第245頁。不過從語氣上看，魯迅的上述看法也是出於推測，對於傳言的始作俑者既不知其名，也無意追究。

明了自己的立場：

> 凡論一人，總須持平。愛而知其惡，惡而知其美，方是持平。魯迅自有它的長處。如他的早年的文學作品，如他的小說史研究，皆是上等工作。通伯先生當日誤信一個小人張鳳舉之言，說魯迅之小說史是抄襲鹽谷溫的，就使魯迅終身不忘此仇恨！現今鹽谷溫的文學史已由孫俍工譯出了，其書是未見我和魯迅之小說研究之前的作品，其考據部分淺陋可笑。說魯迅抄襲鹽谷溫，眞是萬分的冤枉。鹽谷一案，我們應該爲魯迅洗刷明白。〔註17〕

在肯定魯迅的學術貢獻、駁斥「抄襲」說的同時，胡適指出陳源（即信中所謂「通伯先生」）之所以得出魯迅「抄襲」鹽谷溫的錯誤論斷，源於張鳳舉的「小人播亂」。張鳳舉其人及其在這次論爭中的所作所爲，已有學者著文考證。〔註18〕應指出的是，儘管是私人通信，但胡適確信以其在文化史上的地位和影響力，其書信日記等私人文字勢必將公諸於世，與其公開發表的文章一樣，被後人視爲重要史料。因此，胡適將書信日記也作爲著作來經營，下筆審愼，結構精心。可見，在與蘇雪林的通信中，胡適將「抄襲」說的始作俑者歸於旁人，實有爲陳源開脫之意，同時將罪責坐實在「小人張鳳舉」身上，以正視聽。不過，使陳源「誤信其言」的很可能不只張鳳舉一人。時在北大任職的顧頡剛亦認爲魯迅有抄襲之嫌，並以此告知陳源，才引發陳源著文指責魯迅「抄襲」。儘管幾位當事人在公開發表的文字中對此均諱莫如深，但1949年，時任雲南大學教授的劉文典卻在一次演講中加以披露。劉文典的演講稿沒有發表，今已不存。但在劉氏演講的第二天，即1949年7月12日，昆明《大觀晚報》發表《劉文典談魯迅》一文，記錄了劉氏演講的要點，其中涉及顧頡剛與「抄襲」說云：

> 顧頡剛曾罵魯迅所著的《中國小說史略》是抄襲日本人某的著作，劉爲魯辯護，認爲魯取材於此書則有之，抄襲則未免係存心攻擊。〔註19〕

〔註17〕胡適：《致蘇雪林》(1936年12月14日)，中國社會科學院近代史研究所中華民國史組編：《胡適來往書信選》上冊，北京：中華書局，1979年5月，第339頁。

〔註18〕參看朱正：《小人張鳳舉》，載《魯迅研究月刊》2002年第12期。

〔註19〕見中國社會科學院文學研究所魯迅研究室編：《魯迅研究學術論著資料彙編(1913～1983)》第4卷，北京：中國文聯出版公司，1987年7月，第839頁。

劉文典對所謂「抄襲」說持否定意見，但並未在演講中指明「顧頡剛曾罵魯迅」「抄襲」的消息來源。劉文典之後，所謂「抄襲」說絕少爲人提起。直到近半個世紀後，顧頡剛之女顧潮在回憶父親的著作中重提此事：

> 在「女師大學潮」中，魯迅、周作人堅決支持學生的運動，而校長楊蔭榆的同鄉陳源爲壓制學生運動的楊氏辯護，兩方發生了激烈的論戰，魯迅與陳源由此結了深怨。魯迅作《中國小說史略》，以日本鹽谷溫《支那文學概論講話》爲參考書，有的內容是根據此書大意所作，然而並未加以注明。當時有人認爲此種做法有抄襲之嫌，父親亦持此觀點，並與陳源談及，1926年初陳氏便在報刊上將此事公佈出去。……爲了這一件事，魯迅自然與父親亦結了怨。〔註20〕

顧潮的上述論斷源出當時尚未公開的《顧頡剛日記》。2007年，日記經整理正式出版，使顧頡剛持「抄襲」說的眞相得以公諸於世。

在1927年2月11日的日記中，顧頡剛按語云：

> 魯迅對於我的怨恨，由於我告陳通伯，《中國小說史略》剿襲鹽谷溫《支那文學講話》。他自己抄了人家，反以別人指出其剿襲爲不應該，其卑怯驕妄可想。此等人竟會成群眾偶像，誠青年之不幸。他雖恨我，但沒法罵我，只能造我種種謠言而已。予自問胸懷坦白，又勤於業務，受茲橫逆，亦不必較也。〔註21〕

假使如顧氏所言，陳源著文宣揚「抄襲」說實源出顧頡剛，而不是（或不僅僅是）胡適所指認的張鳳舉，那麼，在前引致蘇雪林信中，胡適力圖爲之開脫的就不只陳源一人了。而且，顧頡剛一直將首倡「抄襲」說並告知陳源作爲與魯迅結怨的緣由，言之鑿鑿。〔註22〕然而目前尚無確證表明兩人之結怨源出於此。〔註23〕

〔註20〕顧潮：《歷劫終教志不灰——我的父親顧頡剛》，上海：華東師範大學出版社，1997年12月，第103頁。從顧潮的這段回憶看，當時持「抄襲」說者，亦不止顧頡剛一人。

〔註21〕顧頡剛：《顧頡剛日記》第二卷（1927～1932），臺北：聯經出版事業股份有限公司，2007年5月，第15頁。

〔註22〕在1927年3月1日的日記中，顧頡剛總結受魯迅「排擠」的原因素端，其中「揭出《小說史略》之剿襲鹽谷氏書」位列榜首。見《顧頡剛日記》第二卷（1927～1932），第22頁。

〔註23〕現有探討魯迅與顧頡剛結怨之起因的論著，絕大多數均強調其複雜性，而不以顧氏散佈「抄襲」之論作爲結怨的直接動因。參看趙冰波：《魯迅與顧頡剛

以上之所以率先討論這樁學術公案，意在「回到歷史現場」——接近並還原這一歷史事件的眞實面貌。通過對相關史料的梳理不難發現，儘管「抄襲」說不符合事實，但在當時持此說者卻不乏其人。然而無論是陳源、張鳳舉，還是顧頡剛，各自的出發點卻未必相同，似不可概而論之，其中尤以顧頡剛的態度格外值得關注。從上文摘錄的顧氏日記看，顧頡剛持「抄襲」說，既不像陳源那樣出於私怨，為爭一時之意氣而完全不顧事實（在顧氏看來，顯然是宣揚「抄襲」說為因，和魯迅結怨為果）〔註 24〕，亦非懷有「小人」張鳳舉式的「播亂之心」（顧氏當時與魯迅同為「語絲社」成員，雖彼此過從不密，但尚未結怨，劉文典所謂「存心攻擊」之說不確）。而且，以顧頡剛為人為文之嚴謹，道聽途說、人云亦云或歪曲事實、搬弄是非的可能性亦極小。因此，顧氏之認定「抄襲」，很可能是出於自家的學術判斷，源於對魯迅小說史研究的學術思路和方法缺乏充分的瞭解與認同所造成的「誤讀」。〔註 25〕因

交惡之我見》，載《河南教育學院學報》（哲學社會科學版）1999 年第 1 期；汪毅夫：《北京大學學人與廈門大學國學研究院——兼談魯迅在廈門的若干史實》，載《魯迅研究月刊》2002 年第 3 期；徐文海：《從〈南下的坎坷〉看顧頡剛和魯迅的矛盾衝突》，載《內蒙古民族大學學報》（社會科學版）2003 年第 5 期；盧毅：《魯迅與顧頡剛不睦原因新探》，載《晉陽學刊》2007 年第 2 期。明確「抄襲」事件作為結怨的主要原因的是包紅英、徐文海《魯迅與顧頡剛》，但該文所據仍是劉文典的演講及顧潮的著作，前者無實據可考，後者則出於《顧頡剛日記》的一面之詞，均非確證；載《遼寧大學學報》（哲學社會科學版）2003 年第 6 期。桑兵《廈門大學國學院風波——魯迅與現代評論派衝突的餘波》一文指出：「顧頡剛或為傳言者之一。至於魯迅是否知道顧頡剛的態度，則無明確證據，魯迅本人關於此事的言論，始終未提及顧的名字」；載《近代史研究》2000 年第 5 期。邱煥星《魯迅與顧頡剛關係重探》一文則認為「抄襲」事件使魯迅對顧頡剛「極為不滿」，但二人結怨的眞正原因，是五四之後新文化陣營的分化及其導致的派系衝突，以及對 1920 年代新式政黨和新式革命的不同態度；載《文學評論》2012 年第 3 期。有關這一問題更為詳盡的論述，參看施曉燕：《顧頡剛與魯迅交惡始末》（上、下），分別載《上海魯迅研究》2012 年春、2012 年夏。

〔註 24〕與陳源指斥「抄襲」源自途說不同，顧頡剛本人對鹽谷溫《中國文學概論講話》並不陌生。陳彬龢的節譯本《中國文學概論》就是在顧氏的幫助下，由其主持的北平樸社出版。陳氏之妻湯彬華在節譯本序言中記述了該書由翻譯到出版的過程。見〔日〕鹽谷溫著、陳彬龢譯：《中國文學概論》，北平：樸社，1929 年 12 月再版，《序言》第 1 頁。《顧頡剛日記》1925 年 7 月 23 日亦有「審核彬龢《中國文學概論》」的記載，見《顧頡剛日記》第一卷（1913～1926），第 644 頁。

〔註 25〕持相同立場的不止顧頡剛一人。小說史家譚正璧在其《〈中國小說發達史〉自

此，顧頡剛對於《中國小說史略》的態度，在表面的人事糾葛的背後，尚有從學術史的高度做進一步探討的餘地。考察顧頡剛的態度，也有助於使對「抄襲」說的批駁，超越單純的爲魯迅本人的辯誣，獲得進行更深層的學理探討的可能。

（二）顧頡剛的態度

前文已述，顧頡剛認爲《中國小說史略》與《中國文學概論講話》內容上有相沿襲處，據此判定魯迅「抄襲」，但只在友朋間的閒談中述及。陳源卻「聽者有心」，不僅在公開發表的文字中加以披露，而且踵事增華，放大爲「整大本的剽竊」，終於導致事態的惡化。這恐怕也是顧頡剛所始料未及的。儘管顧氏持「抄襲」說，對於《中國小說史略》的學術價值評價不高，但其立場卻不曾公開表露。直到十幾年後，顧頡剛應邀撰寫《當代中國史學》一書，才得以公開自家對於《中國小說史略》的學術判斷。該書出版於 1942 年，其中設專章考察俗文學史（包括小說史與戲曲史）和美術史研究，在專論小說史的一節中，分別就胡適、魯迅、鄭振鐸等人的學術成就做出評價：

> 胡適先生對於中國小說史的研究貢獻最大，在亞東圖書館所標點的著名舊小說的前面均冠以胡先生的考證，莫不有驚人的發現和見解。……所論既博且精，莫不出人意外，入人意中。對於中國小說史作精密的研究，此爲開山工作。
>
> 周樹人先生對於中國小說史最初亦有貢獻，有《中國小說史略》。此書出版已二十餘年，其中所論雖大半可商，但首尾完整，現在尚無第二本足以代替的小說史讀本出現。
>
> 鄭振鐸先生對於中國小說史的成就也極大，當爲胡適先生以後的第一人。〔註 26〕

顧頡剛對於胡適和鄭振鐸的小說史研究較多讚美之詞，而對於魯迅的態度則有所保留，用語頗爲審慎，「小說史讀本」一語，足見顧氏對《中國小說史略》

序》中亦指出：「周著（引者按：即魯迅《中國小說史略》）雖亦藍本鹽谷溫所作，然取材專精，頗多創建，以著者爲國內文壇之權威，故其書最爲當代學者所重」。上海：光明書局，1935 年 8 月初版，《自序》第 1 頁。著重號爲引者所加。譚正壁雖然對《中國小說史略》頗有好評，但仍強調魯迅以鹽谷氏之著作爲「藍本」，且將該書之聞名學界，歸因於魯迅在當時文壇的地位，態度略顯曖昧。

〔註 26〕顧頡剛：《當代中國史學》，上海：勝利出版公司，1942 年 8 月，第 118 頁。

的基本判斷，前後論斷恰堪對照。作為新文化的代表人物，魯迅和胡適在治學方面均做到了穿越「古今」、取法「中西」，二人又都對小說史研究具有濃厚的興趣，分別以《中國小說史略》和「中國章回小說考證」奠定了中國小說史學的研究格局和自家的學術地位，成為小說史學的開拓者。同時，知識結構、學術理念、文化理想和審美趣味的不同，又使二人的研究顯示出鮮明的個性：分別以獨具會心的藝術判斷和嚴密精準的考證見長；基於各自的研究成果和學術威望，使中國小說史學在建立之初即呈現出雙峰並峙、二水分流的局面。可以說，魯迅與胡適治學路徑不同，成就卻難分軒輊。而鄭振鐸儘管也在小說史研究上取得了較大成就，但其學術視野及理論開創性較之魯、胡二人均略有不及。由此看來，顧頡剛的上述論斷，似乎有失公允。而聯繫到魯顧二人的在廈門和廣州的結怨，顧頡剛對《中國小說史略》評價不高，很容易給人以夾雜了私人恩怨的印象。然而，《當代中國史學》是一部嚴肅的學術史著作，作者不因個人的政治傾向和情感好惡而影響到對於研究對象的判斷。不因人而廢文的態度，使顧頡剛對於政治上「左傾」的郭沫若和時已與其交惡的傅斯年均作出極高的評價，奉前者為「研究社會經濟史最早的大師」〔註 27〕，對後者之《性命古訓辯證》亦頗有好評〔註 28〕。因此，造成在學術判斷上的「揚胡抑魯」，與顧頡剛本人對於小說史學的學術定位密切相關。

顧氏治學，受胡適影響極深，奠定其學界地位的「層累地造成的古史」觀，也得益於胡適著述的啓發。此後雖以《古史辨》別開生面，自成一家，但對胡適的授業之功依舊念念在心。〔註 29〕作為現代中國學術之新範式的創建者，胡適的大部分著作都具有「教人以方法」的典範意義。〔註 30〕小說史

〔註 27〕顧頡剛：《當代中國史學》，第 100 頁。該書在討論甲骨文、金文、古器物學和專門史的有關章節中亦多次對郭氏進行專門論述，見第 61、106、109～111 頁。

〔註 28〕上書，第 87 頁。顧頡剛與傅斯年於中山大學由合做到交惡，時在 1928 年頃。顧氏曾在與胡適信中談及此事，在自家日記中亦有所記載。參看《顧頡剛致胡適（1929 年 8 月 20 日）》，見《胡適來往書信選》上冊，第 533～534 頁；顧頡剛 1928 年 4 月 30 日日記，見《顧頡剛日記》第二卷（1927～1932），第 159～160 頁。

〔註 29〕參看顧頡剛：《〈古史辨〉自序》，顧頡剛編著：《古史辨》第一冊，上海：上海古籍出版社，1982 年 3 月，《自序》第 40～41 頁。

〔註 30〕胡適在《〈胡適文存〉序例》中稱：「我的唯一的目的是注重學問思想和方法。故這些文章無論是講實驗主義，是考證小說，是研究一個字的文法，都可以說

學之於胡適，首先是其倡導的「整理國故」運動的重要組成部分。〔註31〕「考證」視野下的小說，首先也是作爲史料，而不是以具有審美特質的文學文類的身份進入其學術視野。談藝既非胡適所長，亦非其所願。雖然上述思路在胡適的「章回小說考證」中只是初露端倪，但經其追隨者的進一步倡導與發揮，逐漸蔚爲大觀，成爲中國小說史學的研究範式，也使小說史學在建立之初即呈現出史學化的趨向。顧頡剛在胡適的這一學術設計中立論，將小說史納入「史學史」的範疇之中加以討論，以歷史研究的學術規範和評判尺度考量小說史寫作的理論創見與文化職能。《當代中國史學》之小說史專節在逐一點評各家的學術貢獻之後，道出了自家對於小說史研究的學術期待：

> 因爲舊小說不但是文學史的材料，而且往往保存著最可靠的社會史料，利用小說來考證中國社會史，不久的將來，必有人從事於此。〔註32〕

可見，顧頡剛在「史學」前提下討論小說史寫作，先驗地帶有「重史輕文」的傾向，視小說爲可信之史料，主張利用小說考證社會史，從而將藝術判斷排除在小說史研究的視野之外。依照這一評判標準，《中國小說史略》一類以審美感受見長的小說史論著，較多描述與概括，而缺乏對一些具體問題的深入考察，給人以空疏之感，雖「首尾完整」，但深度不足，視之爲「讀本」尚可，史學創見則有限，與鹽谷溫《中國文學概論講話》之類概述文類特徵的著作大同小異，難免有相互沿襲之處。這正是顧頡剛認定魯迅「抄襲」的依據所在。《中國小說史略》的學術價值因此得不到顧氏的充分認可。與顧頡剛可堪對照的是，胡適一直對魯迅的小說史研究報有極大的好感，不僅在前引覆蘇雪林信中爲魯迅辯誣，在爲自家著述所作的序言中，亦對《中國小說史略》的開創意義和魯迅的學術創見頗爲肯定，評爲「搜集甚勤，取裁甚精，斷制也甚謹嚴，可以爲我們研究文學史的人節省無數精力」〔註33〕。表面上

是方法論的文章。」見歐陽哲生編：《胡適文集》第2卷，北京：北京大學出版社，1998年11月，《序例》第1頁。余英時《中國近代思想史上的胡適》對此有深入考察，可參看。見〔美〕余英時：《重尋胡適歷程——胡適生平與思想再認識》，桂林：廣西師範大學出版社，2004年9月，第197～202頁。

〔註31〕參看陳平原：《中國現代學術之建立——以章太炎、胡適之爲中心》第五章《作爲新範式的文學史研究》，北京：北京大學出版社，1997年8月，第185～239頁。

〔註32〕顧頡剛：《當代中國史學》，第119頁。

〔註33〕胡適：《〈白話文學史〉自序》，見中國社會科學院文學研究所魯迅研究室編：

看，這一評價不可謂不高。然而，胡適著力關注的仍是魯迅在小說史料方面的貢獻。對於《中國小說史略》的學術價值大加讚賞，不過是因爲該書體例完整，能夠爲其小說考證提供可依循的歷史線索而已。對於魯迅在小說審美批評方面的建樹，則較爲隔膜。〔註 34〕有趣的是，出於相近的小說史研究理念和學術定位，胡適與顧頡剛對於《中國小說史略》的評判，均以「考證」爲主要標尺，而依據相同的標尺，竟然得出彼此截然相反的結論：一方指斥魯迅缺乏個人創見，有抄襲之嫌；另一方則認爲魯迅在考證方面的勝於鹽谷溫，據此爲其洗刷辯白。可見，「考證」未必能作爲衡量魯迅小說史研究之成敗得失的有效標準。不過，「考證」的標準卻反證出《中國小說史略》的理論特色。儘管魯迅在小說史料的稽考上頗爲用力，這方面的成績也得到時人的大力揄揚〔註 35〕，但《中國小說史略》並不以此見長，維繫該書學術生命的不是對史料的佔有，而是基於自家的學術眼光，對史料作出重新的「發現」。魯迅之於考證，非不能也，實不甚爲也，其長處在於通過尋常作品和尋常史料，產生不同尋常的學術創見。特別是憑藉自家對於小說藝術的超凡領悟力，對作品的審美價值作出精準的判斷，往往寥寥數語，或成不刊之論，這是其小說史研究最爲人所稱道處，卻也是胡適等學者不願爲或不擅爲的。與胡適等賦予小說史研究以明確的史學歸屬和方法論依據不同，魯迅治小說史，有專家之長，卻素無專家之志。魯迅將小說史研究視爲其整體的文學事業的一部分，著力於發掘作品的審美質素。小說家的身份，賦予其相對完整的知識結構和感性資源，促成了他審視小說的獨特眼光，更鑄就了魯迅作爲小說史

《魯迅研究學術論著資料彙編（1913～1983）》第 1 卷，北京：中國文聯出版公司，1985 年 10 月，第 506 頁。

〔註 34〕1923 年，胡適在閱讀北大第一院新潮社初版《中國小說史略》（上卷）後，曾致信魯迅，指出該書「論斷太少」。此信今不存，但由魯迅覆信中「論斷太少，誠如所言」一語可知。《新發現的魯迅書簡——魯迅致胡適》，載《魯迅研究月刊》1990 年第 12 期。魯迅覆信中語，恐屬謙辭。《中國小說史略》初版（上卷）之學術論斷，未必「太少」，只是若干論斷在胡適看來，不屬於「學術」範疇而已。胡適所謂「論斷太少」，可見其對於《中國小說史略》學術價值的基本判斷。

〔註 35〕除前引胡適《〈白話文學史〉自序》中的論斷外，阿英《作爲小說學者的魯迅先生》亦稱《中國小說史略》「實際上不止是一部『史』，也是一部非常精確的『考證』書」。見阿英：《小說四談》，上海：上海古籍出版社，1981 年 12 月，第 186 頁。該文最初發表於 1936 年 11 月 25 日《光明》半月刊第一卷第十二期，署名張若英。

家的「詩性」自覺。因此，單純以史學標準衡量《中國小說史略》的學術成就，難免鑿空之弊。

顧頡剛對於《中國小說史略》評價不高，還源於自家對魯迅的文化身份及其著述的學術職能的認定。魯迅和顧頡剛應聘廈門大學教職後，最初尚能相安無事，且彼此間偶有往來（這在二人的日記中均有所記載），但始終不以朋友相待，交情淡薄，頗有些「道不同，不相與謀」的意味。隨著嫌怨的加深，分歧也漸趨明朗。魯迅以顧頡剛爲陳源之同道〔註 36〕，顧頡剛則稱魯迅爲「不工作派」〔註 37〕，彼此難容。事實上，魯迅在廈門大學任教期間，除擔任本科生教學，編寫《漢文學史綱要》，提交《〈嵇康集〉考》、《古小說鈎沈》，承擔《中國圖書志・小說》的研究外，還指導研究生並審查論文。〔註 38〕可見，魯迅並非眞正的「不工作」。之所以被譏爲「名士派」〔註 39〕，皆因顧頡剛對魯迅的上述工作、尤其是教學工作的學術價值缺乏認同所致。在顧頡剛看來，自家與魯迅有從事研究與教學之分，在身份上亦有學者與文人之別，而教學工作的學術價值與研究相去甚遠，文人的文化貢獻亦不能望學者之項背。〔註 40〕顧氏強調自家「性長於研究」，「不說空話」，而魯迅「性長於創作」，是「以空話提倡科學者」，與己相較，「自然見絀」〔註 41〕，於此可見一斑。出於學者的優越感，顧頡剛在 1929 年 8 月 20 日致胡適信中，對研究與教學的價值一判高下：

〔註 36〕顧頡剛本不屬於「現代評論派」，但與胡適過從甚密，且其《古史辨》曾得陳源褒獎，因此被魯迅視爲「陳源之流」，對其全無好感。參看魯迅：《兩地書・四八》，《魯迅全集》第 11 卷，第 137 頁。

〔註 37〕顧頡剛在致胡適信中說：「廣州氣象極好，各機關中的職員認眞辦事，非常可愛。使廈門大學國學院亦能如此，我便不至如此負謗。現在竭力罵我的幾個人都是最不做工作的，所以與其說是胡適之派與魯迅派的傾軋（這是見諸報紙的），不如說是工作派和不工作派的傾軋。」《顧頡剛致胡適》（1927 年 4 月 28 日），見《胡適來往書信選》上冊，第 430 頁。

〔註 38〕參看汪毅夫：《北京大學學人與廈門大學國學研究院——兼談魯迅在廈門的若干史實》，載《魯迅研究月刊》2002 年第 3 期。

〔註 39〕參看魯迅：《兩地書・四八》，《魯迅全集》第 11 卷，第 137 頁。

〔註 40〕早在赴廈門大學任教之前，顧頡剛對於學者與文人的身份已有明確區分，並以學者自命，不願與文人爲伍。在 1923 年 8 月 6 日的日記中，即有如下記載：「日來覺得凡是文學家都是最不負責任而喜出主張的人，非我所能友。」見《顧頡剛日記》第一卷（1913～1926），第 383～384 頁。

〔註 41〕顧頡剛 1927 年 3 月 1 日日記，見《顧頡剛日記》第二卷（1927～1932），第 22 頁。

> 在此免不了中山大學的教書，一教書我的時間便完了。我是一個神經衰弱的人，越衰弱便越興奮，所以別人沒有成問題的，我會看他成問題。這在研究上是很好的，但在教書上便不能。教書是教一種常識，對於一項學科，一定要有一個系統，一定要各方面都敘述到。若照教書匠的辦法，拿一本教科書，或者分了章節作淺短的說明，我眞不願。若要把各種材料都搜來，都能夠融化成自己的血肉，使得處處有自己的見解，在這般忙亂的生活中我又不能。所以教了兩年書，心中苦痛得很。〔註42〕

這一重研究而輕教學的立場，使顧頡剛對於魯迅《中國小說史略》和鹽谷溫《中國文學概論講話》這類從課堂講義脫化而成的學術著作缺乏起碼的認同與敬意。在顧氏看來，這類著作不過是常識之彙集，雖有穩健博洽之長，卻不利於研究者個人創見的充分發揮，學術含量不高，亦難免空疏之弊，且相互間在體例及論述上均大體相沿，視之爲粗陳梗概的教科書「讀本」尙可，而難以企及嚴謹的學術著作的理論深度。同樣，顧頡剛以學人爲自家定位，而視魯迅爲文人，以此區別兩人的文化身份，知彼罪彼，所依據的也都是對於文人的評判標準。學人的自我期許和身份認定，使顧頡剛對於胡適一脈的學院派的小說史研究更爲認同，將其學術貢獻置於魯迅之上，而將《中國小說史略》與鹽谷溫《中國文學概論講話》相類同，否定其原創性。顧氏不把魯迅視爲學術同道，對其研究成果評價不高也是勢所必然。

然而在魯迅看來，教學與研究卻沒有這樣明顯的高下之分。文學史（小說史）這一著述體式在中國的確立，實有賴於晚清以降對西方學制的引進，對近代日本及歐美文學教育思路的移植。〔註 43〕這使中國人撰寫的文學史一經出現，即先天地具備教材性質，承擔教學職能。晚清至五四的學人選擇文學史這一著述體式，大都與其在學院任教的經歷有關。隨著對文學史概念理解的深入，以及具有新文化背景的研究者加盟，文學史開始由教材式的書寫形態向專著化發展，學術價值獲得了明顯的提升。在講義基礎上形成的文學史著作，不乏在觀點和體例上卓有創見者，不僅顯示出作者的學術個性，而且實現了對文學史這一著述體式的學術潛質的創造性發揮。《中國小說史略》

〔註42〕《顧頡剛致胡適（1929年8月20日）》，見《胡適來往書信選》上冊，第534～535頁。

〔註43〕參看陳平原：《新教育與新文學——從京師大學堂到北京大學》，見氏著：《中國大學十講》，上海：復旦大學出版社，2002年10月，第112～113頁。

最初也是作爲大學講義。魯迅以小說史體式承載其學術見解，很大程度上是在大學授課的需要。〔註 44〕然而考慮到魯迅在離開大學講壇後仍反覆對《中國小說史略》做出修改，足可見其將該書作爲學術著作經營的用心。衡量一部文學史著作學術價值的高下，除學術水平的因素外，還有賴於作者對自家著作的學術定位。魯迅非常重視文學史的學術職能，希望通過文學史寫作，不僅滿足教學需要，更要在學術上有所創獲，希望奉獻流傳後世的學術經典，而非只供教學的普通講義。〔註 45〕魯迅最初應授課之需編寫講義，但出於傑出的理論才能和對自家著作的學術期待，在此過程中顯示出經營個人著作的明確意識。魯迅對文學史的學術定位，使之超越了單一的教學職能：一部《中國小說史略》，用於講壇則是講義，供同行閱讀則爲專著，在講義和專著之間自由出入，從而有效地彌合了教學與研究之間的學術落差。而顧頡剛視《中國小說史略》爲講義，對其學術價值無法作出有效的闡釋，僅憑表面的論述框架及觀點的近似，而認定該書是對鹽谷氏之著作的沿襲，忽視了兩者在「小說史意識」上的重大分別，其「抄襲」之論，看似鑿鑿，實出於誤斷。

綜上可知，無論是顧頡剛認定魯迅「抄襲」，還是在《當代中國史學》中「揚胡抑魯」，抑或否認魯迅的教學工作的學術價值，均不是出於個人恩怨與好惡，而是自家的理論立場、學科背景和身份定位使然。以史學視野統攝小說和小說史，忽視了小說作爲文學文體自身的獨立性，尤其是在評判魯迅這樣以藝術感受力見長的研究者時，作爲史家的「傲慢與偏見」也就在所難免。「史學視野下的小說史研究」的理論洞見與盲點亦因此得以同時呈現。

（三）「概論」與「史」

19 世紀末到 20 世紀初，日本漢學家編撰了多部有關中國文學的研究著作，這些著作多采用「文學史」（如古城貞吉、笹川種郎）或「文學概論」體

〔註 44〕參看陳平原：《作爲文學史家的魯迅》，見《陳平原小說史論集》下卷，第 1771 頁。

〔註 45〕1926 年，魯迅在廈門大學中文系講授中國文學史期間，曾致信許廣平，表明對於編寫文學史的認眞態度：「我的功課，大約每周當有六小時，因爲語堂希望我多講，情不可卻。其中兩點是小說史，無須豫備；兩點是專書研究，須豫備；兩點是中國文學史，須編講義。看看這裡舊存的講義，則我隨便講講就很夠了，但我還想認眞一點，編成一本較好的文學史。」魯迅：《兩地書·四一》，《魯迅全集》第 11 卷，第 119 頁。

式（如兒島獻吉郎、鹽谷溫），對中國學術界產生了重大影響。其中，鹽谷溫著《中國文學概論講話》雖然問世較晚，但由於對小說與戲曲的開創性研究，尤爲中國學者所矚目。該書分上下兩篇，共六章，並綴附錄兩篇。

篇章目次如下：

上篇　第一章　音韻
　　　第二章　文體
　　　第三章　詩式
　　　第四章　樂府及填詞
下篇　第五章　戲曲
　　　第六章　小說
附錄　論明之小說「三言」及其他
　　　宋明通俗小說流傳表〔註 46〕

由以上篇章設置不難看出，該書除第一章從分析漢語之特性入手，爲後文探討韻文及詩歌提供理論依據外，其餘五章均各自以文類爲中心展開論述，各章之間呈現出平行的結構方式。鹽谷氏將中國古代文學批評體系中長期處於邊緣地位的小說、戲曲獨立成篇，使之與詩文相併列，意在突出小說與戲曲的地位。而且，統計表明：下篇兩章佔據該書正文（除附錄外）的 66%，其中小說獨佔 35%，如果加上同樣涉及小說的附錄，討論小說的總篇幅則佔據全書的近 50%。在綜論各文類的著作中，研究者對於某一文類的價值判斷，既體現在若干具體論斷之中，亦通過其著作留給該文類的論述空間得以彰顯。在《中國文學概論講話》中，鹽谷溫有意將小說、戲曲與詩文相併列，並著力擴充其篇幅，用意即在於此。作者在該書《原序》中稱：「及元明以降，戲曲小說勃興，對於國民文學產生了不朽的傑作」〔註 47〕。這在今天已成爲學界之共識，但在當時則實屬新見。〔註 48〕鹽谷氏之前，日本學術界

〔註 46〕這裡依據孫俍工全譯本的目次。〔日〕鹽谷溫著、孫俍工譯：《中國文學概論講話》，上海：開明書店，1929 年 6 月初版，《目次》第 13～18 頁。

〔註 47〕上書，《原序》第 5 頁。

〔註 48〕日本學者內田泉之助爲《中國文學概論講話》作序，對其學術價值評判如下：「鹽谷博士生於漢學世家，夙在大學專攻中國文學，深究其蘊奧。嘗遊學西歐及禹域，歸朝之後發表其研究之一端而著《中國文學概論講話》一書。在當時的學界敘述文學底發達變遷的文學史出版的雖不少，然說明中國文學底種類與特質的這種的述作還未曾得見，因此舉世推稱，尤其是其論到戲曲小說，多前人未到之境，篳路藍縷，負擔者開拓之功蓋不少。」上書，《內田新

關注小說者不乏其人，然而在自家綜論各文類的著作中，或仍以小說爲詩文之附屬，或仍將主要篇幅用於分析詩文，留給小說的論述空間頗爲有限。以全書近半數篇幅討論小說，《中國文學概論講話》尚屬首創。鹽谷溫對於戲曲小說，尤其是後者的重視，恰與彼時中國學術界的研究風氣相契合。自晚清以降，對於小說文類的關注日漸成爲文人學者之共識，這由中國文化與文學自身發展的現實困境所決定，而關注小說的眼光、思路及方法卻主要受到來自日本的影響。不僅晚清梁啓超倡導之「小說界革命」，其基本理念及術語多借自明治新政〔註 49〕；「五四」新文化運動後，胡適以一系列「章回小說考證」，奠定中國小說史學之根基，亦得到日本漢學家的大力協助，尤其在資料搜集上受益良多〔註 50〕。兩代學人借助來自東瀛的「他山之石」，逐步建立起中國小說史學的學術規模和理論體系。可見，《中國文學概論講話》受到中國學者的推崇，概源於鹽谷氏對於小說的側重。在該書三種中文節譯本中，有兩種節譯其小說一章。特別是最早出現的郭希汾節譯本，直接冠名爲《中國小說史略》。由於該譯本在魯迅《中國小說史略》正式出版之前面世，且書名相同（郭譯本未注明「節譯」及鹽谷原書名），也爲指責魯迅「抄襲」者提供了依據和口實。郭希汾截取鹽谷氏著作中概論小說之章節，作爲小說史加以譯介，且冠以「小說史略」的名稱，基於自家對小說史這一研究思路和著述體式的理解，卻誤解了原著的寫作策略。鹽谷溫在該書《原序》中云：

> 中國文學史是縱地講述文學底發達變遷，中國文學概論是橫地說明文學底性質種類的。〔註 51〕

鹽谷氏將《中國文學概論講話》命名爲「概論」而非「史」，各章以文類爲中心，與文學史有橫向與縱向之別。該書全譯本的譯者孫俍工對此亦有認識，在譯者自序中稱：

序》第 7 頁。

〔註 49〕參看夏曉虹：《覺世與傳世——梁啓超的文學道路》第八章《「以稗官之異才，寫政界之大勢」——梁啓超與日本明治小說》，上海：上海人民出版社，1991 年 8 月，第 201～235 頁。

〔註 50〕胡適在考證《水滸傳》時，在資料搜集和版本考訂上多次就教於日本漢學家青木正兒，其間書信往還，受益良多。參看杜春和、韓榮芳、耿來金編：《胡適論學往來書信選》下冊，石家莊：河北人民出版社，1998 年 8 月，第 805～823 頁。

〔註 51〕〔日〕鹽谷溫著、孫俍工譯：《中國文學概論講話》，《原序》第 5 頁。

> 又關於中國文學底研究的著述照現在的情形看來，恰與內田先生（引者按：即該書新序作者內田泉之助）所說日本數年前的情形同病，縱的文學史一類的書近年來雖出版了好幾部，但求如鹽谷先生這種有系統的橫的說明中國文學底性質和種類的著作實未曾見。〔註52〕

魯迅本人對於「文學概論」和「文學史」，也做出過明確區分。在致曹靖華信中，曾向曹氏推薦若干種中國文學研究著作：

> 中國文學概論還是日本鹽谷溫作的《中國文學講話》清楚些，中國有譯本。至於史，則我以爲可看（一）謝无量：《中國大文學史》，（二）鄭振鐸：《插圖本中國文學史》（已出四本，未完），（三）陸侃如，馮沅君：《中國詩史》（共三本），（四）王國維：《宋元戲曲史》，（五）魯迅：《中國小說史略》。〔註53〕

將鹽谷氏與自家著作分別歸類。可見，「概論」與「史」的研究思路和著述體式本不相同，郭希汾以鹽谷氏之「概論」爲「史」，將二者相混淆，實源於中國小說史學建立之初，中國學者對這一學科理解的紛紜與混亂。即便依郭氏所見，將《中國文學概論講話》之小說專章視爲小說史，其「小說史」意識與魯迅相比亦大相徑庭。

鹽谷氏著作第六章《小說》之細目如下：

第一節　神話傳說
第二節　兩漢六朝小說
　一、漢代小說
　二、六朝小說
第三節　唐代小說
　一、別傳
　二、劍俠
　三、豔情
　四、神怪
第四節　諢詞小說
　一、諢詞小說底起原

〔註52〕上書，《譯者自序》第10頁。
〔註53〕魯迅：《331220　致曹靖華》，《魯迅全集》第12卷，第523頁。

二、四大奇書

三、紅樓夢〔註54〕

表面上看，這一章節設計與魯迅《中國小說史略》並無明顯分別。魯迅著作凡二十八篇，各篇依朝代爲序，在朝代之下設計類型，連綴以爲史。如此看來，無論是指責魯迅「抄襲」，還是認定其以鹽谷氏之著作爲「藍本」，均證據確鑿，不容申辯。然而，在章節設計相近的背後，小說史意識的差異才是比較兩部著作的關鍵。鹽谷溫的著作，依朝代分期，力圖依次展現每一時期中國小說的格局和面貌，但眞正得到展現的是朝代的遞進，對於小說的論述，各時期之間仍採取並列方式。儘管各部分在分析具體文本時精彩之見迭出，但對於小說文類自身的演變卻關注不夠。可見，《中國文學概論講話》之小說部分是依照朝代順序論列小說，「小說史」的意味其實並不突出。這並不是鹽谷溫的眼光或學養不足造成的，而源於該書著述體式的制約。「概論」的基本思路是橫向地呈現各文類之特徵，也就無須對其發展遞變做縱向地考察。在中國小說史學建立之初，以朝代爲線索撰史者不乏其例，這些研究者與鹽谷溫的區別在於，後者對自家著作之「概論」特徵頗爲自覺，明確將其與「小說史」相區隔，前者則徑以爲「史」，忽視了兩者在學術思路與著述體式上的差異。魯迅本人對於這類依朝代分期之小說史，也頗有異議。1931 年上海北新書局出版訂正本《中國小說史略》，魯迅爲之補撰《題記》云：「即中國嘗有論者，謂當有以朝代爲分之小說史，亦殆非浮泛之論也。」〔註 55〕其中並未明示「論者」一詞之所指。據《中國小說史略》日譯本之譯者增田涉回憶，《題記》付印時魯迅曾作出修改：

> 我還記得一件事，在他的《小說史略》訂正版的《題記》裏，有這樣的話：「……即中國嘗有論者，謂當有以朝代分之小說史，亦殆非膚淺之論也。」這題記的底稿是給了我的，現在還在手邊，原文稍有不同，在「中國嘗有論者」的地方，明顯地寫作「鄭振鐸教授」。可是，付印的時候，鄭振鐸教授知道點了他的名字，要求不要點出，因此，校正的時候，改作「嘗有論者」了。乍一看來，好像他對鄭振鐸的說法有同感，我問他爲什麼鄭不願意提出他的名字

〔註54〕〔日〕鹽谷溫著、孫俍工譯：《中國文學概論講話》，《目次》第 18～20 頁。

〔註55〕魯迅：《中國小說史略》（訂正本），上海：北新書局，1931 年 9 月，《題記》第 3 頁。

呢？他給我說明了：「殆非膚泛之（淺薄之）論」，實際上正是「淺薄之論」，所以鄭本人討厭。〔註 56〕

可見，魯迅對於「以朝代爲分之小說史」評價不高，在自家之《中國小說史略》中，朝代只是作爲小說變遷的歷史背景。魯迅的小說史意識表現爲：以小說發展的歷史時期爲背景，以小說類型的遞變爲線索，用類型概括一個時期小說發展的格局與面貌。上述思路有助於展現小說文類自身的發展變遷，從而保證了小說史作爲文學研究與著述體式的自律性與自爲性。〔註 57〕在魯迅看來，依朝代這一歷史存在爲小說史分期，無疑是以外在因素作爲文學研究的標準，忽視了小說的文學性；而徑取朝代爲線索，在做法上也略顯取巧。這是魯迅與鄭振鐸及鹽谷溫等人在「小說史意識」上的重大區別。綜上可知，魯迅《中國小說史略》與鹽谷溫《中國文學概論講話》都以朝代爲經，確實給人以雷同乃至因襲之感，但這只是表面上的論述體例的相近，背後的學術思路卻大爲不同。誠如魯迅在《不是信》中所言：自家著作中的朝代更迭只是「以史實爲『藍本』」，作爲背景存在，而不是小說史的線索。以所謂「藍本」爲依據，指斥魯迅「抄襲」鹽谷溫，是對其「小說史意識」缺乏充分的關注和深入的瞭解所致。

前引魯迅《不是信》中對於「抄襲」說的答辯，其中也坦誠《中國小說史略》二十八篇中的第二篇，即《神話與傳說》是根據鹽谷氏著作之大意而成。這也成爲「抄襲」說的主要依據。魯迅論及神話傳說時，對於鹽谷溫確有不少借鑒之處，但是否能夠就此認定「抄襲」，尚須辨析。現代漢語中所謂神話及神話學的概念，均譯自日本，時在 20 世紀初。〔註 58〕彼時魯迅正在日

〔註 56〕〔日〕增田涉著、鍾敬文譯：《魯迅的印象・三十三・魯迅文章的「言外意」》，見鍾敬文著／譯、王得後編：《尋找魯迅・魯迅印象》，北京：北京出版社，2002 年 1 月，第 343～344 頁。

〔註 57〕韋勒克、沃倫批評那種「只是寫下對那些多少按編年順序加以排列的具體文學作品的印象和評價」的文學史不是「史」，「大多數文學史是依據政治變化進行分期的。這樣，文學就認爲是完全由一個國家的政治或社會革命所決定。」「不應該把文學視爲僅僅是人類政治、社會或甚至是理智發展史的消極反映或摹本。因此，文學分期應該純粹按照文學的標準來制定。」見〔美〕韋勒克、沃倫著，劉象愚等譯：《文學理論》第十九章《文學史》，北京：生活・讀書・新知三聯書店，1984 年 11 月，第 290、303、306 頁。

〔註 58〕參看陳連山：《20 世紀中國神話學簡史》、葉舒憲：《海外中國神話學與現代中國學術：回顧與展望》，均見陳平原主編：《現代學術史上的俗文學》，武漢：湖北教育出版社，2004 年 10 月。

本留學，最初接觸神話及神話學，也是通過日文材料。在作於日本的《破惡聲論》中，魯迅闡述了神話的文化價值，將其視爲文學與思想的起源。〔註 59〕1920 年受聘北京大學，開設中國小說史課程，並撰寫講義時，以神話爲小說之起源，這一思路就與其在留日期間接觸神話學不無關聯。魯迅的神話學知識主要習自日本，加之當時中國的神話學尚處於初創階段，缺乏可供參考的本國學術成果，借鑒日本學人的研究，也有其不得已處。在最初的油印本講義《中國小說史大略》中，《神話與傳說》一篇的主要觀點均來自鹽谷溫的著作，但油印本純作講義，沒有作爲個人著作公開出版，吸收前沿成果用於教學，無涉「抄襲」。1923 年北京大學新潮社刊行《中國小說史略》初版本上卷時，有關神話一篇的內容則大爲改觀，不僅材料較之油印本增補甚多，次序和觀點也有相當大的調整和修正。仍保留鹽谷溫對於中國神話散失之原因的兩點解釋，但以「論者謂有二故」領述之，不敢掠爲己見（最初的油印本講義也作如是處理），並補充自家的一則論斷於後，且輔以多則史料證之。可見，《中國小說史略》第二篇《神話與傳說》受《中國文學概論講話》之影響屬實，但決非一味沿襲，全無自家之創見。鹽谷氏對於魯迅最大的啓發，是一部中國小說史從神話講起、視神話爲小說之起源這一學術思路。所謂「抄襲」說，未免過甚其辭。而且，魯迅從 1909 年起即開始搜集唐前小說佚文，最終彙成《古小說鈎沈》稿本十冊，成爲後來撰寫小說史的重要資料。魯迅的小說史輯佚工作，早於鹽谷氏著作之刊行，《不是信》中自陳「我都有我獨立的準備」，並非虛言。

以上通過對兩部著作之學術思路的辨析，試圖爲批駁「抄襲」說提供若干「內證」。「抄襲」說之不可信，除「內證」外，還有過硬的「外證」可爲憑據，即魯迅與鹽谷溫的學術交往。鹽谷溫對於中國小說研究的貢獻，除在《中國文學概論講話》中充分肯定小說的價值與地位外，在作品和資料發掘上的成績也甚爲可觀。在中國本土久已失傳的元刊全相評話及明話本集「三言」就是由鹽谷氏率先發現，並傳回國內的。魯迅在《中國小說史略》（訂正本）題記中對此大加褒獎：「鹽谷節山教授之發見元刊全相評話殘本及『三言』，並加考索，在小說史上，實爲大事」〔註 60〕。根據這些新材料和研究成果，魯迅訂正了《中國小說史略》，對第十四、十五和第二十一篇進行了大幅

〔註 59〕魯迅：《集外集拾遺補編・破惡聲論》，《魯迅全集》第 8 卷，第 32 頁。
〔註 60〕魯迅：《中國小說史略》（訂正本），《題記》第 3 頁。

修改。調換原第十四、十五篇的順序，題目統一定爲《元明傳來之講史》，內容也做出相應的調整，並增補了對新發現的作品和材料的論述。第二十一篇則增加了對《全像古今小說》和《拍案驚奇》的分析，內容也有較大擴充。此外，在自家的小說史著述中，魯迅多次引用鹽谷氏的研究成果。同樣，鹽谷溫對於魯迅的學術成就也頗爲推重，不僅在教學過程中參考《中國小說史略》，還與其它九位日本的中國小說史研究者聯名寫給魯迅一張明信片，公開表達對於魯迅的小說史研究的敬意。這一則新近披露的材料，成爲兩位學者之間惺惺相惜的學術因緣的又一確證。明信片爲豎行毛筆書寫，信片的上半面寫收信人的地址及人名：

上海北四川路底

内山書店　轉交

魯迅先生

下半面是信文及簽名：

中國小說史學會讀了一同記名以爲念恭請撰安

鹽谷溫　内田泉　小林道一　松井秀吉　藤勇哲　荒井瑞雄

守屋禎次　松枝茂夫　黑木典雄　目加田誠〔註61〕

這張明信片寫於 1930 年，由於郵戳日期模糊不清，不能確定是 2 月還是 3 月。此時《中國小說史略》訂正本尚未出版，信中「讀了」，當指 1925 年北新書局合訂本或此前的新潮社本。

魯迅和鹽谷溫的學術因緣，不限於此。早在 1926 年，鹽谷溫的學生和女婿辛島驍（增田涉在東京帝國大學文學部中國文學科的同班同學）到北京造訪魯迅，帶來鹽谷溫所贈《至治新刊全相平話三國志》一部（即鹽谷氏影印的《元刊全相評話》殘本之一種），並稀見書目兩種，即日本內閣文庫現存書目《內閣文庫書目》和日本古代的進口書帳《舶載書目》。1927 年 7 月 30 日，魯迅把這兩種書目中的傳奇演義類和清錢曾《也是園書目》中的小說二段，合併編爲《關於小說目錄兩件》，發表於同年 8 月 27 日、9 月 3 日《語絲》周刊第 146～147 期。兩天後，魯迅回贈辛島驍排印本《三寶太監西洋記通俗演義》、《醒世姻緣》各一部。〔註 62〕通過辛島驍，魯迅和鹽谷溫建立了

〔註61〕見《魯迅研究月刊》2009 年第 6 期，封三。信中「讀了」指讀了魯迅《中國小說史略》。

〔註62〕魯迅：《日記十五》，《魯迅全集》第 15 卷，第 633 頁。

學術聯繫，每當發現小說和戲曲的新材料，即互相寄贈。兩人互通書信，互贈書籍，這在《魯迅日記》中多有記載，茲不一一舉證。1928 年 2 月 23 日，兩人終於在上海會面，鹽谷溫贈魯迅《三國志平話》、雜劇《西遊記》，並轉交辛島驍所贈舊刻小說、詞曲影片七十四頁，魯迅回贈以《唐宋傳奇集》。〔註 63〕魯迅親筆題字送給鹽谷溫的《中國小說史略》也保存至今。〔註 64〕從魯迅與鹽谷溫的學術交往不難看出，兩人在小說史研究上始終互相支持，互相推重。如果眞有所謂「抄襲」，魯迅恐怕不會如此坦然地面對鹽谷溫，而鹽谷溫不斷向魯迅寄贈書籍資料，亦難免不辨是非之譏，無異於「開門揖盜」了。

餘論：「寂寞的運命」

1935 年 6 月，《中國小說史略》日譯本出版，魯迅爲之作序云：「這一本書，不消說，是一本有著寂寞的運命的書。」〔註 65〕在自家著作問世後的十餘年間，魯迅的小說史研究曾得到各種各樣的讚揚與詬病，但大抵是褒多於貶，魯迅之於中國小說史學的開創地位和學術貢獻，得到了公認。然而在魯迅看來，《中國小說史略》的命運是寂寞的，在紛繁的讚揚與責難聲中，自家的學術理念並未獲得準確的理解和有效的闡釋。「寂寞」一語，充滿了「難得知己」的悲涼之感。縱觀 20 世紀上半葉的中國小說史研究，儘管魯迅與胡適的學術成就難分高下，但以後者爲代表「實證派」研究實居於主流地位。胡適等人對於古典小說的考證，將小說這一邊緣性文類納入學術研究的視野，以治經史的態度和方法從事小說研究，從根本上提升了其文化地位，並因此創建了學術研究的新範式，爲後學開無數法門。胡適的小說史研究，在奠定中國小說史學的研究格局的同時，也形成了一座不易超越的理論高峰，更因後世學人的推重與承繼，自成一派。然而，學術高峰在彰顯其優長的同時，往往也暴露出內在的困境與矛盾。在「整理國故」的前提下，胡適之於中國古代小說，著力關注「社會史料」價值，而相對忽視其作爲文學文類的審美特質。「胡適關注的始終是『文本』產生的歷史，而不是『文本』自身」。

〔註 63〕魯迅：《日記十七》，《魯迅全集》第 16 卷，第 71 頁。

〔註 64〕參看李慶：《日本漢學史》第二部《成熟和迷途（1919～1945）》，上海：上海外語教育出版社，2004 年 3 月，第 444 頁。

〔註 65〕魯迅：《且介亭雜文二集・〈中國小說史略〉日本譯本序》，《魯迅全集》第 6 卷，第 360 頁。

〔註 66〕即便偶有所及，由於「歷史癖」與「考據癖」，也使其論斷往往「別具幽懷」。胡適評判小說的藝術價值時，對於寫實筆法最爲關注，也最爲欣賞，在文學閱讀趣味背後透射出史家的心態和視野。胡適等人對於審美批評的相對忽視，逐漸強化了小說史研究的史學歸屬，並最終導致文學研究自身的「失語」。〔註 67〕這恰恰是魯迅和胡適在小說史研究上的主要分歧所在。在與臺靜農的通信中，魯迅對胡適一派的研究作出如下評判：

> 鄭君（引者按：指鄭振鐸）治學，蓋用胡適之法，往往此實足以炫耀人目，其爲學子所珍賞，宜也。我法稍不同，凡所泛覽，皆通行之本，易得之書，故遂孑然于學林之外，《中國小說史略》而非斷代，即嘗見貶於人。但此書改定本，早於去年出版，已囑書店寄上一冊，至希察收。雖曰改定，而所改實不多，蓋近幾年來，域外奇書，沙中殘楮，雖時時介紹於中國，但尚無需因此大改《史略》，故多仍之。鄭君所作《中國文學史》，頃已在上海豫約出版，我曾於《小說月報》上見其關於小說者數章，誠哉滔滔不已，然此乃文學史資料長編，非「史」也。但倘有具史識者，資以爲史，亦可用耳。〔註 68〕

可見，魯迅難以認同胡適、鄭振鐸等人「恃孤本秘笈，爲驚人之具」的治學方法，而特別關注研究者的「史識」，力圖通過對「史識」的強調，使小說史研究從史學籠罩下掙脫出來，恢復小說作爲文學文類的獨立性。「史識」是魯迅判斷文學史著作成就高下的首要標準。基於這一標準，魯迅對同時代學人的文學史著作評價極嚴。〔註 69〕與通信之中顯示出的治學理念相比，魯迅發言時的立場和心態也格外值得關注。該信寫於 1932 年，魯迅時已遠離學院，寓於上海從事自由撰述，「孑然於學林之外」恰恰是魯迅當時處境的眞實反映。身處學界邊緣，以局外人的姿態立論，既造成與學院中人難以彌合的疏離感，又因此獲得隔岸觀火的絕佳位置，得以洞徹學院派研究的種種缺失。

〔註 66〕陳平原：《現代中國學術之建立——以章太炎、胡適之爲中心》，第 264 頁。

〔註 67〕參看羅志田：《文學的失語：整理國故與文學研究的考據化》，見氏著：《裂變中的傳承——20 世紀前期中國的文化與史學》，北京：中華書局，2003 年 5 月，第 287 頁。

〔註 68〕魯迅：《320815　致臺靜農》，《魯迅全集》第 16 卷，第 321～322 頁。著重號爲引者所加。

〔註 69〕在前引致曹靖華信中，魯迅在列舉幾種文學研究著作後，評價爲：「這些都不過可看材料，見解卻都是不正確的。」《魯迅全集》第 12 卷，第 523 頁。

〔註70〕而反觀自家小說史研究的命運——《中國小說史略》或以「長於考證」而得讚揚，或因「不善考證」而被疑「抄襲」，在種種讚賞與非議中，其「史識」卻始終未獲關注。在魯迅看來，同時代學者的文學史與小說史研究，於史料上勤於用力者不乏其人，而能夠在史料中凸顯「史識」者卻寥若晨星。在學術研究上缺乏真正的同道，使魯迅萌生「寂寞」之感；而遠離學院又使他「不復專於一業，一事無成」〔註71〕，計劃中的中國文學史最終未能完成，「一點別人沒有見到的話」〔註72〕也隨之失去了言說的契機，則更增添了魯迅的「寂寞」。

〔註70〕魯迅與胡適等人在小說史研究上的分歧，於方法之外，也包含對於學術研究之文化擔當的不同理解。魯迅始終不以學者自居，與學院有意保持距離，在與學院派治學門徑不同的背後，文化選擇上的相異更爲關鍵。

〔註71〕魯迅：《兩地書・一三五》，《魯迅全集》第11卷，第323頁。

〔註72〕魯迅在《兩地書・六六》中說：「但如果使我研究一種關於中國文學的事，大概也可以說出一點別人沒有見到的話來」。《魯迅全集》第11卷，第187頁。

三、魯迅中國小說史研究繫年

編寫說明：

1.《繫年》將魯迅中國小說史研究的知識背景、資料準備、學術成果以及學術交流和論爭的相關情況以編年方式加以記錄，力圖展現《中國小說史略》等研究著作及各類輯校古籍的生成過程和魯迅中國小說史研究的基本面貌。

2.《繫年》主要依據魯迅小說史研究與輯校古籍的相關著述，魯迅書信、日記以及同時代人的回憶文字，同時參考由魯迅博物館魯迅研究室編寫的《魯迅年譜》（增訂本）及近年來的相關研究成果，並通過注釋注明資料出處。

1890 年

搜集繪圖書，開始閱讀小說，如《西遊記》、《三國演義》、《封神榜》、《儒林外史》、《鏡花緣》、《聊齋誌異》、《夜讀隨錄》、《綠野仙蹤》、《天雨花》、《義妖傳》等。〔註 1〕

1895 年

選抄《唐代叢書》中陸羽《茶經》三卷、陸龜蒙《五木經》和《耒耜經》各一篇，從此開始著力抄書。不久購得一部從《龍威秘書》等書中雜湊而成

〔註 1〕周啓明：《魯迅的青年時代・買新書》，見魯迅博物館魯迅研究室《魯迅研究月刊》編輯部編：《魯迅回憶錄》（專著）中冊，北京：北京出版社，1999 年 1 月，第 795 頁。周啓明：《關於魯迅》，《魯迅回憶錄》（專著）中冊，第 881 頁。周遐壽：《魯迅的故家・娛園》，《魯迅回憶錄》（專著）中冊，第 936 頁。

的小叢書《藝苑捃華》，這是造成他日後大抄明本《說郛》的原因之一。〔註2〕閱讀明代野史。〔註3〕

1897 年

於三味書屋閱覽明季遺老著作，包括顧炎武、黃宗羲、王夫之著作及《明季稗史》、《明史紀事本末》、《林文忠公集》、《經世文編》等書。〔註4〕翻閱家藏書籍，如《王陽明全集》、《謝文節集》、《韓玉泉詩》、《制義叢話》、《高厚蒙求》、《文史通義》、《癸巳類稿》及《經策統纂》等，末一種書後附有部分《四庫書目提要》，啓發他搜求各種「雜類書」。購讀筆記小說及其他著作，如《閱微草堂筆記》、《淞隱漫錄》，《板橋全集》、《酉陽雜俎》全集、《容齋隨筆》、《輟耕錄》、《池北偶談》、《金石錄》及《古詩源》、《古文苑》、《六朝文絜》、《六朝事迹類編》和《二酉堂叢書》等。〔註5〕

1898～1904 年

讀嚴復譯赫胥黎《天演論》、丘淺治郎《進化論講話》，懂得了達爾文進化論。〔註6〕

1908 年

同許壽裳、周作人等共八人赴「民報社」聽章太炎講文字學。〔註7〕

1910 年

1 月 20 日～2 月 28 日，作《〈徐霞客遊記〉題跋》，這是迄今發現的魯迅

〔註 2〕周啓明：《魯迅的青年時代・影寫畫譜》，《魯迅回憶錄》（專著）中冊，第 799 頁。周啓明：《關於魯迅》，《魯迅回憶錄》（專著）中冊，第 881 頁。周遐壽：《魯迅的故家・抄書》，《魯迅回憶錄》（專著）中冊，第 956 頁。

〔註 3〕周啓明：《魯迅的青年時代・魯迅讀古書》，《魯迅回憶錄》（專著）中冊，第 834 頁。

〔註 4〕壽洙鄰：《我也談談魯迅的故事》，見魯迅博物館魯迅研究室編：《魯迅研究資料》第 3 輯，天津：天津人民出版社，1979 年 3 月。

〔註 5〕周啓明：《魯迅的青年時代・往南京》，《魯迅回憶錄》（專著）中冊，第 807 頁。周啓明：《關於魯迅》，《魯迅回憶錄》（專著）中冊，第 881、883 頁。周遐壽：《魯迅的故家・山海經（二）》，《魯迅回憶錄》（專著）中冊，第 952 頁。

〔註 6〕周啓明：《魯迅的青年時代・魯迅的國學與西學》，《魯迅回憶錄》（專著）中冊，第 821 頁。

〔註 7〕許壽裳：《亡友魯迅印象記・從章先生學》，《魯迅回憶錄》（專著）上冊，第 229 頁。周啓明：《魯迅的青年時代・再是東京》，《魯迅回憶錄》（專著）中冊，第 815 頁。

所寫最早的一篇古籍序跋，也是魯迅自署「戛劍生」的唯一手迹。〔註 8〕

12 月 2 日～31 日，抄錄清郝毅行撰《燕子春秋》和《蜂衙小記》各一卷。〔註 9〕

本年，開始輯錄唐以前的小說佚文及越中地區的史地書，後分別彙成《古小說鈎沈》和《會稽郡故書雜集》。〔註 10〕

1911 年

1 月 1 日～29 日，纂輯校勘唐劉恂撰《嶺表錄異》三卷，作《拾遺》十八條和校勘記。該書主要記載嶺南的草木蟲魚，間及地理氣候，風土人情。抄錄清郝毅行《記海錯》一卷。〔註 11〕

2 月，抄錄晉稽含撰《南方草木狀》三卷。〔註 12〕

4 月，從《說郛》中抄出王方慶《園林草木疏》一卷，李翺《何首烏錄》一卷，楊天惠《彰明坿子記》一卷，戴凱之《竹譜》一卷，贊寧《筍譜》二卷，陳仁玉《菌譜》一卷，傅肱《蟹譜》二卷。這些手稿和別人說抄錄的闕名《魏王花木志》等十九種合訂爲兩冊，題名《說郛錄要》。〔註 13〕

6 月 26 日～7 月 25 日，抄錄《穆天子傳》，現存抄稿扉頁記有「辛亥六月寫」字樣。第二年「壬子一月」又作《穆天子傳校補》，並附所摘錄的劉師培《穆天子補釋》及其所校《穆天子傳・讀道藏記》。〔註 14〕

夏，繼續輯錄《古小說鈎沈》，至年底基本完成。〔註 15〕

11 月 21 日～12 月 19 日，抄錄宋范成大撰《桂海虞衡志》一卷。內容分十三門，記敘廣西的岩洞、金石、香、酒、器、禽、獸、蟲魚、花、果、草木、雜物和少數民族等。〔註 16〕

〔註 8〕葉淑穗：《魯迅重訂〈徐霞客遊記〉題跋》，載《魯迅研究月刊》1990 年第 9 期。

〔註 9〕《魯迅年譜》（增訂本）第 1 卷，第 230 頁。

〔註 10〕魯迅：《101115　致許壽裳》，《魯迅全集》第 11 卷，北京：人民文學出版社，2005 年 11 月，第 335 頁。魯迅博物館魯迅研究室編：《魯迅年譜》（增訂本）第 1 卷，北京：人民文學出版社，2000 年 9 月，第 231 頁。

〔註 11〕《魯迅年譜》（增訂本）第 1 卷，第 233 頁。

〔註 12〕《魯迅年譜》（增訂本）第 1 卷，第 236 頁。

〔註 13〕《魯迅年譜》（增訂本）第 1 卷，第 238 頁。

〔註 14〕《魯迅年譜》（增訂本）第 1 卷，第 239 頁。

〔註 15〕《魯迅年譜》（增訂本）第 1 卷，第 240 頁。

〔註 16〕《魯迅年譜》（增訂本）第 1 卷，第 243～244 頁。

本年，抄錄古小說《搜神記》、《搜神後記》、《十洲記》、《神異經》、《異苑》、《王子年拾遺記》和《洞冥記》等七種，並擷取類書所引，準備加以校訂，題名《小說備校》。現存抄稿上未具日期。〔註 17〕

1912 年

2 月，輯錄校訂《古小說鉤沈》完成，擬署周作人名刊行，由於沒有刻版費而擱置，託書店出版也未獲成功。作《〈古小說鉤沈〉序》，署名周作人，發表於《越社叢刊》第一集。〔註 18〕

4 月 5 日～9 日，抄錄清孫志祖增訂姚之駰輯本《謝氏後漢書補逸》，並作抄錄說明。魯迅曾四次抄錄謝承《後漢書》的不同輯本，這是第一次。在南京江南圖書館見影抄明代謝肇淛小草齋抄本《沈下賢文集》，錄文集中傳奇三篇：《湘中閨辭》、《異夢記》、《秦夢記》，並以清丁氏「八千卷樓」抄本校勘，後均編入《唐宋傳奇集》。〔註 19〕

5 月 12 日，購《籑喜廬叢書》一部七冊，清傅雲龍輯，光緒十五年（1889）德清傅氏影刻日本古卷子本。〔註 20〕魯迅在撰寫小說史和編纂小說史資料時，各種叢書、類書、雜史、筆記是重要的參考資料。

5 月 30 日，購《史略》一部兩冊，宋高似孫撰，湖北黃崗陶氏影宋刻本。〔註 21〕

6 月 9 日，購善化童氏刻本《沈下賢集》一部二冊。此本即魯迅在《〈唐宋傳奇集〉稗邊小綴》中所說「長沙葉氏觀古堂刻本」，為清光緒二十一年（1895）據葉德輝藏舊抄本刻印，因書前有善化童光漢所作序言，故亦稱童氏刻本。〔註 22〕

6 月 16 日，購《列女傳》一部，漢劉向撰，晉顧愷之繪圖，清揚州阮刻

〔註 17〕《魯迅年譜》（增訂本）第 1 卷，第 247 頁。

〔註 18〕魯迅：《〈古小說鉤沈〉序》，《魯迅全集》第 10 卷，第 3 頁。《魯迅年譜》（增訂本）第 1 卷，第 257 頁。

〔註 19〕許壽裳：《亡友魯迅印象記・入京和北上》，《魯迅回憶錄》（專著）上冊，第 238 頁。魯迅：《〈唐宋傳奇集〉稗邊小綴》，《魯迅全集》第 10 卷，第 125～127 頁。

〔註 20〕魯迅：《壬子日記》，《魯迅全集》第 15 卷，第 1 頁。

〔註 21〕魯迅：《壬子日記》，《魯迅全集》第 15 卷，第 3 頁。

〔註 22〕魯迅：《壬子日記》，《魯迅全集》第 15 卷，第 5 頁。魯迅：《〈唐宋傳奇集〉稗邊小綴》，《魯迅全集》第 10 卷，第 126 頁。林辰：《魯迅與唐傳奇作家沈亞之》，載《魯迅研究》（雙月刊）1984 年第 2 期。

本。魯迅在《宋民間之所謂小說及其後來》中根據《列女傳》引《詩》以證雜說及故事的特點，把該書視爲以詩爲證的起源。〔註 23〕

6 月 29 日，購《雅雨堂叢書》一部二十冊，清乾隆二十一年（1756）德州盧見曾刻本。魯迅據該叢書中《大戴禮記》輯得《青史子》遺文二則。〔註 24〕

7 月 3 日，購明袁褧本《世說新語》一部四冊。該本附南宋董弅跋云：「余家舊藏，蓋得之王原叔家，後得晏元獻公手自校本，盡去重複，其注亦小加剪裁，最爲善本。」魯迅據此說《世說新語》「爲宋人晏殊所刪並」。〔註 25〕

7 月 20 日，購陸游《老學庵筆記》二冊。〔註 26〕

8 月 2 日，錄汪文臺輯本《謝沈後漢書》一卷畢。這是魯迅第一次輯錄此書，手稿尚未發現。〔註 27〕

8 月 15 日，錄汪文臺輯本《謝承後漢書》八卷畢，這是魯迅第二次輯錄此書，並作《汪輯本〈謝承後漢書〉抄錄說明》。〔註 28〕讀唐趙蕤《長短經》，抄書中引錄的虞世南史論。〔註 29〕

8 月 17 日，借《續談助》二冊，宋晁載之輯。魯迅在《中國小說史略》中從該書選錄小說二則。〔註 30〕

8 月 20 日，同教育部同事往圖書館閱敦煌石室所得唐人寫經，又見若干宋、元刻本。〔註 31〕

9 月 8 日，購《式訓堂叢書》初二集一部三十二冊，清章壽康輯，光緒四年（1878）會稽章氏重刻本。「此書爲會稽章氏所刻，而其版今歸吳人朱記榮，

〔註 23〕魯迅：《壬子日記》，《魯迅全集》第 15 卷，第 6 頁。魯迅：《墳・宋民間之所謂小說及其後來》，《魯迅全集》第 1 卷，第 155 頁。

〔註 24〕魯迅：《壬子日記》，《魯迅全集》第 15 卷，第 7 頁。魯迅：《中國小說史略・〈漢書〉〈藝文志〉所載小說》，《魯迅全集》第 9 卷，第 30 頁。魯迅：《〈古小說鉤沈〉序》，《魯迅全集》第 10 卷，第 3 頁。

〔註 25〕魯迅：《壬子日記》，《魯迅全集》第 15 卷，第 9 頁。魯迅：《中國小說史略・〈世說新語〉與其前後》，《魯迅全集》第 9 卷，第 63 頁。孫昌熙：《魯迅「小說史學」初探》，濟南：山東教育出版社，1989 年 12 月，第 87 頁。

〔註 26〕魯迅：《壬子日記》，《魯迅全集》第 15 卷，第 11 頁。

〔註 27〕魯迅：《壬子日記》，《魯迅全集》第 15 卷，第 14 頁。

〔註 28〕魯迅：《壬子日記》，《魯迅全集》第 15 卷，第 16 頁。

〔註 29〕魯迅：《壬子日記》，《魯迅全集》第 15 卷，第 16 頁。

〔註 30〕魯迅：《壬子日記》，《魯迅全集》第 15 卷，第 16 頁。魯迅：《中國小說史略・〈世說新語〉與其前後》，《魯迅全集》第 9 卷，第 65～66 頁。

〔註 31〕魯迅：《壬子日記》，《魯迅全集》第 15 卷，第 16 頁。

此本即朱所重印，且取數種入其《槐廬叢書》，近復移易次第，稱《校經山房叢書》，而章氏之名以沒。記榮本書估，其戹古籍，正猶張元濟之於新籍也。讀《拜經樓題跋》，知所藏《秋思草堂集》即近時印行之《莊氏史案》，蓋吳氏藏書有入商務印書館者矣。」〔註 32〕

9 月 22 日，自《全唐詩》錄出虞世南詩一卷。〔註 33〕

9 月 24 日，購《述學》二冊，清汪中撰，同治八年（1869）揚州書局重刻本；《拜經樓叢書》七種八冊，清吳騫輯，光緒十一年（1885）會稽鄂渚刊本。〔註 34〕

10 月 1 日，購錢稻孫轉售之小字本《藝文類聚》，「此書雖刻板不佳，又多訛奪，然有何義門印，又是明版，亦尚可臧也。」〔註 35〕

10 月 12 日，得周作人寄《古小說鈎沈》草稿。抄補《史略》一頁。〔註 36〕

10 月 13 日，訂《史略》二冊。〔註 37〕

10 月 16 日，補寫《北堂書鈔》一頁。魯迅據該書輯錄古小說遺文數則，編入《古小說鈎沈》。〔註 38〕

10 月 20 日，購《北夢瑣言》一部。該書記錄唐五代士大夫遺文瑣語。魯迅在《中國小說史略》中引用明胡應麟《少室山房筆叢》對小說的分類，《北夢瑣言》歸入「雜錄」。〔註 39〕

11 月 2 日，購《眉庵集》二冊，明楊基撰；《濟南田氏叢書》二十八冊，佚名輯，清乾隆年間刻本；粗本《雅雨堂叢書》一部二十八冊。〔註 40〕

11 月 10 日，補寫《雅雨堂叢書》缺頁。至 11 月 12 日補寫叢書中《大戴記》目錄後語缺頁，全書補完。〔註 41〕

〔註 32〕魯迅：《壬子日記》，《魯迅全集》第 15 卷，第 20 頁。

〔註 33〕魯迅：《壬子日記》，《魯迅全集》第 15 卷，第 21 頁。

〔註 34〕魯迅：《壬子日記》，《魯迅全集》第 15 卷，第 21～22 頁。

〔註 35〕魯迅：《壬子日記》，《魯迅全集》第 15 卷，第 23 頁。

〔註 36〕魯迅：《壬子日記》，《魯迅全集》第 15 卷，第 24～25 頁。

〔註 37〕魯迅：《壬子日記》，《魯迅全集》第 15 卷，第 25 頁。

〔註 38〕魯迅：《壬子日記》，《魯迅全集》第 15 卷，第 25 頁。魯迅：《古小說鈎沈》，見林辰、王永昌編：《魯迅輯錄古籍叢編》第 1 卷，北京：人民文學出版社，1999 年 7 月，第 77 頁。

〔註 39〕魯迅：《壬子日記》，《魯迅全集》第 15 卷，第 25 頁。魯迅：《中國小說史略·史家對於小說之著錄及論述》，《魯迅全集》第 9 卷，第 9 頁。

〔註 40〕魯迅：《壬子日記》，《魯迅全集》第 15 卷，第 28 頁。

〔註 41〕魯迅：《壬子日記》，《魯迅全集》第 15 卷，第 29 頁。

11 月 23 日，得周作人寄《古小說鈎沈》草稿一疊。〔註 42〕

11 月 24 日，補寫《北堂書鈔》缺頁一頁。〔註 43〕

12 月 21 日，購《商子》一冊，戰國衛商鞅撰，清嘉慶八年（1803）問經堂校刻本；《夢溪筆談》一部四冊，清光緒三十二年（1906）番禺陶氏愛廬刻本。魯迅在《中國小說史略》中引用明胡應麟《少室山房筆叢》對小說的分類，《夢溪筆談》歸入「叢談」。〔註 44〕

本年，撰寫《古小說鈎沈》各篇短序，總題目爲《說目》，記錄《古小說鈎沈》中各篇小說在歷朝志書、類書中的記載情況，介紹作者所處時代、官職及作品卷數，間有魯迅的注文和按語。《說目》現存三十二篇，存目待寫的六篇，係未完稿。〔註 45〕

1913 年

1 月 4 日，得周作人寄《事類賦》一部。魯迅在《中國小說史略》中從該書注選錄晉王浮《神異記》遺文一則。購尤袤《全唐詩話》及孫濤《續編》一部，共八冊。〔註 46〕

1 月 12 日，購《寒山詩》一冊；《樊南文集補編》一部四冊，唐李商隱撰，清錢振倫箋、錢振常注，同治五年（1866）望三益齋刻本；《水經注彙校》一部十六冊，清楊希閔彙校，光緒年間刻本。魯迅在《中國小說史略》中根據《水經注》徵引《列異傳》，斷定後者爲魏晉時人作。〔註 47〕

1 月 18 日，購《功順堂叢書》一部二十四冊，清潘祖蔭輯，光緒年間吳縣潘氏刻本，內有《西清筆記》、《涇林雜記》、《廣陽雜記》等。〔註 48〕

2 月 8 日，購《陶庵夢憶》一部四冊，「此爲王文誥所編，刻於桂林，雖單行本，然疑與《粵雅堂叢書》本同也。」〔註 49〕

〔註 42〕魯迅：《壬子日記》，《魯迅全集》第 15 卷，第 31 頁。

〔註 43〕魯迅：《壬子日記》，《魯迅全集》第 15 卷，第 31 頁。

〔註 44〕魯迅：《壬子日記》，《魯迅全集》第 15 卷，第 34～35 頁。魯迅：《中國小說史略．史家對於小說之著錄及論述》，《魯迅全集》第 9 卷，第 9 頁。

〔註 45〕趙英：《未曾發表過的魯迅撰〈說目〉》，載《魯迅研究月刊》1991 年第 2 期。

〔註 46〕魯迅：《癸丑日記》，《魯迅全集》第 15 卷，第 43 頁。魯迅：《中國小說史略．六朝之鬼神志怪書（下）》，《魯迅全集》第 9 卷，第 58 頁。

〔註 47〕魯迅：《癸丑日記》，《魯迅全集》第 15 卷，第 44 頁。魯迅：《中國小說史略．六朝之鬼神志怪書（上）》，《魯迅全集》第 9 卷，第 45 頁。

〔註 48〕魯迅：《癸丑日記》，《魯迅全集》第 15 卷，第 45 頁。

〔註 49〕魯迅：《癸丑日記》，《魯迅全集》第 15 卷，第 48 頁。

2 月 9 日，購《湖海樓叢書》一部二十二冊，清陳春輯，嘉慶二十四年（1819）蕭山陳氏湖海樓刻本。〔註 50〕

3 月 1 日，購《法苑珠林》一部四十八冊，版本不詳；《初學記》一部十六冊，唐徐堅等輯，清光緒十四年（1888）蘊石齋刻本。魯迅從兩書中輯得晉人荀氏《靈鬼志》、南朝齊王琰《冥祥記》等古小說遺文數則，編入《古小說鈎沈》和《小說備校》。〔註 51〕

3 月 5 日，開始抄錄謝承《後漢書》校訂本。〔註 52〕

3 月 26 日，購《十七史》一部二十八函；《郘亭知見傳本書目》一部十冊，清莫友芝輯，莫繩孫編。〔註 53〕

3 月 27 日，寫定謝承《後漢書》畢，作《〈謝承後漢書〉序》。〔註 54〕

3 月 28 日，寫定謝沈《後漢書》一卷，這是魯迅第二次輯錄此書。〔註 55〕

3 月 29 日，抄錄虞預《晉書》集本，至 3 月 31 日畢。〔註 56〕

3 月 30 日，收周作人寄《沈下賢集》抄本二冊。該抄本是魯迅 1912 年初在南京時與許壽裳等借江南圖書館藏書錄出並作校勘。〔註 57〕

本月，作《〈謝沈後漢書〉序》、《汪輯本〈謝承後漢書〉校記》、《〈虞預晉書〉序》。〔註 58〕

4 月 5 日，購《舊五代史》、《舊唐書》各一部共四十八冊。〔註 59〕

4 月 12 日，購《華陽國志》一部四冊，晉常璩撰，清嘉慶十九年（1814）

〔註 50〕魯迅：《癸丑日記》，《魯迅全集》第 15 卷，第 48 頁。

〔註 51〕魯迅：《癸丑日記》，《魯迅全集》第 15 卷，第 51 頁。魯迅：《中國小說史略·六朝之鬼神志怪書（上）》，《魯迅全集》第 9 卷，第 46、52 頁。魯迅：《中國小說史略·六朝之鬼神志怪書（下）》，《魯迅全集》第 9 卷，第 56～58 頁。趙英：《魯迅與唐宋類書》，見魯迅博物館魯迅研究室編：《魯迅藏書研究》，北京：中國文聯出版公司，1991 年 12 月，第 28 頁。

〔註 52〕魯迅：《癸丑日記》，《魯迅全集》第 15 卷，第 52 頁。

〔註 53〕魯迅：《癸丑日記》，《魯迅全集》第 15 卷，第 54 頁。

〔註 54〕魯迅：《癸丑日記》，《魯迅全集》第 15 卷，第 55 頁。

〔註 55〕魯迅：《癸丑日記》，《魯迅全集》第 15 卷，第 55 頁。

〔註 56〕魯迅：《癸丑日記》，《魯迅全集》第 15 卷，第 55 頁。

〔註 57〕魯迅：《癸丑日記》，《魯迅全集》第 15 卷，第 50 頁。林辰：《魯迅與唐傳奇作家沈亞之》，載《魯迅研究》（雙月刊）1984 年第 2 期。

〔註 58〕《魯迅年譜》（增訂本）第 1 卷，第 293 頁。

〔註 59〕魯迅：《癸丑日記》，《魯迅全集》第 15 卷，第 57 頁。

鄰水廖氏刻本；《後知不足齋叢書》一部三十五冊，清鮑廷爵輯，光緒年間常熟鮑氏知不足齋刻本。〔註 60〕

4 月 19 日，購《觀古堂彙刻書並所著書》一部三十二冊，葉德輝撰，清光緒年間湘潭葉氏觀古堂刻本。〔註 61〕

5 月 29 日～6 月 1 日，借得明抄本殘《說郛》五冊，「與刻本大異」，從中「寫出《雲谷雜記》一卷，多為聚珍版本所無，惜頗有訛奪耳，內有辨上虞五夫村一則甚確。」並借得《紺珠集》四冊，魯迅在《中國小說史略》中從該書選錄小說一則。〔註 62〕

6 月 1 日，作《〈雲谷雜記〉跋》，說明此書版本的殊異，指出自己所抄出的這一卷「訛奪甚多，不敢輕改，當於暇日細心校之」。自本日起，陸續抽暇校訂，至次年三月中下旬，又另謄清一次，成為定本。〔註 63〕

6 月 6 日，借宋本《易林注》二冊抄錄，至 6 月 15 日抄畢第十四卷。魯迅《〈唐宋傳奇集〉稗邊小綴》中引《易林》（坤之剝）：「南山大玃，盜我媚妾」，論述《補江總白猿傳》的故事淵源。〔註 64〕

6 月 22 日，購影宋本《李翰林集》一部六冊，唐李白撰，清光緒二十三年（1906）吳隱影宋刻本。《渠陽詩注》一部一冊，宋魏了翁撰，王德文注；《賓退錄》一部四冊，宋趙與時撰；《草莽私乘》一冊，元陶宗儀輯；《雞窗叢話》一冊，清蔡澄撰；《蕙櫋雜記》一冊，清嚴元照撰；《董解元西廂記》一部二冊，清刻本。〔註 65〕

6 月 29 日，購已蠹原刻《後甲集》二冊，清章大來撰；不全明晉藩刻《唐文粹》十八冊。魯迅《〈唐宋傳奇集〉稗邊小綴》中引《唐文粹》收錄之陳鴻《大統紀序》，論述陳鴻生平。〔註 66〕

〔註 60〕魯迅：《癸丑日記》，《魯迅全集》第 15 卷，第 58 頁。

〔註 61〕魯迅：《癸丑日記》，《魯迅全集》第 15 卷，第 59 頁。

〔註 62〕魯迅：《癸丑日記》，《魯迅全集》第 15 卷，第 64、66 頁。魯迅：《中國小說史略·〈世說新語〉與其前後》，《魯迅全集》第 9 卷，第 65 頁。

〔註 63〕魯迅：《〈雲谷雜記〉跋》，《魯迅全集》第 10 卷，第 19 頁。《魯迅年譜》（增訂本）第 1 卷，第 297 頁。

〔註 64〕魯迅：《癸丑日記》，《魯迅全集》第 15 卷，第 66～67 頁。魯迅：《〈唐宋傳奇集〉稗邊小綴》，《魯迅全集》第 10 卷，第 95 頁。

〔註 65〕魯迅：《癸丑日記》，《魯迅全集》第 15 卷，第 69 頁。

〔註 66〕魯迅：《癸丑日記》，《魯迅全集》第 15 卷，第 70 頁。魯迅：《〈唐宋傳奇集〉稗邊小綴》，《魯迅全集》第 10 卷，第 112 頁。

7月13日，購《六十種曲》一部八十冊，明毛晉輯；《農書》一部十冊，元王禎撰，清乾隆三十九年（1774）內聚珍本。〔註67〕

8月14日，續抄宋殘本《易林》，至8月25日畢，共抄八卷。〔註68〕

8月27日，開始補寫《台州叢書》中之《石屏集》。魯迅由本日起至11月16日抄畢，歷時八十日，總計二百七十二頁。〔註69〕

10月1日，借《嵇康集》一冊，明吳寬叢書堂抄本。〔註70〕

10月15日，以叢書堂本《嵇康集》校《全三國文》，至20日夜校畢。〔註71〕

10月20日，校《嵇康集》畢，作《〈嵇康集〉跋》，署名周樹人。〔註72〕此次校錄是以明吳寬叢書堂抄本爲底本，用明黃省曾等五家刻本校勘，又取《〈三國志〉注》、《晉書》等多種古籍中的引文，考其異同。

11月4日，得周作人寄《嶺表錄異》寫本及校勘各一冊，《文士傳》及《諸家文章記錄》輯稿共二冊。〔註73〕

11月22日，購《郡齋讀書志》一部十冊，南宋晁公武撰。〔註74〕

11月26日，得許季上贈《大唐西域記》一部，清宣統元年（1909）常州天守寺刻本。〔註75〕

12月6日，購《寶綸堂集》一部，清陳洪綬撰，光緒十四年（1888）會稽董氏取斯家塾活字本。〔註76〕

12月17日，致馬幼漁信，索《藝文類聚》。〔註77〕

12月18日，收《藝文類聚》三十二冊，明嘉靖七年（1528）蘇州刻本。〔註78〕

12月21日，購《徐騎省集》一部八冊，宋徐鉉撰。〔註79〕

〔註67〕魯迅：《癸丑日記》，《魯迅全集》第15卷，第72頁。
〔註68〕魯迅：《癸丑日記》，《魯迅全集》第15卷，第75～77頁。
〔註69〕魯迅：《癸丑日記》，《魯迅全集》第15卷，第77～87頁。
〔註70〕魯迅：《癸丑日記》，《魯迅全集》第15卷，第81頁。
〔註71〕魯迅：《癸丑日記》，《魯迅全集》第15卷，第83頁。
〔註72〕魯迅：《癸丑日記》，《魯迅全集》第15卷，第83頁。
〔註73〕魯迅：《癸丑日記》，《魯迅全集》第15卷，第86頁。
〔註74〕魯迅：《癸丑日記》，《魯迅全集》第15卷，第88頁。
〔註75〕魯迅：《癸丑日記》，《魯迅全集》第15卷，第88頁。
〔註76〕魯迅：《癸丑日記》，《魯迅全集》第15卷，第89～90頁。
〔註77〕魯迅：《癸丑日記》，《魯迅全集》第15卷，第91頁。
〔註78〕魯迅：《癸丑日記》，《魯迅全集》第15卷，第91頁。
〔註79〕魯迅：《癸丑日記》，《魯迅全集》第15卷，第91頁。

12月30日，輯錄《嵇康集》畢，計十卷，約四萬字左右。〔註80〕

1914年

1月3日，購《聽桐廬殘草》又名《會稽王孝子遺詩》一冊，清王繼穀撰，光緒六年（1880）刻本；《陸放翁全集》一部，內文稿十二冊，詩稿附《南唐書》二十四冊，共三十六冊，宋陸游撰，明毛氏汲古閣刻本；又購《紀元編》一冊，清李兆洛纂，六承如訂，同治十年（1871）合肥李氏重刻本，以備翻檢。〔註81〕

1月13日，得周作人寄《初學記》四冊；《笠澤叢書》一冊，唐陸龜蒙撰，清雍正九年（1731）江都陸氏大疊山房重刻本；《會稽掇英總集》四冊，宋孔延之輯，清道光元年（1821）山陰杜氏浣花宗塾刻本；石印《墨經解》，清張惠言撰；《李商隱詩》二冊。〔註82〕

1月15日，得周作人寄《西青散記》散頁一包，清史震林撰。〔註83〕

1月24日，購《春暉堂叢書》一部十二冊，清徐渭仁輯，道光至同治年間上海徐氏刊本，內有《思適集》。〔註84〕

2月1日，購影北宋本《二李唱和集》一冊，宋李昉、李至撰；《越中三不朽圖贊》一冊，明張岱撰，清光緒十四年（1888）陳錦重刻本；《平津館叢書》（重刻本）四十八冊，清孫星衍輯，朱記榮校勘，光緒十一年（1885）吳縣朱氏槐廬家塾刻本。〔註85〕

2月8日，購新印《十萬卷樓叢書》一部一百一十二冊，清陸心源輯，光緒年間歸安陸氏家刻本。〔註86〕

2月15日，抄錄孫志祖謝氏《後漢書補逸》起，至3月14日畢，計五卷，約一百三十頁，四萬餘字，歷二十七日。〔註87〕

3月11日，作《〈雲谷雜記〉序》，署周作人名。〔註88〕

3月16日，抄錄南宋張清源《雲谷雜記》起，至3月22日畢，總四十一

〔註80〕魯迅：《癸丑日記》，《魯迅全集》第15卷，第93頁。
〔註81〕魯迅：《甲寅日記》，《魯迅全集》第15卷，第99頁。
〔註82〕魯迅：《甲寅日記》，《魯迅全集》第15卷，第101頁。
〔註83〕魯迅：《甲寅日記》，《魯迅全集》第15卷，第101頁。
〔註84〕魯迅：《甲寅日記》，《魯迅全集》第15卷，第102頁。
〔註85〕魯迅：《甲寅日記》，《魯迅全集》第15卷，第104頁。
〔註86〕魯迅：《甲寅日記》，《魯迅全集》第15卷，第105頁。
〔註87〕魯迅：《甲寅日記》，《魯迅全集》第15卷，第106、109頁。
〔註88〕《魯迅年譜》（增訂本）第1卷，第313頁。

頁，約一萬四千餘字。〔註 89〕

3 月 29 日，購《小萬卷樓叢書》一部十六冊，清錢培名輯，光緒四年（1878）金山錢氏重刻本。〔註 90〕

4 月 6 日，抄錄《沈下賢文集》，共 12 卷並跋，至 5 月 24 日畢。該本是在南京時的抄校本和善化童刻本的基礎上抄校而成。〔註 91〕

6 月 30 日，得周作人錄自《嘉泰會稽志》之《會稽記》、《雲溪雜記》各一貼。〔註 92〕

7 月 10 日，得周作人寄《會稽舊記》二頁。〔註 93〕

7 月 15 日，得周作人錄《會稽先賢傳》一紙。〔註 94〕

8 月 18 日，抄錄《志林》。約在同日或稍後作《〈志林〉序》一篇，扼要說明《志林》在古籍中的收錄情況。〔註 95〕

8 月 27 日，購《墨子閒詁》一部八冊，清孫詒讓撰，光緒三十三年（1907）瑞安孫氏刻，宣統二年（1910）補刻；《汪龍莊遺書》一部六冊，清汪輝祖撰；《驢背集》一部二冊，胡思敬撰。〔註 96〕

9 月 27 日，抄錄《出三藏記集》，已錄至第五卷，擬暫休止。〔註 97〕

10 月 10 日，購《麗樓叢書》一部七冊，《雙梅景闇叢書》一部四冊，《唐開元小說六種》一部二冊，《三教源流搜神大全》一部二冊，均爲葉德輝輯錄刊刻。審《會稽典錄》輯本。魯迅在《中國小說史略》中引錄《三教源流搜神大全》一則。〔註 98〕

11 月 3 日，作《〈會稽郡故書雜集〉序》，署周作人名，同年 12 月載《紹興教育雜誌》第二期。〔註 99〕

〔註 89〕魯迅：《甲寅日記》，《魯迅全集》第 15 卷，第 109、110 頁。

〔註 90〕魯迅：《甲寅日記》，《魯迅全集》第 15 卷，第 111 頁。

〔註 91〕魯迅：《甲寅日記》，《魯迅全集》第 15 卷，第 112～118 頁。林辰：《魯迅與唐傳奇作家沈亞之》，載《魯迅研究》（雙月刊）1984 年第 2 期。

〔註 92〕魯迅：《甲寅日記》，《魯迅全集》第 15 卷，第 122 頁。

〔註 93〕魯迅：《甲寅日記》，《魯迅全集》第 15 卷，第 124 頁。

〔註 94〕魯迅：《甲寅日記》，《魯迅全集》第 15 卷，第 124～125 頁。

〔註 95〕魯迅：《〈志林〉序》，《魯迅全集》第 10 卷，第 22 頁。

〔註 96〕魯迅：《甲寅日記》，《魯迅全集》第 15 卷，第 130 頁。

〔註 97〕魯迅：《甲寅日記》，《魯迅全集》第 15 卷，第 134～135 頁。

〔註 98〕魯迅：《甲寅日記》，《魯迅全集》第 15 卷，第 136 頁。魯迅：《中國小說史略・神話與傳說》，《魯迅全集》第 9 卷，第 25 頁。

〔註 99〕《魯迅年譜》（增訂本）第 1 卷，第 320 頁。

11 月 12 日，以《會稽郡故書雜集》初稿三冊寄周作人，想在故鄉刊刻此書。〔註 100〕

11 月 26 日，得周作人寄《文史通義》一部六冊，《慈闈瑣記》一冊。〔註 101〕

本年，作《〈范子計然〉序》、《〈魏子〉序》、《〈任子〉序》、《〈廣林〉序》。〔註 102〕

1915 年

1 月 12 日，購《陶淵明詩》一冊，清光緒元年（1875）石印宋本。〔註 103〕

1 月 16 日，購《陶淵明集》一部三冊，清光緒五年（1879）番禺俞秀山仿刻蘇東坡手寫本。〔註 104〕

1 月 17 日，購《觀自得齋叢書》一部二十四冊，清徐士愷輯，光緒年間石埭徐氏觀自得齋刻本。〔註 105〕

2 月 12 日，得周作人寄《會稽郡故書雜集》樣本二頁。〔註 106〕

2 月 21 日，購《毛詩稽古編》一部八冊；影宋本王叔和《脈經》一部四冊；袖珍本《陶淵明集》一部二冊。〔註 107〕

3 月 21 日，購《咫進齋叢書》一部二十四冊，清姚覲元輯，光緒九年（1883）歸安姚氏校刻本。〔註 108〕

5 月 6 日，得西泠印社寄影印宋刻《京本通俗小說》二冊。此係 1915 年繆荃孫據元人寫本影刻，收入《煙畫東堂小品》中。刻者跋云：「定州三怪一回，破碎太甚；金主亮荒淫兩卷，過於穢褻；未敢傳摹」，故通行本只七篇。魯迅在《中國小說史略》、《宋民間之所謂小說及其後來》中論及該書。〔註 109〕

〔註 100〕魯迅：《甲寅日記》，《魯迅全集》第 15 卷，第 140 頁。《魯迅年譜》（增訂本）第 1 卷，第 321 頁。

〔註 101〕魯迅：《甲寅日記》，《魯迅全集》第 15 卷，第 141 頁。

〔註 102〕《魯迅年譜》（增訂本）第 1 卷，第 323 頁。

〔註 103〕魯迅：《乙卯日記》，《魯迅全集》第 15 卷，第 156 頁。

〔註 104〕魯迅：《乙卯日記》，《魯迅全集》第 15 卷，第 157 頁。

〔註 105〕魯迅：《乙卯日記》，《魯迅全集》第 15 卷，第 157 頁。

〔註 106〕魯迅：《乙卯日記》，《魯迅全集》第 15 卷，第 160 頁。

〔註 107〕魯迅：《乙卯日記》，《魯迅全集》第 15 卷，第 161 頁。

〔註 108〕魯迅：《乙卯日記》，《魯迅全集》第 15 卷，第 165 頁。

〔註 109〕魯迅：《乙卯日記》，《魯迅全集》第 15 卷，第 171 頁。魯迅：《中國小說史略・宋之話本》，《魯迅全集》第 9 卷，第 119 頁。魯迅：《墳・宋民間之所謂小說及其後來》，《魯迅全集》第 1 卷，第 153 頁。

6月5日，得蔣抑卮信並抄文瀾閣本《嵇中散集》一部二冊。〔註110〕

6月19日，得周作人寄《會稽郡故書雜集》二十冊。〔註111〕

6月27日，購《會稽掇英總集》一部四冊；《魏稼孫全集》一部十四冊。〔註112〕

7月15日，得蔣抑卮信並明張溥刻本《嵇中散集》一卷。〔註113〕

7月25日，從季天復處得《鶴山文鈔》一部，宋魏了翁撰。抄錄《出三藏記集》第一卷訖，據日本翻高麗本。〔註114〕

8月5日，得西泠印社寄清況周頤撰《阮盦筆記》二冊，光緒三十三年（1907）南京刻本；《香東漫筆》一冊，光緒年間刻《蕙風叢書》本。〔註115〕

9月5日，購明刻本《陸士龍集》、《鮑明遠集》各一部、各四冊。〔註116〕

1916年

3月3日，夜抄《法顯傳》起，至本月16日夜訖，共一萬二千九百餘字，歷時十三日。〔註117〕

3月12日，購《五代史平話》一部二冊，毘陵董氏誦芬室影宋本。魯迅在《中國小說史略》和《宋民間之所謂小說及其後來》中均論及該書。〔註118〕

12月8日，購《山海經》二冊，清歙縣項氏群書玉煙堂依宋本校刻。魯迅在《中國小說史略》中多次論及該書。〔註119〕

1918年

2月6日，購《醉醒石》一部二冊，1917年武進董氏誦芬室刻本。魯迅

〔註110〕魯迅：《乙卯日記》，《魯迅全集》第15卷，第174頁。

〔註111〕魯迅：《乙卯日記》，《魯迅全集》第15卷，第175頁。

〔註112〕魯迅：《乙卯日記》，《魯迅全集》第15卷，第177頁。

〔註113〕魯迅：《乙卯日記》，《魯迅全集》第15卷，第179頁。

〔註114〕魯迅：《乙卯日記》，《魯迅全集》第15卷，第180頁。

〔註115〕魯迅：《乙卯日記》，《魯迅全集》第15卷，第182頁。

〔註116〕魯迅：《乙卯日記》，《魯迅全集》第15卷，第186頁。

〔註117〕魯迅：《丙辰日記》，《魯迅全集》第15卷，第218～220頁。

〔註118〕魯迅：《丙辰日記》，《魯迅全集》第15卷，第220頁。魯迅：《中國小說史略·宋之話本》，《魯迅全集》第9卷，第118頁。魯迅：《墳·宋民間之所謂小說及其後來》，《魯迅全集》第1卷，第154頁。

〔註119〕魯迅：《丙辰日記》，《魯迅全集》第15卷，第252頁。魯迅：《中國小說史略·史家對於小說之著錄及論述》，《魯迅全集》第9卷，第10頁。魯迅：《中國小說史略·神話與傳說》，《魯迅全集》第9卷，第20～21頁。

在《中國小說史略》中多次論及該書。〔註 120〕

6 月 11 日，作《〈呂超墓誌銘〉跋》，載本年 6 月 25 日《北京大學日刊》第一七一號「文藝」欄，署名周樹人。〔註 121〕

9 月 24 日，校《鮑明遠集》，魯迅是以清代毛斧季用宋本校勘過的版本校明代汪士賢校本，次日校訖並作《〈鮑明遠集〉校記》，未發表。〔註 122〕

1920 年

4 月 24 日，購《剪燈新話》及《餘話》共二冊。魯迅在《中國小說史略》中論及該書。〔註 123〕

8 月 2 日，被北京大學聘爲講師。本年 8 月 6 日得聘書。〔註 124〕

8 月 26 日，得北京高等師範學校聘任信。〔註 125〕

11 月 12 日，往京師圖書分館借《文苑英華》六冊。魯迅在《中國小說史略》中據該書引錄唐沈既濟《枕中記》。〔註 126〕

12 月 13 日，從張閬聲處借得《說郛》兩冊。此係明抄原本《說郛》的殘本。魯迅在《中國小說史略》中從該書選錄小說一則。〔註 127〕

12 月 24 日，赴北京大學授課，先以自編講義，講授《中國小說史略》，後又以日本廚川白村《苦悶的象徵》爲教材，講授文藝理論。至 1926 年 8 月離開北京止。此外，魯迅還先後在北京高等師範學校、北京女子高等師範學校、北京世界語專門學校、北京中國大學文科部等高等院校講授小說史。〔註 128〕

〔註 120〕魯迅：《戊午日記》，《魯迅全集》第 15 卷，第 318 頁。魯迅：《中國小說史略・宋之話本》，《魯迅全集》第 9 卷，第 122 頁。魯迅：《中國小說史略・明之擬宋市人小說及後來選本》，《魯迅全集》第 9 卷，第 209 頁。

〔註 121〕魯迅：《戊午日記》，《魯迅全集》第 15 卷，第 330 頁。

〔註 122〕魯迅：《戊午日記》，《魯迅全集》第 15 卷，第 341 頁。

〔註 123〕魯迅：《戊午日記》，《魯迅全集》第 15 卷，第 400 頁。魯迅：《中國小說史略・清之擬晉唐小說及其支流》，《魯迅全集》第 9 卷，第 215 頁。

〔註 124〕《魯迅年譜》（增訂本）第 2 卷，第 25 頁。魯迅：《日記第九》，《魯迅全集》第 15 卷，第 408 頁。

〔註 125〕魯迅：《日記第九》，《魯迅全集》第 15 卷，第 409 頁。

〔註 126〕魯迅：《日記第九》，《魯迅全集》第 15 卷，第 414 頁。魯迅：《中國小說史略・唐之傳奇文（上）》，《魯迅全集》第 9 卷，第 75～76 頁。

〔註 127〕魯迅：《日記第九》，《魯迅全集》第 15 卷，第 416 頁。魯迅：《集外集拾遺補編・〈遂初堂書目〉抄校說明》，《魯迅全集》第 8 卷，第 129 頁。魯迅：《中國小說史略・〈世說新語〉與其前後》，《魯迅全集》第 9 卷，第 65 頁。

〔註 128〕魯迅：《日記第九》，《魯迅全集》第 15 卷，第 417 頁。《魯迅年譜》（增訂本）

本年，結合教學，系統研究小說史，往來京師圖書館、通俗圖書館間，收集資料，撰寫小說史講義，並從《太平廣記》、《文苑英華》、《資治通鑑考異》、《說郛》等古籍中繼續鈎沈中國小說史料。〔註129〕

1921年

1月21日，寄北京高等師範學校小說史講義稿。〔註130〕

2月3日，購商務印書館印宋人小說五種七冊。此繫上海商務印書館輯印《宋元人說部叢書》（共二十八種，四十一冊）的一部分。下文「宋人小說十五種」、「宋人說部書四種」、《涑水紀聞》、《青箱雜記》、《投轄錄》、《澠水燕談錄》等均屬該叢書。〔註131〕

2月6日，購商務印書館印宋人小說十五種二十二冊。〔註132〕

2月12日，校《嵇康集》一過。〔註133〕

2月14日，購《涑水紀聞》一部二冊，宋司馬光撰；《說苑》一部四冊。錢玄同送來《漢宋奇書》一部二十冊。該書即元施耐庵撰《忠義水滸傳》一百五十回本與羅本撰《三國志演義》一百二十回本的合刻本，清金人瑞批。〔註134〕

2月16日，得其中堂寄來《水滸畫譜》二冊，《忠義水滸傳》前十回五冊，日本享保十三年（1728）江戶京師書林刻本。〔註135〕

2月21日，寄北京大學小說史講義稿。得錢玄同代買《新話宣和遺事》話本四冊，清學山海居覆刻宋本。〔註136〕

2月22日，得蟫隱廬寄《拾遺記》二冊，甚劣。〔註137〕

2月23日，購《鐵橋漫稿》一部四本，清嚴可均撰。〔註138〕

第2卷，第33頁。

〔註129〕魯迅：《日記第九》，《魯迅全集》第15卷，第396～414頁。《魯迅年譜》（增訂本）第2卷，第34頁。

〔註130〕魯迅：《日記第十》，《魯迅全集》第15卷，第422頁。

〔註131〕魯迅：《日記第十》，《魯迅全集》第15卷，第424頁。

〔註132〕魯迅：《日記第十》，《魯迅全集》第15卷，第424頁。

〔註133〕魯迅：《日記第十》，《魯迅全集》第15卷，第424頁。

〔註134〕魯迅：《日記第十》，《魯迅全集》第15卷，第424頁。

〔註135〕魯迅：《日記第十》，《魯迅全集》第15卷，第424頁。

〔註136〕魯迅：《日記第十》，《魯迅全集》第15卷，第425頁。

〔註137〕魯迅：《日記第十》，《魯迅全集》第15卷，第425頁。

〔註138〕魯迅：《日記第十》，《魯迅全集》第15卷，第425頁。

2 月 28 日，從張閬聲處借得《青瑣高議》殘本一冊，託周建人抄寫。魯迅在《中國小說史略》中論及該書所收北宋秦醇傳奇四篇，並說：「北宋時，劉斧秀才雜輯古今稗說爲《青瑣高議》及《青瑣摭遺》，文辭雖拙俗，然尚非話本」。《〈唐宋傳奇集〉序例》中，又說明他用到該書時，依據「董康刻士禮居本」，並「校以明張夢錫刊本及舊鈔本」。〔註 139〕

3 月 8 日，校《嵇中散集》畢。〔註 140〕

3 月 10 日，得宋子佩代購宋人說部書四種七冊。〔註 141〕

3 月 14 日，抄錄《青瑣高議》畢。〔註 142〕

3 月 17 日，得蟫隱廬寄《拾遺記》一冊、《搜神記》二冊。因《搜神記》不全，於次日退還。〔註 143〕

3 月 20 日，以趙味滄校本校《嵇康集》。〔註 144〕

4 月 5 日，得蟫隱廬寄《毛詩鳥獸草木蟲魚疏》，三國吳陸璣撰，羅振玉校，仿宋聚珍本；《永嘉郡記》輯本，南朝宋鄭緝之撰，清孫詒讓輯，光緒四年（1878）瑞安孫氏刻本；《漢書藝文志舉例》，孫德謙著，1918 年四益宧刻本；各一冊。〔註 145〕

4 月 16 日，周建人代購《青箱雜記》，宋吳處厚撰；《投轄錄》，宋王明清撰；各一冊。〔註 146〕

7 月 13 日，摘譯凱拉綏克《斯拉夫文學史》第二卷第十六節《最新的波蘭的詩》。〔註 147〕

7 月 16 日，摘譯凱拉綏克《斯拉夫文學史》第二卷第十七節《最新的波蘭的散文》。〔註 148〕

〔註 139〕魯迅：《日記第十》，《魯迅全集》第 15 卷，第 425 頁。魯迅：《中國小說史略・宋之志怪及傳奇文》，《魯迅全集》第 9 卷，第 109 頁。魯迅：《中國小說史略・宋元之擬話本》，《魯迅全集》第 9 卷，第 125 頁。魯迅：《〈唐宋傳奇集〉序例》，《魯迅全集》第 10 卷，第 88 頁。

〔註 140〕魯迅：《日記第十》，《魯迅全集》第 15 卷，第 426 頁。

〔註 141〕魯迅：《日記第十》，《魯迅全集》第 15 卷，第 426 頁。

〔註 142〕魯迅：《日記第十》，《魯迅全集》第 15 卷，第 426 頁。

〔註 143〕魯迅：《日記第十》，《魯迅全集》第 15 卷，第 427 頁。

〔註 144〕魯迅：《日記第十》，《魯迅全集》第 15 卷，第 427 頁。

〔註 145〕魯迅：《日記第十》，《魯迅全集》第 15 卷，第 429 頁。

〔註 146〕魯迅：《日記第十》，《魯迅全集》第 15 卷，第 429 頁。

〔註 147〕魯迅：《210713　致周作人》，《魯迅全集》第 11 卷，第 391～392 頁。

〔註 148〕魯迅：《210716　致周作人》，《魯迅全集》第 11 卷，第 396～397 頁。

9月4日，譯捷克凱拉綏克《近代捷克文學概觀》畢，次日作《譯後記》。均載本年10月10日《小說月報》第12卷第10號《被損害民族的文學號》，譯文署名唐俟，《譯後記》未署名。該文係凱拉綏克《斯拉夫文學史》第二卷第十一、十二兩節與十九節的一部分。〔註149〕

9月13日，得高步瀛贈《呂氏春秋點勘》一部三冊，清吳汝綸點勘，1921年蓮池書社出版。魯迅在《中國小說史略》中提及《呂氏春秋》《本味篇》述伊尹以至味說湯，事本《伊尹說》。〔註150〕

10月5日，抄錄《青瑣高議》。〔註151〕

10月7日，得高步瀛贈清吳汝綸評點《淮南子》一部三冊。魯迅在《中國小說史略》中論及《淮南子》並多次引用該書。〔註152〕

10月28日，周建人代購《澠水燕談錄》一冊，宋王辟之撰。〔註153〕

1922年

1月14日，任北京大學研究所國學門委員會第一屆委員。〔註154〕

1月27日，從許壽裳處借得石印南星精舍本《嵇中散集》一本，即明嘉靖乙酉黃省曾仿宋本，這是魯迅校勘《嵇康集》時所用的主要參考版本之一。〔註155〕

2月2日，致胡適信並《小說史》稿一冊。購湖南刻本《世說新語》四冊。〔註156〕此信今不存。「《小說史》稿」可能是本年由北京大學印刷科陸續排印的小說史講義中的一部分。

2月16日，以南星精舍本《嵇中散集》校任刻本，次日校完。〔註157〕

〔註149〕《魯迅年譜》（增訂本）第2卷，第50頁。

〔註150〕魯迅：《日記第十》，《魯迅全集》第15卷，第442頁。魯迅：《中國小說史略·〈漢書〉〈藝文志〉所載小說》，《魯迅全集》第9卷，第29頁。

〔註151〕魯迅：《日記第十》，《魯迅全集》第15卷，第445頁。

〔註152〕魯迅：《日記第十》，《魯迅全集》第15卷，第445頁。魯迅：《中國小說史略·史家對於小說之著錄及論述》，《魯迅全集》第9卷，第6頁。魯迅：《中國小說史略·神話與傳說》，《魯迅全集》第9卷，第20頁。

〔註153〕魯迅：《日記第十》，《魯迅全集》第15卷，第447頁。

〔註154〕《魯迅年譜》（增訂本）第2卷，第66頁。

〔註155〕魯迅：《一九二二年日記斷片》（據許壽裳手抄本），《魯迅全集》第16卷，第636頁。

〔註156〕魯迅：《一九二二年日記斷片》（據許壽裳手抄本），《魯迅全集》第16卷，第636頁。

〔註157〕魯迅：《一九二二年日記斷片》（據許壽裳手抄本），《魯迅全集》第16卷，第

2 月 17 日，得沈尹默寄《遊仙窟鈔》一部兩冊。此繫日本所存版本，書中間有日文注釋和插圖。1926 年章廷謙據此本校點，魯迅作序，1929 年上海北新書局出版。〔註 158〕

8 月 7 日，午後校《嵇康集》起。〔註 159〕

8 月 14 日，致胡適信，提供關於《西遊記》作者事迹的材料，並向胡適借閱清楊懋建《京塵雜錄》。該書卷四《夢華瑣簿》記常州陳少逸撰《品花寶鑑》事頗詳。〔註 160〕

8 月 21 日，致胡適信，提供李伯元生卒年，論及《七俠五義》、《西遊記》版本和「無支祁」。〔註 161〕

8 月 27 日，開始抄錄《遂初堂書目》，至 9 月 3 日抄畢。〔註 162〕

9 月 12 日，以明抄《說郛》校《桂海虞衡志》。〔註 163〕

9 月 14 日，抄錄唐顏師古《隋遺錄》，後收入《唐宋傳奇集》。書末所附《稗邊小綴》中說明《隋遺錄》是「據原本《說郛》七十八錄出，以《百川學海》校之」。〔註 164〕

10 月 3 日，發表《破〈唐人說薈〉》，載《晨報副刊》，署名風聲。〔註 165〕

1923 年

1 月 1 日，發表《關於豬八戒（與本年的干支的關係）》的談話，日文記錄稿載本年初（日本）藤原鐮兄編輯的日文《北京周報》第 47 期新年特別號，署「周樹人氏談」。這篇談話接觸到文學史上關於豬的描寫，其中談到見於東晉干寶《搜神記》卷十八中的母豬變少女的故事，是中國小說中最早寫到豬

637 頁。

〔註 158〕魯迅：《一九二二年日記斷片》（據許壽裳手抄本），《魯迅全集》第 16 卷，第 637 頁。

〔註 159〕魯迅：《一九二二年日記斷片》（據許壽裳手抄本），《魯迅全集》第 16 卷，第 638 頁。

〔註 160〕魯迅：《220814　致胡適》，《魯迅全集》第 11 卷，第 428～429 頁。

〔註 161〕魯迅：《220821　致胡適》，《魯迅全集》第 11 卷，第 431 頁。

〔註 162〕魯迅：《一九二二年日記斷片》（據許壽裳手抄本），《魯迅全集》第 16 卷，第 638 頁。

〔註 163〕魯迅：《一九二二年日記斷片》（據許壽裳手抄本），《魯迅全集》第 16 卷，第 638 頁。

〔註 164〕魯迅：《〈唐宋傳奇集〉稗邊小綴》，《魯迅全集》第 10 卷，第 142 頁。

〔註 165〕魯迅：《集外集拾遺補編・破〈唐人說薈〉》，《魯迅全集》第 8 卷，第 131～133 頁。

的材料；又談到《西遊記》中豬八戒的來歷和有關唐三藏西天取經的詩話、雜劇等。〔註 166〕

1 月 5 日，得周建人寄《月河所聞集》一冊，宋莫君陳撰；《兩山墨談》四冊，明陳霆撰；《類林雜說》二冊，金王朋壽撰，均爲吳興劉氏嘉業堂刻本。〔註 167〕

1 月 10 日，購《好逑傳》一部四冊，1921 年上海掃葉山房石印。魯迅在《中國小說史略》中論及該書。〔註 168〕

1 月 20 日，得醫學書局寄縮印《士禮居叢書》一部三十冊，清黃丕烈輯，光緒十三年（1887）上海蜚英館影印士禮居黃氏刻本；排印《唐詩紀事》一部十冊。魯迅在《〈唐宋傳奇集〉稗邊小綴》中據《唐詩紀事》考證沈亞之生平。〔註 169〕

1 月 26 日，得其中堂寄《五雜俎》八冊，《麈餘》二冊，均爲日本刻本。魯迅在《中國小說史略》中引錄《五雜俎》論羅貫中《三國志演義》語。〔註 170〕

1 月 28 日，重裝《麈餘》二冊。〔註 171〕

1 月 31 日，重裝《五雜俎》八冊。〔註 172〕

2 月 3 日，得直隸官書局送來《石林遺書》一部十二冊，宋葉夢得撰，清宣統三年（1911）長沙葉氏觀古堂校刻本；《授堂遺書》一部十六冊，清武億撰，道光二十三年（1843）偃師武氏重刻本。〔註 173〕

2 月 4 日，補抄《唐詩紀事》一頁。〔註 174〕

2 月 7 日，得其中堂寄左暄《三餘偶筆》八冊，金農《巾箱小品》四冊。〔註 175〕

〔註 166〕《魯迅年譜》（增訂本）第 2 卷，第 93 頁。

〔註 167〕魯迅：《日記十二》，《魯迅全集》第 15 卷，第 457 頁。

〔註 168〕魯迅：《日記十二》，《魯迅全集》第 15 卷，第 457～458 頁。魯迅：《中國小說史略・明之人情小說（下）》，《魯迅全集》第 9 卷，第 200 頁。

〔註 169〕魯迅：《日記十二》，《魯迅全集》第 15 卷，第 458 頁。魯迅：《〈唐宋傳奇集〉稗邊小綴》，《魯迅全集》第 10 卷，第 125 頁。

〔註 170〕魯迅：《日記十二》，《魯迅全集》第 15 卷，第 459 頁。魯迅：《中國小說史略・元明傳來之講史（上）》，《魯迅全集》第 9 卷，第 135 頁。

〔註 171〕魯迅：《日記十二》，《魯迅全集》第 15 卷，第 459 頁。

〔註 172〕魯迅：《日記十二》，《魯迅全集》第 15 卷，第 459 頁。

〔註 173〕魯迅：《日記十二》，《魯迅全集》第 15 卷，第 460 頁。

〔註 174〕魯迅：《日記十二》，《魯迅全集》第 15 卷，第 460 頁。

〔註 175〕魯迅：《日記十二》，《魯迅全集》第 15 卷，第 460 頁。

2月9日，購《太平廣記》殘本四冊。〔註176〕

2月11日，得其中堂寄《世說逸》一冊，南朝宋劉義慶撰，日本岡井孝先、大冢孝綽校輯，寬延二年（1749）京都崇文堂刻本。〔註177〕

2月28日，購雜小說數種，書目不詳。〔註178〕

3月20日，購影印本《焦氏易林》一部十六冊。〔註179〕

3月23日，購《夷堅志》一部十六冊，宋洪邁撰，宣統三年（1911）上海藜光社石印本；《聊齋誌異》一部。魯迅在《中國小說史略》中據《夷堅志》考證宋江等人結局。〔註180〕

3月28日，贈許壽裳《中國小說史略》講義四十一葉。此係1920年秋季在北大講授小說史以來自編的講義，先油印，後經增補，由北大印刷科排印，陸續發給學生。〔註181〕

3月30日，購《藕香零拾》一部三十二冊，清繆荃孫輯，光緒、宣統間刻本。〔註182〕

4月2日，應北京大學邀請校正《太平廣記》八十冊又別本九冊。從本日起，至5月22日完成。〔註183〕

4月9日，補抄《青瑣高議》缺卷。〔註184〕

4月17日，得胡適贈《西遊記考證》一冊，補抄《青瑣高議》前集畢。〔註185〕

4月19日，寄許壽裳《中國小說史略》講義印本一卷。至本日，《中國小說史略》上卷編完。〔註186〕

〔註176〕魯迅：《日記十二》，《魯迅全集》第15卷，第460頁。

〔註177〕魯迅：《日記十二》，《魯迅全集》第15卷，第461頁。

〔註178〕魯迅：《日記十二》，《魯迅全集》第15卷，第462頁。

〔註179〕魯迅：《日記十二》，《魯迅全集》第15卷，第464頁。

〔註180〕魯迅：《日記十二》，《魯迅全集》第15卷，第464頁。魯迅：《中國小說史略·元明傳來之講史（下）》，《魯迅全集》第9卷，第145頁。

〔註181〕魯迅：《日記十二》，《魯迅全集》第15卷，第464頁。楊燕麗：《〈中國小說史略〉的生成與流變》，載《魯迅研究月刊》1996年第9期。

〔註182〕魯迅：《日記十二》，《魯迅全集》第15卷，第464頁。

〔註183〕魯迅：《日記十二》，《魯迅全集》第15卷，第465、470頁。

〔註184〕魯迅：《日記十二》，《魯迅全集》第15卷，第465頁。

〔註185〕魯迅：《日記十二》，《魯迅全集》第15卷，第466頁。

〔註186〕魯迅：《日記十二》，《魯迅全集》第15卷，第466頁。《魯迅年譜》（增訂本）第2卷，第99頁。

5 月 1 日，購《玉篇》三冊，《廣均》五冊，《法言》一冊，《毘陵集》四冊，均爲 1919 年商務印書館《四部叢刊》初編影印本。〔註 187〕

5 月 13 日，重裝《顏氏家訓》二冊，《四部叢刊》初集影印本。魯迅在《中國小說史略》中引用明胡應麟《少室山房筆叢》對小說的分類，《顏氏家訓》歸入「箴規」。〔註 188〕

5 月 15 日，重裝《石林遺書》十二冊畢。〔註 189〕

5 月 21 日，購《朝市叢談》一部八冊，清李虹若纂。〔註 190〕

5 月 22 日，校正《太平廣記》畢，歸還北京大學。〔註 191〕

6 月 6 日，寄許壽裳《中國小說史略》講義三篇。補抄《王右丞集箋注》，至 6 月 10 日補抄畢，裝訂該書八冊。〔註 192〕

6 月 18 日，重裝《授堂遺書》。〔註 193〕

6 月 26 日，購《箚補》一部八冊，清桂馥撰，光緒九年（1883）長洲蔣氏心矩齋校刻本。〔註 194〕

7 月 7 日，得馬幼漁寄殘本《三國志演義》十六冊。〔註 195〕

7 月 20 日，還馬幼漁《列女傳》、《唐國史補》、殘本《三國志演義》。〔註 196〕

7 月 30 日，還馬幼漁《唐國史補》及《青瑣高議》。〔註 197〕

9 月 4 日，往京師圖書分館查書，借《甲申朝事小記》一部。〔註 198〕

9 月 4 日，購《莊子集解》一部三冊，清王先謙集解，宣統元年（1909）思賢書局刻本。魯迅在《中國小說史略》中引《莊子》《外物》「飾小說以干縣令」語，是「小說」一詞在中國古文獻中的第一次出現。〔註 199〕

〔註 187〕魯迅：《日記十二》，《魯迅全集》第 15 卷，第 468 頁。

〔註 188〕魯迅：《日記十二》，《魯迅全集》第 15 卷，第 469 頁。魯迅：《中國小說史略·史家對於小說之著錄及論述》，《魯迅全集》第 9 卷，第 9 頁。

〔註 189〕魯迅：《日記十二》，《魯迅全集》第 15 卷，第 469 頁。

〔註 190〕魯迅：《日記十二》，《魯迅全集》第 15 卷，第 470 頁。

〔註 191〕魯迅：《日記十二》，《魯迅全集》第 15 卷，第 470 頁。

〔註 192〕魯迅：《日記十二》，《魯迅全集》第 15 卷，第 472 頁。

〔註 193〕魯迅：《日記十二》，《魯迅全集》第 15 卷，第 473 頁。

〔註 194〕魯迅：《日記十二》，《魯迅全集》第 15 卷，第 473 頁。

〔註 195〕魯迅：《日記十二》，《魯迅全集》第 15 卷，第 474 頁。

〔註 196〕魯迅：《日記十二》，《魯迅全集》第 15 卷，第 475 頁。

〔註 197〕魯迅：《日記十二》，《魯迅全集》第 15 卷，第 476 頁。

〔註 198〕魯迅：《日記十二》，《魯迅全集》第 15 卷，第 480 頁。

〔註 199〕魯迅：《日記十二》，《魯迅全集》第 15 卷，第 480 頁。魯迅：《中國小說史略·

9月14日，購《管子》一部四冊，《荀子》一部六冊。均爲1919年商務印書館《四部叢刊》初編影印本。〔註200〕

9月29日，購《孟子》一部三冊，《說苑》一部六冊。均爲1919年商務印書館《四部叢刊》初編影印本。魯迅在《中國小說史略》中論《說苑》云：「所記皆古人行事之迹，足爲法戒者」。〔註201〕

10月7日，作《〈中國小說史略〉序言》，未單獨發表，收入1923年10月新潮社版《中國小說史略》(上卷)。〔註202〕

10月8日，以《中國小說史略》上卷稿交予孫伏園，詫爲付印。〔註203〕

10月23日，寄孫伏園《中國小說史略》稿一束。〔註204〕

11月，作《宋民間之所謂小說及其後來》，載12月1日《晨報五週年紀念增刊》「文藝評論」欄，署名魯迅。〔註205〕

11月14日，得丸山昏迷轉交藤冢鄰所贈《通俗忠義水滸傳》並《拾遺》一部八十冊，元施耐庵撰，日本岡島璞編。寶曆七年至寬政二年(1757～1790)江戶平安書肆刻本；《標注訓訳水滸伝》(《標注訓譯水滸傳》)一部十五冊，日本平岡龍城譯，大正四～五年(1915～1916)東京近世漢文學會刻本。〔註206〕

11月20日，購《耳食錄》一部八冊，清樂鈞撰，同治七年（1868）重刻本；《池上草堂筆記》一部八冊，清梁恭辰撰，同治十二年（1873）金陵刻本。〔註207〕

12月1日，孫伏園送來《中國小說史略》(上卷)印成草本。〔註208〕

12月8日，購《情史》一部十六冊，清詹詹外史評輯，乾隆五十三年（1788）刻本；雜小說三種，書目不詳。〔註209〕

史家對於小說之著錄及論述》，《魯迅全集》第9卷，第6頁。

〔註200〕魯迅：《日記十二》，《魯迅全集》第15卷，第481頁。

〔註201〕魯迅：《日記十二》，《魯迅全集》第15卷，第482頁。魯迅：《中國小說史略·〈漢書〉〈藝文志〉所載小說》，《魯迅全集》第9卷，第31頁。

〔註202〕《魯迅年譜》(增訂本)第2卷，第112頁。

〔註203〕魯迅：《日記十二》，《魯迅全集》第15卷，第483頁。

〔註204〕魯迅：《日記十二》，《魯迅全集》第15卷，第484頁。

〔註205〕魯迅：《墳·宋民間之所謂小說及其後來》，《魯迅全集》第1卷，第150～159頁。

〔註206〕魯迅：《日記十二》，《魯迅全集》第15卷，第487頁。

〔註207〕魯迅：《日記十二》，《魯迅全集》第15卷，第488頁。

〔註208〕魯迅：《日記十二》，《魯迅全集》第15卷，第489頁。

〔註209〕魯迅：《日記十二》，《魯迅全集》第15卷，第490頁。

12 月 10 日，致許壽裳信並《中國小說史略》稿一卷，信中說：「附上講稿一卷，明已完，此後僅清代七篇矣。然上卷已付排印，下卷則起草將完，擬以明年二月間出。此初稿頗有誤，本可不復呈，但先已俱呈，故不中止耳。已印者日內可裝成，其時寄上。」〔註 210〕

12 月 11 日，《中國小說史略》（上卷）正式出版。〔註 211〕

12 月 18 日，致胡適信。《中國小說史略》（上卷）出版後，寄贈胡適，徵求意見。胡適認爲「論斷太少」。魯迅回信中說：「論斷太少，誠如所言；玄同說亦如此。我自省太易流於感情之論，所以力避此事，其實正是一個缺點；但於明清小說，則論斷似較上卷稍多，此稿已成」。信中還建議重刊一百五十回本《水滸傳》、《三俠五義》、《西遊補》、《海上花列傳》等古代白話小說。〔註 212〕

12 月 20 日，寫《中國小說史略》下卷畢。〔註 213〕

12 月 28 日，還常惠所借小說二種，書目不詳。〔註 214〕

本年，撰《明以來小說年表》。所錄起於明洪武元年（1368），迄於民國癸亥年（1923）。上列公元，次列干支，再次是年號紀元。端有凡例兩則：「一，云某年作某年成者皆據序文言之，其脫稿當較先。二，所據書名注於下，無注者皆據本書。」稿本現存，未印。〔註 215〕

1924 年

1 月 1 日，得胡適信並《〈水滸續集兩種〉序》文稿一篇。〔註 216〕

1 月 5 日，致胡適信並《西遊補》兩冊，信中論及《水滸後傳》、《海上繁華夢》、《海上花列傳》等小說。〔註 217〕

1 月 13 日，《中國小說史略》日譯文開始刊登於日文《北京周報》，此後連載於該刊第 96～102 期、104～129 期、131～133 期、137 期。〔註 218〕

〔註 210〕魯迅：《231210　致許壽裳》，《魯迅全集》第 11 卷，第 438 頁。

〔註 211〕《魯迅年譜》（增訂本）第 2 卷，第 117 頁。

〔註 212〕《新發現的魯迅書簡——魯迅致胡適》，載《魯迅研究月刊》1990 年第 12 期。

〔註 213〕魯迅：《日記十二》，《魯迅全集》第 15 卷，第 491 頁。

〔註 214〕魯迅：《日記十二》，《魯迅全集》第 15 卷，第 492 頁。

〔註 215〕《魯迅年譜》（增訂本）第 2 卷，第 120 頁。

〔註 216〕魯迅：《日記十三》，《魯迅全集》第 15 卷，第 497 頁。

〔註 217〕魯迅：《240105　致胡適》，《魯迅全集》第 11 卷，第 443 頁。

〔註 218〕《魯迅年譜》（增訂本）第 2 卷，第 122 頁。

2月2日，購《淮南鴻烈集解》一部六冊，劉文典集解，1923年上海商務印書館鉛印。〔註219〕

2月9日，致胡適信，告知胡適，齊壽山的本家出讓一百二十回本《水滸傳》。〔註220〕

2月10日，購《快心編》一部十二冊，清天花才子輯，《申報館叢書》正集之一。魯迅在《上海文藝之一瞥》中談及該書。〔註221〕

2月16日，致胡適信並寄代購之一百二十回本《水滸傳》。〔註222〕

3月3日，作《〈中國小說史略〉後記》，未單獨發表，收入1924年6月新潮社版《中國小說史略》（下卷）。〔註223〕

3月4日，校《中國小說史略》下卷畢。8日寄出。〔註224〕

4月1日，校《中國小說史略》三十頁。2日寄出。〔註225〕

4月11日，校《中國小說史略》。次日託許欽文轉交孫伏園。〔註226〕

4月19日，寄許壽裳《中國小說史略》講義印本一束，全分俱畢。〔註227〕

5月14日，購《鄧析子》、《申鑒》、《中論》、《大唐西域記》、《文心雕龍》各一部。均爲商務印書館《四部叢刊》初編影印本。〔註228〕

5月23日，購劉師培《中國中古文學史》一冊，北京大學文科一年級教材，1923年北京大學出版部鉛印本。〔註229〕

5月31日，購《新語》、《新書》、《嵇中散集》、《謝宣城詩集》、《元次山集》各一部。均爲商務印書館《四部叢刊》初編影印本。〔註230〕

6月1日，夜校《嵇康集》，3日夜、6日全天、7日夜續校，至8日夜校

〔註219〕魯迅：《日記十三》，《魯迅全集》第15卷，第500頁。

〔註220〕魯迅：《240209　致胡適》，《魯迅全集》第11卷，第445頁。

〔註221〕魯迅：《日記十三》，《魯迅全集》第15卷，第501頁。魯迅：《二心集・上海文藝之一瞥》，《魯迅全集》第4卷，第299頁。

〔註222〕魯迅：《日記十三》，《魯迅全集》第15卷，第501頁。

〔註223〕《魯迅年譜》（增訂本）第2卷，第127頁。

〔註224〕魯迅：《日記十三》，《魯迅全集》第15卷，第503～504頁。

〔註225〕魯迅：《日記十三》，《魯迅全集》第15卷，第506～507頁。

〔註226〕魯迅：《日記十三》，《魯迅全集》第15卷，第507～508頁。

〔註227〕魯迅：《日記十三》，《魯迅全集》第15卷，第508頁。

〔註228〕魯迅：《日記十三》，《魯迅全集》第15卷，第514頁。

〔註229〕魯迅：《日記十三》，《魯迅全集》第15卷，第513頁。

〔註230〕魯迅：《日記十三》，《魯迅全集》第15卷，第514頁。

畢。〔註 231〕

6 月 6 日，致胡適信，談及胡適等人爲上海亞東圖書館標點出版的《水滸傳》、《紅樓夢》等書所作序言。〔註 232〕

6 月 10 日，作《〈嵇康集〉序》，載 1938 年 4 月 23 日《華美周刊》第一卷第一期，署名魯迅，後收入《嵇康集》。〔註 233〕

6 月 11 日，作《〈嵇康集〉逸文考》、《〈嵇康集〉著錄考》，均未另發表。〔註 234〕

6 月 13 日，購《潛夫論》、《蔡中郎集》、《陶淵明集》、《六臣注文選》各一部，共三十六冊。均爲商務印書館《四部叢刊》初編影印本。〔註 235〕

6 月 17 日，校《中國小說史略》，並作正誤表一頁。〔註 236〕

6 月 20 日，《中國小說史略》（下卷）由新潮社出版。〔註 237〕

7 月 21 日～29 日，在西北大學暑期學校講演，歷八天，講十一次，計十二小時。講稿經魯迅整理後，題作《中國小說的歷史的變遷》。載 1925 年 3 月 29 日西北大學出版部《國立西北大學、陝西教育廳合辦暑期學校講演集》（二），署名魯迅。〔註 238〕

7 月 30 日，在講武堂講小說史，約半小時。〔註 239〕

9 月 3 日，收西北大學所寄《中國小說的歷史的變遷》記錄稿一卷。魯迅於 5 日、6 日對記錄稿進行了改訂，8 日以改定稿寄西北大學出版部。〔註 240〕

11 月 10 日，購小說雜書四種十冊，書目不詳。得高步瀛贈《淮南子集證》一部十冊。〔註 241〕

11 月 26 日，致錢玄同信，論《醒世姻緣傳》云：「嘗聞《醒世姻緣》其書也者，一名《惡姻緣》者也，孰爲原名，則不得而知之矣。間嘗覽之，其

〔註 231〕魯迅：《日記十三》，《魯迅全集》第 15 卷，第 515～516 頁。
〔註 232〕魯迅：《240606　致胡適》，《魯迅全集》第 11 卷，第 450～451 頁。
〔註 233〕魯迅：《日記十三》，《魯迅全集》第 15 卷，第 516 頁。
〔註 234〕《魯迅年譜》（增訂本）第 2 卷，第 135 頁。
〔註 235〕魯迅：《日記十三》，《魯迅全集》第 15 卷，第 516 頁。
〔註 236〕魯迅：《日記十三》，《魯迅全集》第 15 卷，第 516 頁。
〔註 237〕《魯迅年譜》（增訂本）第 2 卷，第 137 頁。
〔註 238〕魯迅：《日記十三》，《魯迅全集》第 15 卷，第 521～522 頁。
〔註 239〕魯迅：《日記十三》，《魯迅全集》第 15 卷，第 522 頁。
〔註 240〕魯迅：《日記十三》，《魯迅全集》第 15 卷，第 528 頁。
〔註 241〕魯迅：《日記十三》，《魯迅全集》第 15 卷，第 535 頁。

爲書也，至多至煩，難乎其終卷矣，然就其大意而言之，則無非以報應因果之談，寫社會家庭之事，描寫則頗仔細矣，譏諷則亦或鋒利矣，較之《平山冷燕》之流，蓋誠乎其傑出者也，然而不佞未嘗終卷也，然而殆由不佞粗心之故也哉，而非此書之罪也夫！」〔註 242〕

1925 年

3 月 15 日，致梁繩禕信，論及中國神話書的分期和搜集神話的內容分類。〔註 243〕

3 月 25 日，購《小說研究十六講》（《小說研究十六講》）一冊，木村毅著，大正十四年（1925）東京新潮社出版。〔註 244〕

4 月 9 日，寄鄭振鐸信並《西湖二集》六冊。該信今不存。魯迅在《宋民間之所謂小說及其後來》中提及《西湖二集》。〔註 245〕

7 月 7 日，得高步瀛贈《抱朴子校補》一冊。魯迅在《中國小說史略》中論及葛洪和《抱朴子》。〔註 246〕

9 月 4 日，得常惠贈《京本通俗小說》第二十一卷一部二冊。〔註 247〕此即繆荃孫刻本刪除之《金虜海陵王荒淫》，1925 年鉛印本。

9 月 10 日，作《〈中國小說史略〉再版附識》，載 1925 年 9 月北新書局再版合訂本《中國小說史略》序文後。〔註 248〕

9 月 26 日，購《支那文學史綱》（《中國文學史綱》）一冊，兒島獻吉郎著，大正十四年（1925）東京富山房第八版。〔註 249〕

10 月 14 日，得譚正璧贈《中國文學史大綱》一冊，1925 年上海泰東圖書局出版。〔註 250〕

10 月 28 日，購《淮南舊注校理》一冊，吳承仕撰，1924 年歙縣吳氏刻

〔註 242〕魯迅：《241126　致錢玄同》，《魯迅全集》第 11 卷，第 454～455 頁。
〔註 243〕魯迅：《250315　致梁繩禕》，《魯迅全集》第 11 卷，第 463～464 頁。
〔註 244〕魯迅：《日記十四》，《魯迅全集》第 15 卷，第 557 頁。
〔註 245〕魯迅：《日記十四》，《魯迅全集》第 15 卷，第 560 頁。魯迅：《墳・宋民間之所謂小說及其後來》，《魯迅全集》第 1 卷，第 158 頁。
〔註 246〕魯迅：《日記十四》，《魯迅全集》第 15 卷，第 572 頁。魯迅：《中國小說史略・今所見漢人小說》，《魯迅全集》第 9 卷，第 41 頁。
〔註 247〕魯迅：《日記十四》，《魯迅全集》第 15 卷，第 581 頁。
〔註 248〕《魯迅年譜》（增訂本）第 2 卷，第 244 頁。
〔註 249〕魯迅：《日記十四》，《魯迅全集》第 15 卷，第 584 頁。
〔註 250〕魯迅：《日記十四》，《魯迅全集》第 15 卷，第 587 頁。

本。〔註 251〕

12 月 21 日，得李玄伯贈《百回本水滸傳》一部五冊，1925 年據明嘉靖本重印。〔註 252〕

本年，撰寫新鐫李氏藏本《水滸傳》題跋。作不同版本《水滸傳》的比勘表，並撰寫校勘版本說明。〔註 253〕

1926 年

1 月 12 日，購嚴可均校道藏本《尹文子》及《公孫龍子》各一冊。〔註 254〕

2 月 1 日，作《不是信》，載本年 2 月 8 日《語絲》周刊第 65 期，署名魯迅。對陳源誣陷對《中國小說史略》抄襲日本人鹽谷溫《支那文學概論講話》小說部分予以駁斥。〔註 255〕

2 月 3 日，購朱希祖《中國文學史要略》，北京大學出版部鉛印本。〔註 256〕

2 月 9 日，購《儒林外史》一部。〔註 257〕

2 月 20 日，購《史通通釋》一冊，清浦起龍撰，光緒二十五年（1899）上海寶文書局石印本。〔註 258〕

2 月 23 日，購《支那文學研究》（《中國文學研究》），鈴木虎雄著，大正十四年（1925）京都弘文堂書房出版；《支那小說戲曲史概說》（《中國小說戲曲史概說》），宮原民平著，大正十四年（1925）東京共立社出版。得章廷謙信並《唐人說薈》兩函。〔註 259〕

3 月 2 日，購《知不足齋叢書》一部，清鮑廷博輯，1921 年上海古書流通處石印。〔註 260〕

5 月 17 日，購清陳澧注《公孫龍子注》一冊，1925 年刻本；崔適撰《春秋

〔註 251〕魯迅：《日記十四》，《魯迅全集》第 15 卷，第 589 頁。

〔註 252〕魯迅：《日記十四》，《魯迅全集》第 15 卷，第 596 頁。

〔註 253〕趙英：《魯迅對〈水滸傳〉作者及版本的研究》，載《魯迅研究月刊》1991 年第 3 期。

〔註 254〕魯迅：《日記十五》，《魯迅全集》第 15 卷，第 604 頁。

〔註 255〕魯迅：《華蓋集續編・不是信》，《魯迅全集》第 3 卷，第 244～245 頁。

〔註 256〕魯迅：《日記十五》，《魯迅全集》第 15 卷，第 608 頁。

〔註 257〕魯迅：《日記十五》，《魯迅全集》第 15 卷，第 609 頁。

〔註 258〕魯迅：《日記十五》，《魯迅全集》第 15 卷，第 610 頁。

〔註 259〕魯迅：《日記十五》及本年《書帳》，《魯迅全集》第 15 卷，第 610、653 頁。

〔註 260〕魯迅：《日記十五》，《魯迅全集》第 15 卷，第 611 頁。

復始》一部六冊、《史記探原》一部二冊，均爲北京大學出版部鉛印。〔註 261〕

5 月 25 日，作《〈何典〉題記》，評《何典》云：「談鬼物正像人間，用新典一如古典」，載本年 6 月北新書局出版的《何典》中，署名魯迅。作《爲半農題記〈何典〉後，作》，載本年 6 月 7 日《語絲》周刊第 82 期，署名魯迅。〔註 262〕

6 月 12 日，編輯《小說舊聞鈔》。〔註 263〕

6 月 17 日，購《太平廣記》一部，缺第一冊。該版本爲清乾隆二十年（1755）黃晟刻本。又《觀古堂彙刻書目叢刊》一部十六冊，葉德輝輯，清光緒二十九年（1933）葉氏觀古堂刊。〔註 264〕

6 月 20 日，預約石印《漢魏叢書》一部四十冊，《顧氏文房小說》一部十冊，均爲 1925 年上海商務印書館影印本。〔註 265〕

6 月 23 日，得劉半農借《浣玉軒集》二冊，清夏敬渠撰。〔註 266〕

7 月 4 日，致魏建功信並需要校正的作品。魯迅爲編選《唐宋傳奇集》，請魏建功用北京大學所藏明刻大字本《太平廣記》校正傳奇作品。〔註 267〕

7 月 9 日，致章廷謙信，答應爲《遊仙窟》作序，並請章廷謙代查參考書。〔註 268〕

7 月 11 日，得魏建功寄《唐宋傳奇集》校稿。〔註 269〕

7 月 14 日，致章廷謙信，破《唐人說薈》，推介《顧氏文房小說》和明抄本《說郛》。〔註 270〕

7 月 22 日，得王品青寄《青瑣高議》一部。〔註 271〕

〔註 261〕魯迅：《日記十五》，《魯迅全集》第 15 卷，第 620 頁。

〔註 262〕魯迅：《集外集拾遺·〈何典〉題記》，《魯迅全集》第 7 卷，第 308～309 頁。魯迅：《華蓋集續編·爲半農題記〈何典〉後，作》，《魯迅全集》第 1 卷，第 320～323 頁。

〔註 263〕魯迅：《日記十五》，《魯迅全集》第 15 卷，第 624 頁。

〔註 264〕魯迅：《日記十五》，《魯迅全集》第 15 卷，第 624 頁。張傑：《魯迅與〈太平廣記〉》，載《魯迅研究月刊》2001 年第 12 期。

〔註 265〕魯迅：《日記十五》，《魯迅全集》第 15 卷，第 624 頁。

〔註 266〕魯迅：《日記十五》，《魯迅全集》第 15 卷，第 625 頁。

〔註 267〕魯迅：《260704　致魏建功》，《魯迅全集》第 11 卷，第 531 頁。

〔註 268〕魯迅：《260709　致章廷謙》，《魯迅全集》第 11 卷，第 532 頁。

〔註 269〕魯迅：《日記十五》，《魯迅全集》第 15 卷，第 628 頁。

〔註 270〕魯迅：《260714　致章廷謙》，《魯迅全集》第 11 卷，第 534 頁。

〔註 271〕魯迅：《日記十五》，《魯迅全集》第 15 卷，第 629 頁。

8 月 1 日，校完《小說舊聞鈔》，並作《序言》，說明本書輯錄經過，材料取捨情況及刊行原因。〔註 272〕

8 月 12 日，《小說舊聞鈔》由北京北新書局出版。該書於 1935 年 7 月由聯華書局重排再版，增加二節，並作《再版序言》。〔註 273〕

8 月 17 日，日本人辛島驍來訪，帶來鹽谷溫所贈《至治新刊全相平話三國志》一部，1926 年鹽谷溫影印元至治建安虞氏刻本；並稀見書目兩種，即日本內閣文庫現存書目《內閣文庫書目》和日本古代的進口書帳《舶載書目》。1927 年 7 月 30 日，魯迅把這兩種書目中的傳奇演義類和清錢曾《也是園書目》中的小說二段，合併編為《關於小說目錄兩件》，發表於同年 8 月 27 日、9 月 3 日《語絲》周刊第 146～147 期。〔註 274〕

8 月 19 日，回贈辛島驍排印本《西洋記》、《醒世姻緣》各一部。〔註 275〕

8 月 31 日，購《宋元舊本書經眼錄》一部一冊，清莫友芝撰，莫繩孫輯；《蘿藦亭札記》一部四冊，清喬松年撰；均為同治十二年（1873）刻本。〔註 276〕

9 月 13 日，得周建人寄《顧氏文房小說》一部，即此前預約商務印書館影印本。〔註 277〕魯迅從該書輯錄《補江總白猿傳》，收入《唐宋傳奇集》。〔註 278〕

9 月 29 日，得周建人寄《世說新語》一部六冊，《晉二俊文集》三冊。〔註 279〕

10 月 5 日，得周建人寄《唐藝文志》二冊，宋歐陽修撰，1916 年吳興張氏《擇是居叢書》影印宋刻本；《元祐黨人傳》四冊，清陸心源輯，光緒十五年（1889）刻本；《眉山詩案廣證》二冊，清張鑒撰，光緒十年（1884）江蘇書局刻本；《湖雅》八冊，清汪曰楨撰；《月河精舍叢鈔》二十三冊，清丁寶書輯，光緒六年（1880）苕溪丁氏刻本；《又滿樓叢書》八冊，趙詒琛輯，1925

〔註 272〕魯迅：《〈小說舊聞鈔〉序言》，《魯迅全集》第 10 卷，第 70～71 頁。

〔註 273〕《魯迅年譜》（增訂本）第 2 卷，第 313～314 頁。

〔註 274〕魯迅：《日記十五》，《魯迅全集》第 15 卷，第 633 頁。《魯迅年譜》（增訂本）第 2 卷，第 314～315 頁。

〔註 275〕魯迅：《日記十五》，《魯迅全集》第 15 卷，第 634 頁。

〔註 276〕魯迅：《日記十五》，《魯迅全集》第 15 卷，第 635 頁。

〔註 277〕魯迅：《日記十五》，《魯迅全集》第 15 卷，第 637 頁。

〔註 278〕魯迅：《〈唐宋傳奇集〉稗邊小綴》，《魯迅全集》第 10 卷，第 94 頁。

〔註 279〕魯迅：《日記十五》及本年《書帳》，《魯迅全集》第 15 卷，第 639、656 頁。

年崑山趙氏又滿樓刻本；《建安七子集》四冊，楊逢辰輯，1916 年長沙楊氏坦園刻本；《漢魏六朝名家集》三十冊，丁福保輯，宣統三年（1911）上海文明書局鉛印本；又雜書四種六冊。〔註 280〕

10 月 14 日，得宋子佩寄《歷代名人年譜》一部十冊，清吳榮光撰，譚錫慶等輯校，咸豐三年（1852）信都萬忍堂刻本。託孫伏園代購《山海經》一部二冊，商務印書館《四部叢刊》初編影印本。〔註 281〕

10 月 21 日，得日本求文堂贈抽印《古本三國志演義》十二頁，大正十五年（1926）田中慶太郎影印明萬曆年間周曰校刊本。〔註 282〕

10 月 25 日，得中國書店寄《八史經籍志》一部十六冊，清張壽榮輯，光緒九年（1883）鎮海張氏刻本。〔註 283〕

11 月 3 日，得辛島驍寄抽印《古本三國志演義》十二頁。〔註 284〕

11 月 4 日，作《〈嵇康集〉考》訖，未收集。〔註 285〕

11 月 5 日，孫伏園代購《晉書》輯本十冊，《補藝文志》等九種九冊，《屈原賦注》等三種五冊，《少室山房集》十冊，均爲廣雅書局刻本。〔註 286〕

11 月 10 日，購《資治通鑑考異》、《箋注陶淵明集》各一部，均爲商務印書館《四部叢刊》初編影印本。〔註 287〕

12 月 17 日，得《魏略輯本》二冊，三國魏魚豢撰，張鵬一輯，1924 年陝西文獻徵輯處刻本；《有不爲齋隨筆》二冊，清光聰諧撰，光緒十四年（1888）蘇州藩署刻本。〔註 288〕

12 月 20 日，作《關於三藏取經記等》，載 1927 年 1 月 15 日《北新》周刊第 21 期，署名魯迅。駁日本人德富蘇峰關於《大唐三藏取經記》是宋刊本的觀點。〔註 289〕

〔註 280〕魯迅：《日記十五》及本年《書帳》，《魯迅全集》第 15 卷，第 640、656～657 頁。

〔註 281〕魯迅：《日記十五》，《魯迅全集》第 15 卷，第 641 頁。

〔註 282〕魯迅：《日記十五》，《魯迅全集》第 15 卷，第 641 頁。

〔註 283〕魯迅：《日記十五》，《魯迅全集》第 15 卷，第 642 頁。

〔註 284〕魯迅：《日記十五》，《魯迅全集》第 15 卷，第 644 頁。

〔註 285〕《魯迅年譜》（增訂本）第 2 卷，第 335 頁。

〔註 286〕魯迅：《日記十五》及本年《書帳》，《魯迅全集》第 15 卷，第 644、657 頁。

〔註 287〕魯迅：《日記十五》，《魯迅全集》第 15 卷，第 645 頁。

〔註 288〕魯迅：《日記十五》，《魯迅全集》第 15 卷，第 650 頁。

〔註 289〕魯迅：《華蓋集續編·關於〈三藏取經記〉等》，《魯迅全集》第 3 卷，第 404～408 頁。

12 月 24 日，得振新書局寄《峭帆樓叢書》一部二十冊，趙詒琛輯，1911～1919 年崑山趙氏峭帆樓刻本。〔註 290〕

9～12 月，撰寫《中國文學史略》。〔註 291〕

1927 年

1 月 11 日，購《穆天子傳》一部二冊，商務印書館《四部叢刊》初編影印本。〔註 292〕

1 月 14 日，作《〈絳洞花主〉小引》，論及《紅樓夢》，載上海北新書局，1928 年出版的《絳洞花主》劇本前，署名魯迅。〔註 293〕

4 月 6 日，許廣平代購謝无量《中國大文學史》一冊，1926 年上海中華書局第十版。〔註 294〕

4 月 24 日，購《十三經及群書札記》十冊，清朱亦棟撰，光緒四年（1878）武林竹簡齋重刻本；《南菁書院叢書》四十冊，王先謙、繆荃孫輯，光緒十四年（1888）南菁書院刻本。〔註 295〕

6 月 9 日，許廣平代購《補諸史藝文志》四種四冊，《三國志裴注述》一冊，清林國贊撰，光緒十六年（1890）學海堂刻本；《十六國春秋纂錄》二冊，《十六國春秋輯補》十二冊，俱爲清湯球撰，廣雅書局刻本；《廣東新語》十二冊，清屈大均撰，清末刻本；《花甲閒談》四冊，清張維屏撰，廣雅書局重印本。〔註 296〕

6 月 16 日，得鄭振鐸贈《文學大綱》第二、三冊。〔註 297〕

7 月 1 日，許廣平代購《史通通釋》一部六冊，翰墨園刻汪氏重校本。〔註 298〕

〔註 290〕魯迅：《日記十五》，《魯迅全集》第 15 卷，第 651 頁。

〔註 291〕魯迅：《兩地書》四一、四四、四六、四八、五四、六六，《魯迅全集》第 11 卷，第 117、125、126、129、135、154、187、188 頁。

〔註 292〕魯迅：《日記十六》，《魯迅全集》第 16 卷，第 2 頁。

〔註 293〕魯迅：《集外集拾遺補編·〈絳洞花主〉小引》，《魯迅全集》第 8 卷，第 179 頁。

〔註 294〕魯迅：《日記十六》，《魯迅全集》第 16 卷，第 17 頁。

〔註 295〕魯迅：《日記十六》及本年《書帳》，《魯迅全集》第 16 卷，第 19、56～57 頁。

〔註 296〕魯迅：《日記十六》及本年《書帳》，《魯迅全集》第 16 卷，第 25、57 頁。

〔註 297〕魯迅：《日記十六》，《魯迅全集》第 16 卷，第 25 頁。

〔註 298〕魯迅：《日記十六》，《魯迅全集》第 16 卷，第 28 頁。

7月3日，購《東塾讀書記》五冊，清陳澧撰，廣州廣雅堂刻本；《松心文鈔》三冊，清張維屏撰，咸豐七年（1857）廣東刻本。〔註299〕

7月4日，阿斗代購《太平御覽》一部八十冊，清光緒十八年（1892）學海堂南海李氏重刻本。〔註300〕

7月7日，作《〈遊仙窟〉序言》，載1929年2月上海北新書局出版的《遊仙窟》，署名魯迅。序言對《遊仙窟》作者及情節作扼要介紹，並評判其文學價值。〔註301〕致章廷謙信，談《遊仙窟》及其出版問題。〔註302〕

7月26日，購《韓詩外傳》二冊，《大戴禮記》二冊，《釋名》一冊，《鄧析子》一冊，《愼子》一冊，《尹文子》一冊，《謝宣城詩集》一冊，《元次山文集》一冊，均爲商務印書館《四部叢刊》初編影印本。魯迅在《宋民間之所謂小說及其後來》中據《韓詩外傳》引《詩經》以證雜說及故事的特點，把該書視爲「以詩爲證」的起源。〔註303〕

7月30日，作《關於小說目錄兩件》，載8月27日、9月3日《語絲》周刊第146、147期，署名魯迅。〔註304〕

8月13日，購《益雅堂叢書》一部二十冊，清傅士洵輯，光緒三年（1877）至光緒九年（1883）刻本。〔註305〕

8月19日，得蔣徑三借《唐國史補》，唐李肇撰，日本天明二年（1782）據汲古閣本翻刻。〔註306〕

8月22～24日，編次《唐宋傳奇集》，撰札記，即《稗邊小綴》，考證《唐宋傳奇集》中各篇取材的來源及版本。〔註307〕

9月10日，作《〈唐宋傳奇集〉序例》，載1927年10月16日《北新》周

〔註299〕魯迅：《日記十六》，《魯迅全集》第16卷，第28頁。

〔註300〕魯迅：《日記十六》，《魯迅全集》第16卷，第29頁。

〔註301〕魯迅：《集外集拾遺·〈遊仙窟〉序言》，《魯迅全集》第7卷，第330～331頁。

〔註302〕魯迅：《270707　致章廷謙》，《魯迅全集》第12卷，第45頁。

〔註303〕魯迅：《日記十六》及本年《書帳》，《魯迅全集》第16卷，第29、57～58頁。魯迅：《墳·宋民間之所謂小說及其後來》，《魯迅全集》第1卷，第155頁。

〔註304〕《魯迅年譜》（增訂本）第2卷，第404頁。

〔註305〕魯迅：《日記十六》，《魯迅全集》第16卷，第33頁。

〔註306〕魯迅：《日記十六》，《魯迅全集》第16卷，第34頁。

〔註307〕魯迅：《日記十六》，《魯迅全集》第16卷，第34頁。魯迅：《〈唐宋傳奇集〉稗邊小綴》，《魯迅全集》第10卷，第93～157頁。

刊第 51、52 期合刊，署名魯迅。《序例》對《唐宋傳奇集》編集的資料來源作了扼要說明。〔註 308〕

10 月 11 日，購《人物志》一部一冊，三國魏劉劭著，北魏劉昞注，商務印書館《四部叢刊》初編影印本；《夷堅志》一部二十冊，商務印書館據宋、明抄本及明刻本鉛印。〔註 309〕

11 月 18 日，致翟永坤信，評價明代小說《奇緣記》。〔註 310〕

11 月 30 日，購《英國文學史》一冊；《英國小說史》一冊，佐治秀壽著，昭和二年（1927）東京研究社出版。〔註 311〕

12 月 3 日，周建人代取預約之《說郛》一部四十冊，商務印書館印本。〔註 312〕

12 月 9 日，致章廷謙信，盼章廷謙新年來滬面談《遊仙窟》的校印問題。校完《唐宋傳奇集》上冊，本月由北新書局出版。〔註 313〕

12 月 24 日，購《仏蘭西文學史序說》一冊，法國布倫蒂埃（F. Brunetiere）著，關根秀雄譯，大正十五年（1926）東京岩波書店出版。〔註 314〕

12 月末，《唐宋傳奇集》上冊由北新書局出版。〔註 315〕

1928 年

1 月 19 日，購《神話學概論》一冊，西村眞次著，昭和二年（1927）東京早稻田大學出版部出版。〔註 316〕

2 月，《唐宋傳奇集》下冊由北新書局出版。〔註 317〕

〔註 308〕魯迅：《日記十六》，《魯迅全集》第 16 卷，第 36 頁。魯迅：《〈唐宋傳奇集〉序例》，《魯迅全集》第 10 卷，第 87～90 頁。

〔註 309〕魯迅：《日記十六》，《魯迅全集》第 16 卷，第 41 頁。

〔註 310〕魯迅：《271118　致翟永坤》，《魯迅全集》第 12 卷，第 89 頁。

〔註 311〕魯迅：《日記十六》，《魯迅全集》第 16 卷，第 48 頁。魯迅於翌年 1 月 5 日購《英文學史》一冊；藏書中現存《ブルック英文學史——濫觴より現代に到る——》（英國布魯克著，石井誠譯，1926 年東京東光閣書店再版），《思潮を中心とせる英文學史》（齋藤勇著，1927 年東京研究社出版）；上述所購書是否其中之一種未詳。

〔註 312〕魯迅：《日記十六》，《魯迅全集》第 16 卷，第 50 頁。

〔註 313〕魯迅：《271209　致章廷謙》，《魯迅全集》第 12 卷，第 97 頁。

〔註 314〕魯迅：《日記十六》及本年《書帳》，《魯迅全集》第 14 卷，第 53、62 頁。

〔註 315〕魯迅：《日記十六》，《魯迅全集》第 16 卷，第 53 頁。《魯迅年譜》（增訂本）第 3 卷，第 29 頁。

〔註 316〕魯迅：《日記十七》，《魯迅全集》第 16 卷，第 67 頁。

〔註 317〕魯迅：《日記十七》，《魯迅全集》第 16 卷，第 70 頁。《魯迅年譜》（增訂本）

2月23日，與日本漢學家鹽谷溫會面，得鹽谷溫贈《三國志平話》、雜劇《西遊記》及轉交辛島驍贈舊刻小說、詞曲影片七十四頁，回贈《唐宋傳奇集》。〔註318〕

2月24日，致臺靜農信，評價中國文學史著作云：「我看過已刊的書，無一冊好。只有劉申叔的《中古文學史》，倒要算好的，可惜錯字多。」〔註319〕

2月25日，得開明書店送《神話研究》，黃石著。〔註320〕

3月1日，收到日本漢學家辛島驍來信，於9日覆信，探討中國古典小說問題。〔註321〕

3月31日，致章廷謙信，談《遊仙窟》的校對、封面設計及作序等問題。〔註322〕

4月13日，購《列女傳》一部四冊，清揚州阮刻本；唐人小說八種十三冊，書目不詳；《目連救母戲文》一部三冊。〔註323〕

6月10日，購《李氏刊誤》一冊，唐李涪撰，明胡文煥校，明刻本；《直齋書錄解題》，宋陳振孫撰，清光緒九年（1883）江蘇書局刻本；《濟顛大師醉菩提全傳》四冊，清天花藏舉人纂，寶文堂刻本。魯迅在《中國小說史略》中提到歐陽修撰《新唐書‧藝文志》小說類中增益唐人著作，即有《李氏刊誤》在內；在《中國小說史略》和《〈雲谷雜記〉序》中均涉及《直齋書錄解題》。〔註324〕

7月16日，購王刻《紅樓夢》一部二十四冊，清王希廉評，道光十二年（1832）刻本。〔註325〕

7月30日，周建人代購《曹子建文集》三冊，《續古逸叢書》影印常熟瞿氏藏宋刻本；《蔡中郎文集》二冊，《昭明太子文集》一冊，《國秀集》一冊，

第3卷，第41頁。

〔註318〕魯迅：《日記十七》，《魯迅全集》第16卷，第71頁。

〔註319〕魯迅：《280224　致臺靜農》，《魯迅全集》第12卷，第103～104頁。

〔註320〕魯迅：《日記十七》，《魯迅全集》第16卷，第71頁。

〔註321〕魯迅：《日記十七》，《魯迅全集》第16卷，第72、73頁。

〔註322〕魯迅：《280331　致章廷謙》，《魯迅全集》第12卷，第112頁。

〔註323〕魯迅：《日記十七》，《魯迅全集》第16卷，第77頁。

〔註324〕魯迅：《日記十七》及本年《書帳》，《魯迅全集》第16卷，第84、113頁。魯迅：《中國小說史略‧史家對於小說之著錄及論述》，《魯迅全集》第9卷，第9頁。魯迅：《中國小說史略‧唐之傳奇集及雜俎》，《魯迅全集》第9卷，第100頁。魯迅：《〈雲谷雜記〉序》，《魯迅全集》第10卷，第23頁。

〔註325〕魯迅：《日記十七》，《魯迅全集》第16卷，第88頁。

均爲商務印書館《四部叢刊》初編影印本；《元曲選》一部四十八冊。〔註 326〕

8 月 22 日，得壽洙鄰寄贈《紅樓夢本事辯證》一冊，1927 年商務印書館出版。〔註 327〕

9 月 25 日，代章廷謙校《遊仙窟》稿。〔註 328〕

1929 年

2 月 21 日，得鹽谷溫寄贈影明正德本《嬌紅記》一冊。〔註 329〕

3 月 22 日，得其中堂寄《唐國史補》一部三冊，唐李肇撰，日本天明二年（1782）據汲古閣本翻刻；《明世說新語》一部八冊，明李紹文撰，日本寶曆四年（1754）京都萬屋仁右衛門刻本。魯迅在《中國小說史略》中將《明世說新語》列入《世說新語》的模仿者名單。〔註 330〕

5 月 25 日，往孔德學校訪馬廉，閱舊本小說。〔註 331〕

6 月 3 日，得常惠贈《宋明通俗小說流傳表》一冊，鹽谷溫編，1928 年出版。〔註 332〕

6 月 23 日，預約《全相三國志平話》一部三冊、《通俗三國志演義》一部二十四冊。均爲 1929 年上海商務印書館影印。〔註 333〕

1930 年

7 月 23 日，得內山書店送來《歐洲文芸思潮史》（《歐洲文藝思潮史》）一冊，名取堯著，昭和五年（1930）東京不老閣書房出版。〔註 334〕

8 月 31 日，至商務印書館取影印宋景祐本《漢書》三十二冊，是爲百衲本《二十四史》之第一期。〔註 335〕

11 月 20 日，開始修正《中國小說史略》。〔註 336〕

〔註 326〕魯迅：《日記十七》及本年《書帳》，《魯迅全集》第 16 卷，第 90、114 頁。

〔註 327〕魯迅：《日記十七》，《魯迅全集》第 16 卷，第 93 頁。

〔註 328〕魯迅：《日記十七》，《魯迅全集》第 16 卷，第 96 頁。

〔註 329〕魯迅：《日記十八》，《魯迅全集》第 16 卷，第 124 頁。

〔註 330〕魯迅：《日記十八》，《魯迅全集》第 16 卷，第 127 頁。魯迅：《中國小說史略·〈世說新語〉與其前後》，《魯迅全集》第 9 卷，第 68 頁。

〔註 331〕魯迅：《日記十八》，《魯迅全集》第 16 卷，第 135 頁。

〔註 332〕魯迅：《日記十八》，《魯迅全集》第 16 卷，第 137 頁。

〔註 333〕魯迅：《日記十八》，《魯迅全集》第 16 卷，第 140 頁。

〔註 334〕魯迅：《日記十九》，《魯迅全集》第 16 卷，第 205 頁。

〔註 335〕魯迅：《日記十九》，《魯迅全集》第 16 卷，第 210 頁。

〔註 336〕魯迅：《日記十九》，《魯迅全集》第 16 卷，第 220 頁。

11 月 25 日，修訂《中國小說史略》畢，並作《題記》，載 1931 年 7 月北新書局「訂正本初版」《中國小說史略》卷首，署名魯迅。〔註 337〕

12 月 31 日，購《歐洲文學発達史》（《歐洲文學發達史》）一冊，蘇聯弗里契著，外村史郎譯，昭和五年（1930）東京鐵塔書院出版。〔註 338〕

1931 年

1 月 19 日，作《關於〈唐三藏取經詩話〉的版本》，載同年 2 月《中學生》雜誌第 12 號，原題爲《關於〈唐三藏取經詩話〉》，署名魯迅。文章是寄給《中學生》雜誌社的一封信。〔註 339〕

3 月 16 日，校《中國小說史略》1930 年修訂稿清樣起。〔註 340〕

4 月～7 月 17 日，爲增田涉講解《中國小說史略》及其他相關問題。〔註 341〕

8 月 31 日，得商務印書館影印百衲本《二十四史》第二期書《後漢書》、《三國志》、《五代史記》、《遼史》、《金史》五種共一百二十二冊。〔註 342〕

9 月 15 日，訂正本《中國小說史略》出版。〔註 343〕

11 月 13 日，以涵芬樓影印宋本《六臣注文選》校《嵇康集》。〔註 344〕

11 月 29 日，購《華光天王傳》一冊，明余象斗撰，清經元堂劉氏刻本。〔註 345〕

1932 年

4 月 3 日，購《吹網錄》、《鷗陂餘話》合刻一部四冊，清葉廷琯撰，同治九年（1870）陳氏刻本；《疑年錄彙編》一部八冊，張惟驤纂，1925 年武進張氏《小雙寂庵叢書》本；明張溥《漢魏六朝百三名家集》本《阮步兵集》一冊，光緒十八年（1892）刻。〔註 346〕

〔註 337〕魯迅：《日記十九》，《魯迅全集》第 16 卷，第 220 頁。

〔註 338〕魯迅：《日記十九》及本年《書帳》，《魯迅全集》第 16 卷，第 224、237 頁。

〔註 339〕魯迅：《二心集・關於〈唐三藏取經詩話〉的版本》，《魯迅全集》第 4 卷，第 281～282 頁。

〔註 340〕魯迅：《日記二十》，《魯迅全集》第 16 卷，第 246 頁。

〔註 341〕魯迅：《日記二十》，《魯迅全集》第 16 卷，第 250～261 頁。

〔註 342〕魯迅：《日記二十》，《魯迅全集》第 16 卷，第 266 頁。

〔註 343〕魯迅：《日記二十》，《魯迅全集》第 16 卷，第 269 頁。

〔註 344〕魯迅：《日記二十》，《魯迅全集》第 16 卷，第 277 頁。

〔註 345〕魯迅：《日記二十》，《魯迅全集》第 16 卷，第 279 頁。

〔註 346〕魯迅：《日記廿一》，《魯迅全集》第 16 卷，第 304 頁。

6 月 3 日，購《支那文學史綱要》（《中國文學史綱要》）一冊，內田泉之助、長澤規矩也編，昭和七年（1932）東京文求堂書店出版。〔註 347〕

8 月 15 日，致臺靜農信，評價鄭振鐸的文學史寫作，介紹自己的文學史寫作觀念，並談及對《中國小說史略》的修改。〔註 348〕

10 月 31 日，預定插圖本《中國文學史》一部，鄭振鐸編著，1932～1933 年北平樸社出版部出版。先取第二冊。〔註 349〕

11 月 18 日，得臺靜農贈《日本東京及大連所見中國小說書目提要》一冊，孫楷第編，1932 年北平圖書館中國大辭典編纂處印。〔註 350〕

12 月 26 日，購《中世歐洲文學史》一冊，田部重治著，昭和七年（1932）東京第一書房出版。〔註 351〕

1933 年

1 月 15 日，至開明書店取去年預約的插圖本《中國文學史》二冊，爲第一及第三冊。〔註 352〕

1 月 16 日，購《今世說》一部，清王晫撰，康熙二十二年（1683）刻本。〔註 353〕

2 月 2 日，購《李太白集》一部四冊；《煙嶼樓讀書志》一部八冊，清徐時棟撰，徐方來等輯，1928 年鄞縣徐氏蘧學齋校印本。〔註 354〕

2 月 3 日，周建人轉交鄭振鐸贈插圖本《中國文學史》（一至三）三冊。〔註 355〕

4 月，《兩地書》由上海青光書局出版。魯迅對原信作了修訂增補，在最後一封信中增補以下一段文字：「例如小說史罷，好幾種出在我的那一本之後，而陵亂錯誤，更不行了。這種情形，即使我大膽闊步，小覷此輩，然而也使我不復專於一業，一事無成。」〔註 356〕

〔註 347〕魯迅：《日記廿一》及本年《書帳》，《魯迅全集》第 16 卷，第 313、346 頁。
〔註 348〕魯迅：《320815　致臺靜農》，《魯迅全集》第 16 卷，第 321～322 頁。
〔註 349〕魯迅：《日記廿一》，《魯迅全集》第 16 卷，第 332 頁。
〔註 350〕魯迅：《日記廿一》，《魯迅全集》第 16 卷，第 334 頁。
〔註 351〕魯迅：《日記廿一》，《魯迅全集》第 16 卷，第 340 頁。
〔註 352〕魯迅：《日記廿二》，《魯迅全集》第 16 卷，第 355 頁。
〔註 353〕魯迅：《日記廿二》，《魯迅全集》第 16 卷，第 355 頁。
〔註 354〕魯迅：《日記廿二》，《魯迅全集》第 16 卷，第 359 頁。
〔註 355〕魯迅：《日記廿二》，《魯迅全集》第 16 卷，第 360 頁。
〔註 356〕魯迅：《兩地書・一三五》，《魯迅全集》第 11 卷，第 322～323 頁。王得

4月25日，得《小說研究十二講》一冊，著者木村毅贈，昭和八年（1933）東京新潮社出版。〔註357〕

5月31日，得《金瓶梅詞話》一部二十冊，又繪圖一冊，1933年北平古佚小說刊行會影印明萬曆四十五年（1617）刻本。〔註358〕

6月25日，致增田涉信，解答增田涉在翻譯《中國小說史略》過程中提出的問題。〔註359〕

9月17日，得鄭振鐸寄贈插圖本《中國文學史》（四）一冊。〔註360〕

9月23日，得宋子佩寄《中國文學史綱要》一冊，賀凱編著，1933年新興文學研究會出版。〔註361〕

10月7日，致增田涉信，解答增田涉在翻譯《中國小說史略》過程中提出的問題。〔註362〕

11月10日，致曹聚仁信。《中國小說史略・宋之志怪及傳奇文》中介紹《大業拾遺記》時，講到「焚草之變」，魯迅爲答覆該書日譯者增田涉的詢問，故函請曹聚仁代查。〔註363〕

11月18日，購《世界文學と比較文學史》一冊，德國斯特里希（F. Strich）著，伊藤雄譯；《文芸學史概說》一冊，德國舍爾（J. Scherr）著，村岡一郎譯。均爲昭和八年（1933）東京建設社出版。〔註364〕

12月3日，購《古列女傳》阮氏本二冊，又黃嘉育本八冊。〔註365〕

12月20日，致曹靖華信，推薦日本鹽谷溫《中國文學概論》和國內出版的幾種文學史著作，包括謝无量《中國大文學史》，鄭振鐸《插圖本中國文學史》，陸侃如、馮沅君《中國詩史》，王國維《宋元戲曲史》和魯迅《中國小說史略》。並說：「但這些都不過可看材料，見解卻都是不正確的。」〔註366〕

後：《〈兩地書〉研究》，天津：天津人民出版社，1982年9月，第223～224頁。

〔註357〕魯迅：《日記廿二》，《魯迅全集》第16卷，第373頁。

〔註358〕魯迅：《日記廿二》，《魯迅全集》第16卷，第379頁。

〔註359〕魯迅：《330625（日） 致增田涉》，《魯迅全集》第14卷，第248～252頁。

〔註360〕魯迅：《日記廿二》，《魯迅全集》第16卷，第398頁。

〔註361〕魯迅：《日記廿二》，《魯迅全集》第16卷，第399頁。

〔註362〕魯迅：《331007（日） 致增田涉》，《魯迅全集》第14卷，第261～264頁。

〔註363〕魯迅：《331110 致曹聚仁》，《魯迅全集》第12卷，第486頁。

〔註364〕魯迅：《日記廿二》及本年《書帳》，《魯迅全集》第16卷，第408、424頁。

〔註365〕魯迅：《日記廿二》，《魯迅全集》第16卷，第411頁。

〔註366〕魯迅：《331220 致曹靖華》，《魯迅全集》第12卷，第523頁。

1934 年

1 月 8 日，致增田涉信，解答增田涉在翻譯《中國小說史略》過程中提出的問題。並提及魯迅對《中國小說史略》中《品花寶鑒》和《花月痕》作者姓名的修改。〔註 367〕

1 月 9 日，周建人代取商務印書館百衲本《二十四史》中之《宋書》、《南齊書》、《陳書》、《梁書》各一部共七十二冊。〔註 368〕

1 月 11 日，致鄭振鐸信，提倡影印《西遊記》、《三遂平妖傳》等明版小說。〔註 369〕

2 月 3 日，得《四部叢刊》續編一部，內有宋岳珂撰《愧郯錄》四冊、《桯史》三冊，宋洪咨夔撰《平齋文集》十冊。〔註 370〕

2 月 6 日，周建人代取《四部叢刊》續編中之《疊山集》一部二冊，宋謝枋得撰。〔註 371〕

2 月 19 日，周建人代取《作邑自箴》一冊，宋李元弼撰；《揮麈錄》一冊，宋王明清撰。均爲《四部叢刊》續編影印本。〔註 372〕

3 月 22 日，購《三唐人集》一部六冊，清馮焌光輯，光緒元年至二年（1875～1876）南海馮氏讀有用書齋刻本。〔註 373〕

3 月 26 日，周建人代取《四部叢刊》續編中之《夢溪筆談》一部四冊。〔註 374〕

4 月 25 日，得鄭振鐸寄贈《中國文學論集》一冊，1934 年上海開明書店出版。〔註 375〕

4 月 29 日，周建人代取《四部叢刊》續編中之《續玄怪錄》（又名《續幽怪錄》）一冊，唐李復言撰；《括異志》二冊，宋張師正撰。魯迅在《中國小說史略》中提及二書，在《〈唐宋傳奇集〉稗邊小綴》中說《續玄怪錄》詳細

〔註 367〕魯迅：《340108（日）　致增田涉》，《魯迅全集》第 14 卷，第 275～278 頁。

〔註 368〕魯迅：《日記廿三》，《魯迅全集》第 16 卷，第 428 頁。

〔註 369〕魯迅：《340111　致鄭振鐸》，《魯迅全集》第 13 卷，第 7 頁。

〔註 370〕魯迅：《日記廿三》及本年《書帳》，《魯迅全集》第 16 卷，第 433、496～497 頁。

〔註 371〕魯迅：《日記廿三》，《魯迅全集》第 16 卷，第 433 頁。

〔註 372〕魯迅：《日記廿三》，《魯迅全集》第 16 卷，第 435 頁。

〔註 373〕魯迅：《日記廿三》，《魯迅全集》第 16 卷，第 439 頁。

〔註 374〕魯迅：《日記廿三》，《魯迅全集》第 16 卷，第 440 頁。

〔註 375〕魯迅：《日記廿三》，《魯迅全集》第 16 卷，第 445 頁。

記載了《謝小娥傳》的故事。〔註 376〕

5 月 31 日，致增田涉信，解答增田涉在翻譯《中國小說史略》過程中提出的問題，並提及魯迅對《中國小說史略》中有關《紅樓夢》一章的修改。〔註 377〕

5 月，所輯錄的《唐宋傳奇集》合成一冊，由聯華書局再版。〔註 378〕

6 月 15 日，購《淞濱瑣話》（又名《淞隱續錄》）一部四冊，清王韜撰，光緒十九年（1893）淞隱廬鉛印本。魯迅後來又購買該書殘本，張志沄繪圖，上海點石齋畫報據光緒癸巳排印本石印。魯迅在《中國小說史略》中論及該書。〔註 379〕

6 月 26 日，購《淞隱漫錄》一部六冊，清王韜撰，吳友如繪圖。此書自《點石齋畫報》析出，後經魯迅託人重行裝訂。魯迅在《中國小說史略》中論及該書。〔註 380〕

9 月 3 日，作《淞隱漫錄》、《淞隱續錄》、《漫遊隨錄圖記》、《風箏誤》等四書的藏書題記四篇，未收集。〔註 381〕

11 月 20 日，許廣平代購《紅樓夢圖詠》一部四冊，清改琦繪，王希廉等題詩，光緒五年（1879）上海淮浦居士刻本。〔註 382〕

12 月 1 日，周建人代取《四部叢刊》續編中之《容齋隨筆》全集一部十二冊。〔註 383〕

12 月 14 日，致增田涉信，解釋《中國小說史略》中引用《世說新語》一段原文的現代漢語釋義。〔註 384〕

〔註 376〕魯迅：《日記廿三》及本年《書帳》，《魯迅全集》第 16 卷，第 446、499 頁。魯迅：《中國小說史略・唐之傳奇文（下）》，《魯迅全集》第 9 卷，第 88 頁；魯迅：《中國小說史略・宋之志怪及傳奇文》，《魯迅全集》第 9 卷，第 106 頁。魯迅：《〈唐宋傳奇集〉稗邊小綴》，《魯迅全集》第 10 卷，第 110 頁。

〔註 377〕魯迅：《340531（日） 致增田涉》，《魯迅全集》第 14 卷，第 302～304 頁。

〔註 378〕《魯迅年譜》（增訂本）第 4 卷，第 58 頁。

〔註 379〕魯迅：《日記廿三》及本年《書帳》，《魯迅全集》第 16 卷，第 457、501 頁。魯迅：《中國小說史略・清之擬晉唐小說及其支流》，《魯迅全集》第 9 卷，第 223 頁。

〔註 380〕魯迅：《日記廿三》，《魯迅全集》第 16 卷，第 458、501 頁。魯迅：《中國小說史略・清之擬晉唐小說及其支流》，《魯迅全集》第 9 卷，第 223 頁。

〔註 381〕《魯迅年譜》（增訂本）第 4 卷，第 96 頁。

〔註 382〕魯迅：《日記廿三》，《魯迅全集》第 16 卷，第 486 頁。

〔註 383〕魯迅：《日記廿三》，《魯迅全集》第 16 卷，第 489 頁。

〔註 384〕魯迅：《341214（日） 致增田涉》，《魯迅全集》第 14 卷，第 331～333 頁。

12 月 31 日，許廣平代取商務印書館百衲本《晉書》、《魏書》、《北齊書》、《周書》各一部共九十六冊。〔註 385〕

本年冬，某日下午，在內山書店與郁達夫、劉大杰等談文學史編寫問題。據劉大杰回憶：「魯迅說：『文學史很需要，但寫得好並不容易。中國文學史時間太長，內容太多，一個人的力量有限，要大家動手。研究戲劇的寫戲劇史，研究詩的寫詩史，研究漢的寫漢，研究唐的寫唐；基礎打好了，文學史才寫得好。總之，要積累材料，要多看原書。你抄我的我抄你的，那就是取巧！』」〔註 386〕

1935 年

1 月 23 日，重訂《小說舊聞鈔》畢，並作《〈小說舊聞鈔〉再版序言》，回顧《小說舊聞鈔》的成書過程，說明再版的原由。〔註 387〕

2 月 1 日，許廣平代購《松隱文集》一部四冊，宋曹勳撰；《董若雨詩文集》一部六冊，明董說撰；均爲吳興劉氏嘉業堂刻本。〔註 388〕

2 月 20 日，購《太平廣記》六十冊，北平文友堂書坊依明談刻本影印；《餘冬序錄》二十冊，明何孟春撰，清光緒六年（1880）郴州何氏補刻守約齋本。〔註 389〕

3 月 15 日，購《歐洲文藝の歷史的展望》（《歐洲文藝的歷史的展望》）一冊，副標題爲《自但丁至高爾基》，高沖陽造著，昭和九年（1934）東京清和書店出版。〔註 390〕

3 月 21 日，王蘊如代購《開元天寶遺事》一冊，後周王仁裕撰；《碧聲吟館談塵》二冊，清許善長撰；《來鷺草堂隨筆》一冊，清吳滔撰；均西泠印社排印本；《隋書經籍志考證》一冊，清章宗源撰，光緒三年（1877）湖北崇文書局刻本。〔註 391〕

〔註 385〕魯迅：《日記廿三》，《魯迅全集》第 16 卷，第 493 頁。

〔註 386〕劉大杰：《魯迅談古典文學》，載 1956 年《文藝報》第 20 號。

〔註 387〕魯迅：《日記廿三》，《魯迅全集》第 16 卷，第 512 頁。魯迅：《〈小說舊聞鈔〉再版序言》，《魯迅全集》第 10 卷，第 158 頁。

〔註 388〕魯迅：《日記廿四》，《魯迅全集》第 16 卷，第 515 頁。

〔註 389〕魯迅：《日記廿四》及本年《書帳》，《魯迅全集》第 16 卷，第 517、575 頁。張傑：《魯迅與〈太平廣記〉》，載《魯迅研究月刊》2001 年第 12 期。

〔註 390〕魯迅：《日記廿四》，《魯迅全集》第 16 卷，第 521 頁。

〔註 391〕魯迅：《日記廿四》及本年《書帳》，《魯迅全集》第 16 卷，第 522、576 頁。

4 月 8 日，得良友公司寄贈《老殘遊記》(二集)，1935 年上海良友圖書印刷公司出版。〔註 392〕

5 月 3 日，作《六朝小說和唐宋傳奇文有怎樣的區別？》。本書是應《文學》雜誌社的徵文而寫，載本年 7 月生活書店出版的《文學百題》。〔註 393〕

5 月 26 日，開始校對改版重印的《小說舊聞鈔》。〔註 394〕

6 月 9 日，用日文作《〈中國小說史略〉日本譯本序》，介紹了中國小說史研究的一些新發現和新成果，載本年 7 月東京賽棱社版增田涉日譯本，後由作者譯成中文，未單獨發表。〔註 395〕

6 月 10 日，致增田涉信，寄《〈中國小說史略〉日本譯本序》，並評價日譯本《中國小說史略》說：「《中國小說史》豪華的裝幀，是我有生以來，著作第一次穿上漂亮服裝。我喜歡豪華版，也許畢竟是小資產階級的緣故罷。」〔註 396〕

7 月，《小說舊聞鈔》經增補後由上海聯華書店改排重印。〔註 397〕

9 月 5 日，周建人代購《宋人軼事彙編》一部二冊，丁傳靖編，1935 年上海商務印書館出版。〔註 398〕

9 月 20 日，致臺靜農信，告知己收到校《嵇康集》，並說擬印自己輯錄的《嵇康集》校本：「校嵇康集亦收到。此書佳處，在舊鈔；舊校卻劣，往往據刻本抹殺舊鈔，而不知刻本實誤。戴君今校，亦常爲舊校所蔽，棄原鈔佳字不錄，然則我的校本，固仍當校印耳。」〔註 399〕

10 月 14 日，周建人代爲預約《四部叢刊》三編一部，先取八種五十冊。〔註 400〕

10 月 17 日，得王冶秋寄贈《唐代文學史》一冊，1935 年上海新亞圖書

〔註 392〕魯迅：《日記廿四》，《魯迅全集》第 16 卷，第 526 頁。

〔註 393〕魯迅：《且介亭雜文二集·六朝小說和唐宋傳奇文有怎樣的區別？》，《魯迅全集》第 6 卷，第 334～336 頁。

〔註 394〕魯迅：《日記廿四》，《魯迅全集》第 16 卷，第 534 頁。

〔註 395〕魯迅：《且介亭雜文二集·〈中國小說史略〉日本譯本序》，《魯迅全集》第 6 卷，第 359～360 頁。

〔註 396〕魯迅：《350610（日） 致增田涉》，《魯迅全集》第 14 卷，第 357～360 頁。

〔註 397〕《魯迅年譜》(增訂本) 第 4 卷，第 238 頁。

〔註 398〕魯迅：《日記廿四》，《魯迅全集》第 16 卷，第 550 頁。

〔註 399〕《魯迅年譜》(增訂本) 第 4 卷，第 262 頁。

〔註 400〕魯迅：《日記廿四》及本年《書帳》，《魯迅全集》第 16 卷，第 556、580 頁。

公司出版。〔註 401〕

11 月 15 日，致王冶秋信，談文學史的寫作說：「講文學的著作，如果是所謂『史』的，當然該以時代來區分，『什麼是文學』之類，那是文學概論的範圍，萬不能牽進去，如果連這些也講，那麼，連文法也可以講進去了。史總須以時代爲經，一般的文學史，則大抵以文章的形式爲緯，不過外國的文學者，作品比較的專，小說家多做小說，戲劇家多做戲劇，不像中國的所謂作家，什麼都做一點，所以他們做起文學史來，不至於將一個作者切開。中國的這現象，是過渡時代的現象。我想，做起文學史來，只能看這作者的作品重在那一面，便將他歸入那一類，例如小說家也做詩，則以小說爲主，而將他的詩不過附帶的提及」。〔註 402〕

11 月 25 日，購《史記》一部十六冊，1914 年貴池劉氏玉海堂影刻黃崗陶氏百衲本。〔註 403〕

12 月 30 日，購《論語解經》一部二冊；《昭明太子集》一部二冊，1919 年貴池劉氏玉海堂影宋刊本；《杜樊川集》一部四冊；取百衲本《二十四史》四種共一百三十二冊，又《四部叢刊》三編八種共一百五十本，內有《太平御覽》一百三十六冊。〔註 404〕

1936 年

1 月 3 日，購《古文苑》，清光緒五年（1879）飛青閣重刻宋淳熙本；《笠澤叢書》；《羅昭諫文集》，唐羅隱撰，清道光四年（1824）平江吳墉補刻康熙九年渤海張瓚刻本；各一部共十一冊。〔註 405〕

2 月 19 日，購《支那文學概說》（《中國文學概說》）一冊，青木正兒著，昭和二年（1935）東京弘文堂書房出版。〔註 406〕

4 月 4 日，周建人代取預約之《四部叢刊》三編二十二種一百五十冊，又購《國學珍本叢書》九種十四本，書目不詳。〔註 407〕

5 月 2 日，周建人代爲預定縮印本《四部叢刊》一部，1936 年上海商務

〔註 401〕魯迅：《日記廿四》，《魯迅全集》第 16 卷，第 556 頁。

〔註 402〕魯迅：《351105　致王冶秋》，《魯迅全集》第 13 卷，第 576 頁。

〔註 403〕魯迅：《日記廿四》，《魯迅全集》第 16 卷，第 562 頁。

〔註 404〕魯迅：《日記廿四》及本年《書帳》，《魯迅全集》第 16 卷，第 569、582 頁。

〔註 405〕魯迅：《日記廿五》，《魯迅全集》第 16 卷，第 585 頁。

〔註 406〕魯迅：《日記廿五》，《魯迅全集》第 16 卷，第 591 頁。

〔註 407〕魯迅：《日記廿五》，《魯迅全集》第 16 卷，第 600 頁。

印書館出版。〔註 408〕

9 月 8 日，王蘊如代取《四部叢刊》三編第四期三十二種一百五十冊，全部完。〔註 409〕

10 月 7 日，得生活書店寄贈《醒世恒言》一冊，1936 年上海生活書店出版。〔註 410〕

10 月 5 日，致增田涉信，解釋《〈小說舊聞鈔〉再版序言》的含義。〔註 411〕

10 月 11 日，得孔另境寄贈《中國小說史料》一本，1936 年上海中華書局出版。〔註 412〕

〔註 408〕魯迅：《日記廿五》，《魯迅全集》第 16 卷，第 605 頁。
〔註 409〕魯迅：《日記廿五》，《魯迅全集》第 16 卷，第 620 頁。
〔註 410〕魯迅：《日記廿五》，《魯迅全集》第 16 卷，第 625 頁。
〔註 411〕魯迅：《361005（日） 致增田涉》，《魯迅全集》第 14 卷，第 399～400 頁。
〔註 412〕魯迅：《日記廿五》，《魯迅全集》第 16 卷，第 626 頁。

四、胡適《中國章回小說考證》與中國小說史學之建立

作爲現代中國學術之新範式的建立者〔註1〕，胡適在人文學科諸領域中均做到了開風氣之先。對於中國小說史學而言亦如是。作爲胡適大力倡導的「整理國故」運動的重要組成部分，中國小說史學不僅承載著提升白話文學地位的文化使命，也體現出以小說爲社會史料的閱讀趣味。以《〈水滸傳〉考證》和《〈紅樓夢〉考證》爲代表的《中國章回小說考證》〔註2〕系列論文，與胡適的大部分學術著作一樣，具有「教人以方法」的典範意義〔註3〕，其學

〔註1〕胡適對於現代中國學術的典範意義，余英時《中國近代思想史上的胡適》一文率先加以總結和表彰。見〔美〕余英時：《重尋胡適歷程——胡適生平與思想再認識》，桂林：廣西師範大學出版社，2004年9月，第197～202頁。

〔註2〕這些論文最初是爲汪原放主持的上海亞東圖書館出版的一系列標點本中國古典小說所作，或名爲「考證」，或名爲「序」、「跋」。1942年，上海實業印書館彙集這部分文字，出版《中國章回小說考證》一書，包括：《〈水滸傳〉考證》、《〈水滸傳〉後考》（附《致語考》）、《百二十回本〈忠義水滸傳〉序》、《〈水滸〉續集兩種序》、《〈紅樓夢〉考證》、《重印乾隆壬子本〈紅樓夢〉序》、《考證〈紅樓夢〉的新材料》、《跋〈紅樓夢考證〉》、《〈西遊記〉考證》、《〈三國演義〉序》、《〈三俠五義〉序》、《〈官場現形記〉序》、《〈海上花列傳〉序》、《〈鏡花緣〉的引論》。故本書統稱爲「中國章回小說考證」。

〔註3〕對此胡適曾多次予以承認。《〈胡適文存〉序例》中稱：「我的唯一的目的是注重學問思想和方法。故這些文章無論是講實驗主義，是考證小說，是研究一個字的文法，都可以說是方法論的文章。」歐陽哲生編：《胡適文集》第2卷，北京：北京大學出版社，1998年11月，第1頁。《介紹我自己的思想》中還特別強調：「我的幾十萬字的小說考證，都只是用一些『深切而著明』的實例來教人怎樣思想。」《胡適文集》第5卷，第517頁。

術思路與寫作策略，啓發並規範了幾代學人。胡適對於小說史研究的學術期待與文化訴求，不僅在他本人的著述中得到了較爲有效的呈現，更經其弟子和學術追隨者顧頡剛、孫楷第、周汝昌等人的進一步倡導與發揮，逐漸蔚爲大觀。儘管隨著小說史資料的不斷發現和小說史觀念的日益更新，後世的研究較之胡適有一定的突破與超越，胡適的一些學術論斷，尤其是對作品的審美判斷，也常常遭到詬病〔註4〕；但其基本思路爲後學所承繼，至今仍保持著學術生命力。胡適對於中國小說史學的貢獻，不在於某些具體論斷的確鑿不移，而在於開闢了一條新的學術路徑，並最終奠定了中國小說史學的學術品格。

（一）杜威的中國傳人

1921 年 7 月 11 日，來華兩年又兩個月的美國實用主義哲學大師約翰・杜威離開中國，其親傳弟子胡適攜長子祖望送行。胡適對導師的離去依依不捨，並在當天的日記中表達了對杜威的惜別和仰慕之情：

> 杜威先生今天走了。車站上送別的人甚多。我帶了祖兒去送他們。我心裏很有惜別的情感。杜威先生這個人的人格眞可做我們的模範！他生平不說一句不由衷的話，不說一句沒有思索過的話。只此一端，我生平未見第二人可比他。〔註5〕

胡適一生，對於世界思想文化名人的評價之高，無出於杜威之右者，而其做人作文，也始終奉乃師爲楷模，直到晚年，仍念念在心，反覆申說。〔註6〕作爲對胡適產生終身影響的學者，杜威的學說也經由其弟子的大力鼓吹和親身

〔註 4〕胡適曾有《狸貓換太子故事的演變》一文（載 1925 年 3 月 14 日、21 日《現代評論》第一卷第十四、十五期），考察傳說的變遷沿革，但顧頡剛的「孟姜女故事」研究，在學術視野與理論深度上顯然有所超越。此外，孫楷第對於通俗小說書目的整理、周汝昌對於曹雪芹家世的考證，都在胡適開闢的學術路徑上，有顯著推進。而胡適晚年在與後學的通信中反覆強調《紅樓夢》「在文學技術上比不上《海上花列傳》，也比不上《老殘遊記》」，更被視爲審美誤斷的「範例」。參看胡適 1961 年 11 月 20 日致蘇雪林信，1961 年 11 月 24 日致高陽信，見胡頌平編著：《胡適之先生年譜長編初稿》（校訂版）第九冊，臺北，聯經出版事業公司，1990 年 11 月，第 3374、3386 頁。

〔註 5〕曹伯言整理：《胡適日記全編》第 3 卷，合肥：安徽教育出版社，2001 年 10 月，第 368 頁。

〔註 6〕胡適晚年在其口述自傳中，還特別強調「杜威教授當然更是對我有終身影響的學者之一」，並舉出若干影響的實例。參見唐德剛譯：《胡適口述自傳》，北京：華文出版社，1992 年 8 月，第 102～104 頁。

實踐，在中國現代思想史和教育史上均產生了巨大反響。〔註 7〕杜威來華之時，胡適已經以其「文學革命」首倡者的身份馳名海內。然而，儘管身爲「五四」新文化運動的領袖人物，胡適卻絲毫不敢掠美，在不同場合反覆強調杜威思想對其新文學主張、尤其是治學方法的深刻影響。表面上看，胡適一生的思想與治學都局限在杜威學說的體系之中，無論是世界觀還是方法論均沒有越雷池一步。但事實上，卻不能將胡適簡單地視爲杜威思想的中國翻版，忽視其自身的主體性。胡適在接受與傳承乃師思想的過程中，時有選擇和發揮。特別是回國以後，在本土的文化語境中研究、處理中國問題時，對杜威思想的選擇更爲主動，發揮也更爲自如。可見，胡適與杜威的思想關聯，體現爲一種在接受中有選擇、在傳承中有發揮的對話關係。胡適從事中國小說史研究的代表性論著——《中國章回小說考證》系列論文正是這一對話關係的產物，這組論文不僅是其研究旨趣和治學方法的集中代表，成爲現代中國學術史上的一種研究範式，而且在中國傳統的「考證之學」和杜威的「實驗主義」之間尋求交集，最能體現胡適「不疑處有疑」和「有疑處不疑」的思維方式，承載胡適對杜威思想在傳承中的自我發揮之處，更是展現胡適與杜威、乃至整個中國與西方之間思想對話的絕佳範例。

1915 年 9 月，胡適由康奈爾大學轉學至哥倫比亞大學哲學系研究部。之所以離開康奈爾，除逃避友朋之間無休止的應酬外，還出於對哥倫比亞大學哲學系在學界的崇高威望的仰慕，尤其是對杜威的思想甚爲心儀。〔註 8〕胡適最終得償所願，師從杜威，並在其指導下完成博士學位論文。杜威人格與思想的巨大感召力，使胡適終身以「實用主義哲學的傳人」自勵。杜威在華期間，胡適幾乎全程陪同，並以其精彩的翻譯，使杜威的英文演講產生了轟動效應，促使杜威的哲學思想和教育思想在中國得到了有效的傳播，並因此奠定了自家「杜威思想的中國傳人」的身份。〔註 9〕

胡適對杜威實用主義哲學思想的傳承，不限於其博士學位論文，還表現在回國後一系列宣揚新文化的著述中，以及在杜威來華前後，對其思想不遺

〔註 7〕參看元青：《杜威與中國》，北京：人民出版社，2001 年 9 月，第 216～231 頁。

〔註 8〕參看唐德剛譯：《胡適口述自傳》第五章《哥倫比亞大學和杜威》，第 95～109 頁。

〔註 9〕胡適對杜威的敬慕，不限於思想，也在於情感。除前引《胡適日記》外，杜威歸國後，胡適爲次子取名「思杜」——思念杜威之意，可見一斑。

餘力的鼓吹。在此期間，胡適先後發表《實驗主義》、《杜威哲學的根本觀念》、《杜威論思想》、《杜威的教育哲學》等多篇論文，在杜威離開中國的前一天，還撰寫了《杜威先生與中國》一文，情真意切。這些文字中，對於實用主義哲學思想最爲全面詳盡地介紹，當屬《實驗主義》。該文最初共分四部分，包括「引論」、「皮耳士——實驗主義的發起人」、「詹姆士的心理學」和「詹姆士論實驗主義」，發表於 1919 年 4 月 15 日出版的《新青年》第 6 卷第 4 號，介紹了實用主義哲學思潮由皮爾士到威廉・詹姆斯的演變歷程。後與《杜威哲學的根本觀念》、《杜威論思想》、《杜威的教育哲學》這三篇論文合併爲長文《實驗主義》（三文分別作爲第五、六、七部分），收入《胡適文存》一集。對於該文的內容，本章不作轉述，只需指出該文用近一半篇幅介紹杜威思想，著力突出其在實用主義哲學流派中的主導地位，闡述的內容與杜威思想大體吻合，評價也較爲公允，並無過甚其辭之處，對於實用主義哲學在中國的傳播貢獻多多。表面上看，該文以介紹爲主，甚至亦步亦趨，力求若合符節，絕少自我發揮之處。但事實上，胡適在介紹和闡釋杜威思想時不無主觀色彩，並有獨特的理解和創造性的發揮，將以杜威爲代表的實用主義哲學流派的主要觀念，總結爲「科學試驗室的態度」和「歷史的態度」，體現出對杜威實用主義哲學思想的傳承中的選擇，接受中的背離。

首先，胡適將實用主義哲學劃分爲兩種趨向：一是 Pragmatism（這是「實用主義」一詞的英文表述，胡適譯爲「實際主義」），二是 Experimentalism（胡適稱爲「實驗主義」），「『實際主義』（Pragmatism）注重實際的效果；『實驗主義』（Experimentalism）雖然也注重實際的效果，但他更能點出這種哲學所最注意的是實驗的方法」〔註 10〕。胡適一直把實用主義稱爲「實驗主義」，強調效果之外的方法的重要性，並不是出於對杜威思想的誤解，而是在接受過程中的別有會心，出於對方法的格外關注。這顯然屬於胡適的創造性發揮。其次，胡適將實用主義哲學與達爾文進化論相勾連，強調後者對前者的決定性意義，並據此將實用主義哲學的根本觀念總結爲「進化觀念在哲學上應用的結果，便發生了一種『歷史的態度』（The genetic method）」〔註 11〕。這也很難說是對於實用主義哲學的準確闡釋，而更多地出於胡適對進化論的主觀認同與強烈好感。無獨有偶，在此前提到的作於杜威離華前一天的《杜威先生

〔註 10〕胡適：《實驗主義》，歐陽哲生編：《胡適文集》第 2 卷，第 208～209 頁。
〔註 11〕同上，第 212 頁。

與中國》一文中，胡適進一步闡述了杜威思想，雖不及《實驗主義》一文詳盡博洽，卻有簡潔明晰之長：

> 他的哲學方法總名叫做「實驗主義」；分開來可作兩步說：
>
> (1)歷史的方法——「祖孫的方法」　他從來不把一個制度或學說看作一個孤立的東西，總把他看作一個中段：一頭是他所以發生的原因，一頭是他自己發生的效果；上頭有他的祖父，下面有他的子孫。捉住了這兩頭，他再也逃不出去了！這個方法的應用，一方面是很忠厚寬恕的，因爲他處處指出一個制度或學說所以發生的原因，指出他的歷史的背景，故能瞭解他在歷史是占的地位與價值，故不致有過分的苛責。一方面，這個方法又是最嚴厲的，最帶有革命性質的，因爲他處處拿一個學說或制度所發生的結果來評判他本身的價值，故最公平，又最厲害。這種方法是一切帶有評判（Critical）精神的運動的一個重要武器。
>
> (2)實驗的方法　實驗的方法至少注重三件事：（一）從具體的事實與境地下手；（二）一切學說思想，一切知識，都只是待證的假設，並非天經地義；（三）一切學說與理想都須用實行來試驗過；實驗是眞理的唯一試金石。第一件，——注意具體的境地，使我們免去許多無謂的假問題，省去許多無意義的爭論。第二件，——一切學理都看作假設——可以解放許多「古人的奴隸」。第三件，——實驗——可以稍稍限制那上天下地的妄想冥思。實驗主義只承認那一點一滴做到的進步，——步步有智慧的指導，步步有自動的實驗——才是眞進化。〔註 12〕

該文發表在《晨報》後，胡適將剪報附在日記之中，並指出「中國眞懂得杜威先生的哲學的人，實在不多，故我很想使大家注重這一個眞正有益的一點——方法」〔註 13〕。將杜威哲學思想的核心價值定位於「方法」之上，這是胡適一以貫之的看法。但以杜威爲代表的實用主義哲學流派，其立論自然不限於方法論層面，也涉及本體論和認識論範疇。胡適對其方法論價值的一味強調，有失片面。實用主義哲學的興起，固然與近代科學的發達密切相關，

〔註 12〕胡適：《杜威先生與中國》，《胡適文集》第 2 卷，第 280 頁，著重號爲原文所有。

〔註 13〕《胡適日記全編》第 3 卷，第 368 頁。

但其核心價值並不單純維繫在進化論學說的基礎之上。〔註 14〕胡適將實用主義總結爲「歷史的方法」，顯然以進化論爲依據。而證之以胡適在《介紹我自己的思想》一文中的表述：

> 我的思想受兩個人的影響最大：一個是赫胥黎，一個是杜威先生。赫胥黎教我怎樣懷疑，教我不信任一切沒有充分證據的東西。杜威先生教我怎樣思想，教我處處顧到當前的問題，教我把一切學說理想都看作待證的假設，教我處處顧到思想的結果。〔註 15〕

赫胥黎正是「社會達爾文主義」的代表人物。胡適自陳受到赫胥黎與杜威的影響，兩人分別代表的進化論和實用主義思想在胡適身上都有明顯的體現，而在接受過程中，赫胥黎和杜威的思想也互爲因果。可見，胡適借助進化論理解實用主義，又透過實用主義接受進化論。在情感層面，胡適顯然更側重於杜威，但在接受杜威思想時，卻難以避免先在的進化論眼光。可見，胡適強調實用主義哲學的「實驗性」內涵，放大其方法論價值，做出了個人化的解讀。這樣看來，胡適對於杜威思想的理解，不僅出於對乃師學說的接受和傳承，也在有意無意之間形成了背離與超越，從而使其對實用主義哲學的闡釋，不無夫子自道式的自我言說意味。正是在對杜威思想的選擇性接受和自我發揮之中，體現出胡適對實用主義哲學的創造性理解，也使其與杜威之間的思想傳承，超越了單純的影響與被影響，呈現爲一種對話的關係。

胡適終身奉杜威爲師，在西學領域可謂師出名門，淵源有自，但其畢生關注和研究的，卻是中國的思想和文學問題。這又使他在面對具體的研究對象時，一方面取法西方，另一方面又不肯輕易放棄本土的治學理念和方法，力圖在中西思想與學術中尋求交集。無論是其終生信奉的「大膽的假設，小心的求證」的十字眞言〔註 16〕，還是對中國古代「漢學」方法的肯定，在胡適的言說中都具有中西合璧的色彩。尤其是後者，不僅屬於胡適鍾情一生的方法問題，而且對「考證之學」的關注，更是早在赴美留學之前，並在接觸實用主義哲學後，與之相印證，發掘出考證方法的科學性，將其與實驗的方法相類同、相對舉。〔註 17〕胡適在這方面最傑出的貢獻和最具典範意義的工

〔註 14〕對杜威實用主義哲學的解說，參見〔美〕梯利著、葛力譯：《西方哲學史》（增補修訂版），北京：商務印書館，1995 年 7 月，第 623～626、733～737 頁。

〔註 15〕胡適：《介紹我自己的思想》，《胡適文集》第 5 卷，第 507～508 頁。

〔註 16〕胡適：《清代學者的治學方法》，《胡適文集》第 2 卷，第 288 頁。

〔註 17〕參見唐德剛譯：《胡適口述自傳》第六章《青年期逐漸領悟的治學方法》，第

作，在於將小說文類與考證方法的聚合。同樣，正是在中國小說史學的研究領域中，胡適試圖整合中西學術，對於杜威思想的接受與選擇，及其自我發揮之處，也蘊含其中。

（二）小說作爲文學

1929年，有志於從事小說目錄學研究的孫楷第致信胡適，說：

> 竊嘗謂吾國小說俗文素被擯斥，收藏家不掇拾，史學家不著錄，考證家不過問，使七八百年以來負才之士抱冤屈而不得伸。獨先生於「五四」之際，毅然提倡，不僅爲破壞工作，兼從事於積極整理，爲小說擡高身份，使風氣稍稍轉移，今之讀書人猶肯從事於此，實源淵於先生，可謂豪傑之大先天下之憂樂者也！〔註18〕

孫楷第大力褒獎胡適對於小說史研究的學術貢獻，實非過譽。小說文類，在中國古代奉詩文爲正統的文學體系中，一直處於邊緣性地位，受到身居廟堂的士大夫的輕視。儘管個別上層文人偶有觸及，參與小說閱讀和創作，但也是將小說視爲消閒的對象，並未賦予其獨立的文學地位。有清以來，小說的地位有所提升，有文人開始關注白話小說的嚴肅性：「《紅樓夢》熱這種現象使得小說的嚴肅性已經成爲無可否認的事實。」〔註19〕但這一提升不過是小說文類內部的自我調整，在整體的文類等級秩序中，小說仍居於詩文之下，很難對詩文的正統地位構成有力的挑戰。眞正使小說的文類等級獲得提升，實有賴於晚清至「五四」兩代學人之力。以梁啓超爲代表的晚清學人，奉小說爲「文學之最上乘」，在以詩文爲正統的士大夫階層中提升了小說的地位。相對而言，以胡適等爲代表的「五四」學人，淡化了梁啓超等人推崇小說背後的政治訴求，更體現出學術的眼光。「五四」學人視小說爲學術研究對象，

133～144頁。

〔註18〕杜春和、韓榮芳、耿來金編：《胡適論學往來書信選》上冊，石家莊：河北人民出版社，1998年8月，第495頁。

〔註19〕〔美〕宇文所安著、宇文秋水譯：《過去的終結：民國初年對文學史的重寫》，載劉東主編：《中國學術》2001年第1輯，北京：商務印書館，2001年1月，第184頁。宇文所安認爲，清代「傳奇和雜劇雖然總的來說仍被排除在『四部』之外，但是已經很明顯地獲得了『高級文學體裁』的地位」。這一論斷未免言過其實。如果比照清代詩文和小說戲曲的地位，會發現後者儘管有所提升，但詩文的正統地位依然如故。而且，倘若小說已獲得「高級文學體裁」之殊榮，清末梁啓超等人也就無須倡導「小說界革命」；林紓翻譯西方小說，也無須以「史遷筆法」自我期許了。

採用西來之文學史（小說史）的研究體式，將小說作爲主要文類，納入中國文學史的敘述之中。對於小說的「文學」發現，使作家逐漸擯棄了視小說創作爲正業之餘的悠閒筆墨這一觀念，也改變了讀者將小說作爲消閒閱讀對象的態度，重構了中國人的「小說想像」，並最終形成一種新的閱讀趣味和審美理想。

作爲新文學倡導者，胡適的主要貢獻在於揭開「文學革命」的序幕，並通過一系列論著對新文學進行了系統的理論建構。而小說在這一理論建構中起到至爲關鍵的作用，成爲胡適的新文學理論的主要依據和資源。早在 1906 年，時在上海中國公學讀書的胡適，就在《競業旬報》上連載長篇章回體小說《眞如島》，意在「破除迷信，開通民智」〔註 20〕。以小說爲啓蒙之利器，此時的胡適與晚清學人同一聲氣，這是其從事新文化建設的起點。赴美留學期間，胡適進一步構築了以白話文學爲正宗的文學史觀念，日記中即有「清文正傳不在桐城、陽湖，而在吳敬梓、曹雪芹、李伯元、吳趼人諸人也」的論斷。〔註 21〕1917 年 1 月發表《文學改良芻議》，揭開了「文學革命」的序幕。〔註 22〕該文不僅提出文學改良的「八事」主張，而且從「一時代有一時代之文學；……文學因時進化，不能自止」的進化史觀出發，強調以白話取代文言，確立白話文學的正宗地位：「然以今世歷史進化的眼光觀之，則白話文學之爲中國文學之正宗，又爲將來文學必用之利器，可斷言也。」〔註 23〕可見，胡適試圖借助一種文學史思路——以白話文學爲正宗的進化史觀——達到建構新文學觀念的目的。〔註 24〕而這一思路的主要實踐，就是其文學史和小說

〔註 20〕胡適：《四十自述・在上海（二）》，《胡適文集》第 1 卷，第 80～81 頁。

〔註 21〕胡適 1916 年 9 月 5 日日記《王陽明之白話詩》，《胡適日記全編》第 2 卷，第 482 頁。

〔註 22〕「文學革命」的口號，胡適在留美期間與人討論新舊文學問題時即已提出，只是撰文寄給《新青年》時，考慮到反對者的壓力和當時國內的輿論狀況，改作較爲平和穩健的「文學改良」這一稱謂。參見《胡適留學日記》卷十四《一四、文學革命八條件》，《胡適日記全編》第 2 卷，第 464～465 頁。胡適：《逼上梁山——文學革命的開始》，《胡適文集》第 1 卷，第 143 頁。

〔註 23〕胡適：《文學改良芻議》，《胡適文集》第 2 卷，第 7、14 頁。

〔註 24〕「一代有一代之文學」這一命題，在晚清至「五四」得到了兩代學人的反覆申說，但其背後的思維方式並不都因循進化論。如王國維《宋元戲曲史・序言》開篇有云：「凡一代有一代之文學：楚之騷，漢之賦，六代之駢語，唐之詩，宋之詞，元之曲，皆所謂一代之文學，而後世莫能繼焉者也。」上海：華東師範大學出版社，1995 年 12 月，第 1 頁。就是依文類立論，指出某一文類在某一朝代達到其高峰，所謂「後世莫能繼焉者」即指文類自身的發展狀

史研究。

作爲文學史家，胡適的主要工作在於從「整理國故」的綱領出發，重新梳理了中國文學的變遷沿革。1919 年 11 月，胡適發表《新思潮的意義》，提出「研究學問，輸入學理，整理國故，再造文明」的新文化綱領，成爲他由文化批判轉向學術研究的重要標誌。儘管胡適強調「整理國故」旨在以「評判的態度」重新估定歷史文化遺產的價值〔註 25〕，然而以新文學倡導者的身份主張閱讀古書，還是引起了人們的非議和責難，使他不得不宣稱「我所以要整理國故，只是要人明白這些東西原來『也不過如此』」，「化黑暗爲光明，化神奇爲臭腐，化玄妙爲平常，化神聖爲凡庸：這才是『重新估定一切價值』」〔註 26〕。這一價值重估的努力，與杜威實用主義哲學的基本價值取向極其吻合。但胡適也結合自家所處的現實語境，有所發揮。事實上，「整理國故」的主張隱含著胡適推進「文學革命」的文化策略。「文學革命」發生後，儘管新文學憑藉其倡導者的廣泛宣傳，並通過與反對者的論爭初步建立起來，但要使之得到根本確立，還需要從歷史的角度尋求理論支持。胡適借助「整理國故」系統梳理中國文學史，從文學史的發展趨勢上肯定白話文學的「正宗」地位，正是爲新文學合理性與合法性尋求歷史依據。〔註 27〕其中國章回小說考證系列論文，以及《國語文學史》和《白話文學史》這兩部關係密切的文學史著作，均可視爲上述文化策略的產物。

《國語文學史》是 1921～1922 年分別在教育部國語講習所和南開大學所做演講的講義，其間有一定的刪改；《白話文學史》則是在前者的基礎上，吸收國內外新發現的文學史料和學術界新的研究成果，增刪修訂而成。〔註 28〕

況而言，各文類之間不存在相互取代的遞進關係。《宋元戲曲史》以戲曲這一中國古代的邊緣文類爲研究對象，借用「一代有一代之文學」的命題，意在突出其文學史地位，並非奉進化論爲圭臬。進化論眞正大行其道並深入人心，實有賴於胡適等人在「文學革命」時期的大力倡導。

〔註 25〕胡適：《新思潮的意義》，《胡適文集》第 2 卷，第 552 頁。

〔註 26〕胡適：《整理國故與「打鬼」》，《胡適文集》第 2 卷，第 117～118 頁。

〔註 27〕胡適在《〈中國新文學大系・建設理論集〉導言》中稱：「我們特別指出白話文學是中國文學史上的『自然趨勢』，這是歷史的事實。……我們再三指出這個文學史的自然趨勢，是要利用這個自然趨勢所產生的活文學來正式替代古文學的正統地位。簡單說來，這是用誰都不能否認的歷史事實來做文學革命的武器。」《中國新文學大系・建設理論集》，上海：良友書局，1935 年 10 月，第 20～21 頁。

〔註 28〕由《國語文學史》到《白話文學史》的流變及相互間的差異，參看曹伯言：《從

儘管《白話文學史》只及中唐，未成完璧，但胡適的文學史觀得到了充分的彰顯。在該書序言列出的「《國語文學史》的新綱目」中，自先秦至清代，小說逐漸居於文學史敘述的中心地位。這與胡適 1922 年 3 月 3 日所作《文學革命運動》一文中對於白話文學史的分歧相呼應。該文將白話文學史劃分為五個時期：

一、漢魏六朝「樂府」。

二、唐代的白話詩和禪宗的白話散文。

三、五代的白話詞，北宋柳永、歐陽修、黃庭堅的白話詞，南宋辛棄疾一派的白話詞。

四、金、元時代的白話小曲和白話雜劇。

五、明清白話小說。

並強調明清「五百年流行最廣，勢力最大，影響最深，就是《水滸》、《三國》、《西遊》、《紅樓》等幾部小說。……白話小說起與宋代，到明朝已進入成人時期。」〔註 29〕如前文所述，胡適對於白話文學史的建構，是從歷史進化的文學觀念出發，對中國文學進行重新估價，以此為其「文學革命」主張尋求歷史依據，進而實現建立新文學的文化理想。在胡適看來，「白話文學史就是中國文學史的中心部分」〔註 30〕，一部中國文學史就是「古文文學的末路史」和「白話文學的發達史」〔註 31〕。這種「雙線文學史觀」在學理上的得失姑且不論，值得關注的是，胡適怎樣通過這種文學史建構方式，將小說納入文學史的敘述框架之中，提升其文類等級，並進而實現建立新文學的文化策略。從歷史進化的「雙線文學史觀」出發，中國文學史被胡適描述為白話文學不斷進化，逐漸佔據文學發展的主流，動搖並最終取代古文文學正宗地位的歷史，表現為「活文學」對「死文學」的征服。在這一文學史敘述的「劇情主線」中，小說這一長期被輕視的邊緣性文類，逐漸佔據了顯要位置。在胡適構築的「白話文學史」體系中，每一個時代都有一種代表性的文類，體現這一時代白話文學的主要成就：漢魏有民歌、唐宋有白話詩詞、元代有戲曲，至明清兩代，小說則居於中心地位，而且隨著白話文學對於古文文學的不斷「征服」，小說的地位也逐漸提升。基於這種白話文學「代變」而「代勝」的

〈國語文學史〉到〈白話文學史〉》，載《學術界》1993 年第 2 期。

〔註 29〕胡頌平編著：《胡適之先生年譜長編初稿》（校訂版）第二冊，第 478 頁。

〔註 30〕胡適：《〈白話文學史〉自序》，《胡適文集》第 8 卷，第 146 頁。

〔註 31〕胡適：《白話文學史・引子》，《胡適文集》第 8 卷，第 151 頁。

文學史建構方式，小說地位的提升，成爲文學史變革的大勢所趨，無可爭辯地作爲明清兩代文學的主要成就的代表。胡適曾指出：「清朝的文學，除了小說之外，都是朝著『復古』的方面走的」〔註32〕，「在我們自己的時代，那唯一可以被稱作活文學的作品便是《我佛山人》（吳趼人）、《南亭亭長》（李伯元）和《洪都百鍊生》（劉鶚）等人所寫的《官場現形記》、《二十年目睹之怪現象》、《九命奇冤》和《老殘遊記》。」〔註33〕這一具有「託古改制」〔註34〕意味的文學史思路，使「五四」新文學不再是橫空出世的孤立現象，而成爲白話文學發展的最新和最高階段的產物。這就爲新文學的確立提供了看起來相當嚴密的歷史邏輯，新文學的存在也因此獲得合法性。

胡適晚年在回顧新文學運動時，把「文學革命」成功的原因歸結爲以下兩點：一，「反對派實在太差了」；二，「用歷史法則來提出文學革命這一命題，其潛力可能比我們所想像的更大。把一部中國文學史用一種新觀念來加以解釋，似乎是更具說服力。這種歷史成份重於革命成份的解釋對讀者和一般知識分子都比較更能接受，也更有說服的效力。」〔註35〕前者固然是在新文學及其反對者的論爭塵埃落定、勝負已分之後，以勝利者的姿態回首當年，不無得意；後者則是胡適對其文學史觀的歷史總結。可見，正是出於爲建立新文學提供歷史依據的目的，胡適選擇並最終確立歷史進化的白話文學史觀，作爲構築中國文學史的基本線索，從而決定了「小說成爲文學」——進入文學史敘述框架的身份和姿態。新文學倡導者的理論立場和言說策略，決定了胡適對於小說的定位和取捨——白話而非文言。儘管胡適認爲先秦諸子的寓言「可當『短篇小說』之稱」、《世說新語》「很有『短篇小說』的意味」、《虬髯客傳》「可算得上品的『短篇小說』」〔註36〕，但在小說史研究中最爲用力的主要還是白話小說，納入「考證」視野的也主要是章回小說。〔註37〕綜上

〔註32〕胡適：《〈詞選〉自序》，《胡適文集》第4卷，第548頁。

〔註33〕唐德剛譯：《胡適口述自傳》，第161頁。

〔註34〕參見黎錦熙：《〈國語文學史〉代序》，《胡適文集》第8卷，第5頁。

〔註35〕唐德剛譯：《胡適口述自傳》，第185～186頁。

〔註36〕胡適：《論短篇小說》，《胡適古典文學研究論集》下冊，上海：上海古籍出版社，1988年8月，第680、683、685頁。

〔註37〕在胡適公開發表的文字中，專門討論白話短篇小說的只有《宋人話本八種序》。在其「小說考證」系列中，唯一涉及的文言小說是《聊齋誌異》，但主要是對於作者蒲松齡生平的考證，相關論文也未收入實業印書館的《中國章回小說考證》一書。

可知，胡適的文學史和小說史研究，促成了小說文類和新文學理念的價值互補：小說憑藉白話文學的身份參與新文學的建構，爲後者提供了歷史依據；而新文學的建立，又保證了小說地位持續穩步的上昇。

（三）考證作爲方法

胡適使「小說作爲文學」，將其納入文學史的敘述框架中，解決了「小說可以讀，可以研究」的問題。至於「小說怎樣讀，怎樣研究」，則取決於胡適對於「方法」的選擇。

「方法」對於胡適而言具有特殊的意義。如前文所述，胡適承認在治學方法上受到赫胥黎進化論和杜威實驗主義哲學的影響，並據此在清代考據學中發現了「科學」精神，從而總結出「大膽的假設，小心的求證」的十字眞言。這既是胡適治學的基本原則，也是支撐其「文學革命」主張的理論基礎。胡適大部分學術著作都有教人以「拿證據來」的思想方式和治學方法這一終極目的。大力倡導「文學革命」，也意在傳播其重實證的科學法則和科學精神。據此，胡適的學術研究在中國現代學術史上構成一種研究範式，提供了一種具有典範性的方法論。〔註38〕對胡適而言，「方法」不是學術研究中的技術因素，而具有決定性意義：「方法」決定了胡適發現問題、思考問題的視角和眼光，也決定了他對於研究對象的取捨與判斷。對「方法」的格外關注，使胡適在接受杜威實用主義哲學時別有懷抱，將乃師思想化約爲一種方法論，進行了頗能凸顯自家個性的發揮。

應指出的是，在新文學倡導者中，胡適最樂於並善於進行自我言說。這與他對於自傳文體的高度關注和積極倡導密切相關〔註39〕，意在通過對其自傳的經營以身作則，身體力行。同時，對於自家文化身份和歷史使命的自我期許，使胡適將文稿、演講，乃至書信、日記等私人性文本，均視爲其新文化主張的重要載體，下筆審愼，結構精心，不肯放過任何一個宣揚自家理念

〔註38〕陳平原《胡適的文學史研究》指出：「胡適的這兩部大書（引者按：指《中國哲學史大綱》和《白話文學史》）都是建立『典範』（paradigm）之作，既開啓了新途徑，引進了新方法，提供了新概念，又留下了不少待證的新問題。……其意義主要不在自身論述的完美無瑕，而在於提供了示範的樣板。」見王瑤主編：《中國文學研究現代化進程》，北京：北京大學出版社，1996年12月，第215頁。

〔註39〕參看陳平原：《中國現代學術之建立——以章太炎、胡適之爲中心》，北京：北京大學出版社，1998年2月，第216頁。

的機會。胡適在新文化運動初期因倡導「文學革命」而驟得大名，不滿27歲即被聘爲北京大學教授，學術起點甚高。作爲先覺者的一言一行，時時受到廣泛的關注。面對同行和讀者期待的目光，胡適也不斷地進行自我言說，強化眾人和自家對於先覺者形象的期許：似乎在新文化運動前的一舉一動，都是在爲即將到來的「文學革命」做準備，經過了胡適的深思熟慮，目的性與方向感十足。應該說，此舉不無「爲名所累」的意味：以宣揚新文化而聞名於世，新文化也就成爲外界對胡適文化身份的基本定位。在眾人眼中，胡適之於新文化，不容不做，亦不容改做，稍有差池，即引起質疑和責難。這使胡適幾乎終生都在解釋中度日。儘管胡適對此應對自如，而且似乎樂此不疲，但事後追認的言說立場，還是遮蔽了促成其新文化主張的諸多偶然性因素，掩蓋了先覺者形象背後的某些個人趣味，尤其是掩蓋了胡適在亦步亦趨地接受杜威思想過程中的自我選擇與發揮。

胡適對於「方法」的反覆言說亦如是。在學術論著中，胡適不斷強調方法的重要性，賦予其對於學術研究的決定性意義，並進一步將自家治學的基本方法定位在「考證」之上。〔註40〕除前引《清代學者的治學方法》和《〈胡適文存〉序例》中對於方法的強調外，1921年8月13日，在與顧頡剛談編寫《中國歷史》時說：「整理史料固重要，解釋（interpret）史料也極爲重要。中國止有史料——無數史料，——而無歷史，正因爲史家缺欠解釋的能力。」〔註41〕約一年後，在與日本學者今關近磨的談話中，出言更爲大膽：

> 我們的使命，是打倒一切成見，爲中國學術謀解放。
>
> 我們只認方法，不認家法。
>
> 中國今日無一個史家。〔註42〕

如此「心中有法，目中無人」式的論斷，基於胡適手握杜威實用主義哲學的尚方寶劍，對自家治學方法的高度自信，也進一步強化了胡適在學術界的自我定位和期許。〔註43〕胡適以科學的眼光考量中國傳統學術，在清儒家法和

〔註40〕「方法」不僅是胡適學術研究的自我期許，也成爲他衡量旁人學術著作的標尺。在爲孫楷第《日本東京所見中國小說書目提要》所作序言中，胡適稱讚孫楷第「是今日研究中國小說史最用功又最有成績的學者。他的成績之大，都由於他的方法之細密。他的方法，無他巧妙，只是用目錄之學做基礎而已。」《胡適古典文學研究論集》下冊，第1271頁。

〔註41〕《胡適日記全編》第3卷，第431頁。

〔註42〕《胡適日記全編》第3卷，第772頁。

〔註43〕除上引文獻外，胡適在其他場合也多次討論方法。1928年9月，作《治學的方

杜威實用主義哲學之間尋找交集，於是，在清學的考證方法中發現了與科學理念的相契合處——實證性。在胡適看來，考證方法經過科學理念的改造與整合，已不爲中國傳統學術所囿，而能夠與「科學」的研究方法——杜威實用主義哲學——產生交匯，甚至因此獲得了解放和再生，得以納入胡適的思想體系之中，成爲自家得以安身立命的學術根基，並擔負起「整理國故」——建設新文化的歷史使命。

不過，胡適選擇考證作爲治學的主要方法，不僅出於對杜威思想的認同與接受，回國之初的學術環境，及其帶來的巨大壓力，也促成這一選擇。胡適最初因提倡白話文而被蔡元培延請，擔任北大教職。彼時北大文科正籠罩在一股考證學風之下，當時最有聲望的三位文科教授：劉師培、黃侃和陳漢章，都在小學方面功力深厚。〔註 44〕而且，胡適發現他的學生——如傅斯年、顧頡剛、毛子水等——在舊學根底上也勝過自己。〔註 45〕這一學術環境，及其帶來的生存壓力，使胡適不得不在治學方法上，尤其是考證之學上加倍用功。不過，胡適畢竟是以杜威思想傳人和新文化倡導者的身份進入北大，將自家治學完全納入舊學軌轍，既非胡適所能，亦非其所願。於是，胡適以杜威實用主義哲學爲根基，調整考證的學術思路與研究對象，將考證從傳統經學、史學的體系中抽離出來，以「西學東漸」統攝「舊學新知」，試圖在舊學與西學之間找到一個有效的平衡點。胡適此舉，一方面是基於新文化立場，有意與舊派爭奪學術陣地，將白話小說這一被排斥在傳統「四部」之學視野以外的邊緣性文類納入考證的視野〔註 46〕，提升了小說的文化地位，也從根本上改變了考證之學的研究對象和學術品格〔註 47〕；另一方面，由於

法與材料》一文，提出科學的方法，只不過是「尊重事實，尊重證據」。在應用上，科學的方法只不過「大膽的假設，小心的求證」。載《新月》第一卷第九期，《小說月報》第二〇卷第一期。1952 年 12 月 1 日至 6 日，在臺灣大學進行了三次關於「治學方法」的演講，仍對「方法」予以反覆申說。胡頌平編著：《胡適之先生年譜長編初稿》（校訂版）第六冊，第 2242～2256 頁。

〔註 44〕參看陳以愛：《中國現代學術研究機構的興起——以北大研究所國學門爲中心的探討》，南昌：江西教育出版社，2002 年 10 月，第 22～24 頁。

〔註 45〕羅家倫：《元氣淋漓的傅孟眞》，見胡頌平編著：《胡適之先生年譜長編初稿》（校訂版）第一冊，第 296 頁。

〔註 46〕在《四庫全書總目提要》中，「子部」之下包括被後世視爲「筆記小說」的《世說新語》等，「集部」之下包括作爲文言小說總集的《太平廣記》以及收錄小說的各種類書，但白話小說均被排斥在「四部」之外。

〔註 47〕胡適在《〈曲海〉序》中指出：「向來中國的學者對於小說戲曲大都存鄙薄的

胡適在舊學上無師承，也使其不爲之所囿，比較容易「離經叛道」，在研究中閃展騰挪，依照研究對象進行自我調整。可見，胡適不爲傳統經學家法和門戶所限，源於其對舊學的相對「陌生」——舊學根基和功力的相對不足，以及對杜威思想的深切認同和自家選擇的高度自信。在學術轉型的大背景下，「以西學剪裁中國文化」漸成主潮，舊學根基和功力的相對不足反而成爲他的長處：胡適與舊學之間的距離，恰好爲西學所塡補。這樣，由經史子集四部之學轉向現代學科劃分的過程中，特別是在文學文類的等級秩序重新調整的過程中，胡適敏銳地把握住了新學科的命脈，以西學的眼光喚起新一代學人改造舊學、創建新學的信心與熱情。〔註 48〕胡適以其「半新不舊的考據」〔註 49〕給人以耳目一新之感，並作爲一種研究範式，在學界產生了極爲深遠的影響。〔註 50〕而胡適在中西學術之間的縱橫馳騁，左右逢源，也得到了充分地展現。

胡適以「考證」作爲小說史研究的主要方法，還源於自家對於小說的閱讀趣味。早在赴美留學以前，胡適就曾撰寫《小說叢話》。〔註 51〕這一系列學術筆記，涉及《石頭記》、《金瓶梅》、《七俠五義》等章回小說，其中除考證作者外，已見以小說爲社會史料之眼光。可見，胡適的「歷史癖」與「考據癖」並不是自倡導新文學始，而是其一貫的閱讀趣味。〔註 52〕以治史的眼光

態度，故校勘考據的功力只用於他們所謂『正經書』，而不用於小說曲本；甚至於收藏之家，目錄之學，皆視小說戲劇爲不足道。……比較說來，小說更受上流社會的輕視，故關於他們的記載更缺乏。」《胡適文集》第 4 卷，第 569 頁。

〔註 48〕顧頡剛的「疑古」思想及其「層累地造成的古史」觀，即得益於胡適的學術研究，特別是《〈水滸傳〉考證》等論文的啓發。參看顧頡剛：《〈古史辨〉自序》，顧頡剛編著：《古史辨》第一冊，上海：上海古籍出版社，1982 年 3 月，第 40～41 頁。

〔註 49〕胡適：《〈水滸傳〉考證》，《胡適古典文學研究論集》下冊，第 750 頁。

〔註 50〕胡適依據傳統學術方法和體例「託古改制」，不限於考證。1922 年 1 月 21 日，在《章實齋先生年譜序》中說：「我這部年譜，雖然沿用向來年譜的體裁，但有幾點，頗可以算是新的體例。」胡頌平編著：《胡適之先生年譜長編初稿》（校訂版）第二冊，第 475 頁。

〔註 51〕《小說叢話》係胡適《藏暉室筆記》之一，未刊，無寫作日期，當是 1910 年出國留學前在上海中國公學讀書時所作。《胡適日記全編》第 1 卷，第 42～47 頁。

〔註 52〕除早年筆記中顯露以小說爲社會史料的閱讀趣味外，胡適在其最先完成的「章回小說考證」論文——《〈水滸傳〉考證》中，即明確突出自家「歷史癖」和「考據癖」。《胡適古典文學研究論集》下冊，第 750 頁。在 1936 年 3 月 21

看待小說，使小說更加適於納入考證之學的範疇，得以和經史相併置，從而將小說從邊緣性地位中解放出來，使之眞正進入了學術研究的視野，獲得高級文類的地位。〔註 53〕在考證的前提下，以小說取代經史，又促成對於傳統經學的研究對象的置換，使之逐步獲得現代學術的品格。爲提升小說的文化地位，胡適爲其量身打造了考證之法；爲實現考證之學的現代轉化，胡適又選取小說文類，納入其研究範疇。可見，對於胡適而言，提升小說的文化地位，非考證不得其法；使考證爲新學所用，亦非小說不得其實。作爲方法的「考證」與作爲學術對象的「小說」，交融在胡適的小說史研究的視域之中。「小說」與「考證」的遇合，促進了雙方在現代學術體制中的身份轉換與價值提升，也成爲胡適改造清儒家法和發揮杜威思想這一學術選擇得以大顯身手的舞臺。

（四）小說如何考證

胡適的「中國章回小說考證」系列，最初是爲汪原放主持的亞東圖書館

日覆葉英信中，特別指出「你讀過《儒林外史》沒有？那是中國教育史的最好史料。」《胡適論學往來書信選》上冊，第 346 頁。1950 年 6 月 21 日，在閱讀《五續今古奇觀》（該書是坊間抽印的「短篇小說總集」的一部，其中作品往往出於「三言」，「二拍」）時說：「今天我特別注意王本立《天涯尋親》一篇，其中寫明朝北方『差役』制度的可怕，特別寫報充『里役』之種種痛苦，眞是重要史料。」《胡適日記全編》第 8 卷，第 39 頁。直到晚年，在對臺灣中國教育學會等六個學術團體發表題爲《中國教育史的材料》的演講時，仍強調「要找尋教育史的活的資料，《儒林外史》、《醒世姻緣》……都有很好的資料。《儒林外史》實在是一部很好的教育史資料，書中不但談到學制，學生、老師們的生活，同時還談到由於學制，老師、學生們的生活與關係，所養成的學生的人格與德性。《醒世姻緣》雖然是一部全世界最偉大的怕太太小說，但它裏面有些地方，把當時的學制與師生之間的生活情形，描寫得非常透澈。」胡頌平編著：《胡適之先生年譜長編初稿》（校訂版）第八冊，第 3133 頁。可見，胡適的這一閱讀趣味，終其一生。

〔註 53〕值得關注的是，在中國古代與小說同處於邊緣性地位的詞、曲、戲曲、彈詞及其他民間說唱藝術，在二十世紀中國也引起了學人的重視，並被納入學術研究視野，但相對於小說而言，均未獲得「高級文類」的地位。「戲曲學」儘管名家輩出，漸稱顯學，但只限於研究範疇，作家從事「戲劇」創作，蓋以舶來之話劇爲基本形態，並非中國古代戲曲創作的延續。民間說唱藝術，則被納入所謂「俗文學」的視野中加以考察，相對於詩文的邊緣性依舊。眞正脫「俗」入「雅」，徹底擺脫邊緣性地位的，似唯有小說文類。這與小說自身可以承擔「大說」的特質有關，也源於西來之注重小說的文學觀念；同時，與胡適等人以「考證」之眼光，凸現小說的史料價值，亦不無關聯。

標點排印本「中國古典小說讀本」系列（以下簡稱「亞東版」）所作的序言。胡適對於考證對象的選擇，首先取決於「亞東版」的小說選目。「亞東版」對於小說選目及其底本的遴選愼之又愼，作品經過細緻校勘，並以新式標點斷句。而且每部小說都由胡適、錢玄同、陳獨秀等新文化倡導者作序，承擔導讀的作用。學人的參與，爲閱讀和研究小說提供了可靠的版本，逐漸在現代讀者心中構築起中國古典小說的經典化圖景；對於小說史研究的學術提升，也起到了重要作用，影響及於一時。〔註 54〕孫楷第曾在致胡適信中稱譽：「亞東排印古小說，甚便閱者，自是勝事。」〔註 55〕胡適本人對此亦有好評，在爲日譯本《五十年來中國之文學》所作序言中說：

> 小說向來受文士的蔑視，但這幾十年中也漸漸得著了相當的承認。古小說的發現，尤爲這個時期的特色。《宣和遺事》的翻印，《五代史平話》殘本的刻行，《唐三藏取經詩話》的來自日本，南宋《京本通俗小說》的印行，都可給文學史家許多材料。近年我們提倡用新式標點符號翻印古小說，如《水滸傳》，《紅樓夢》之類，加上歷史的考證，文學的批評，這也可算是這個時期一種小貢獻。〔註 56〕

胡適將「亞東版」視爲對於古典小說的重新發現，學術期望甚高。在爲小說所作的具有導讀功能的序言中，也有意識地植入自家的學術理念與文化策略。胡適對「亞東版」的策劃、出版、發行用力甚勤〔註 57〕，意在告訴普通讀者哪些小說可讀，該怎樣讀，提供經過整理的可靠讀本，指引讀者借助其導讀文字，獲得閱讀古典小說的正確途徑，並進而瞭解其學術創見和研究方法。經由學者標點校勘、撰寫導讀的古典小說，是對胡適「整理國故」主張的有效呈現。〔註 58〕胡適爲「亞東版」系列所作的序跋，本身也構成一個系

〔註 54〕亞東圖書館出版的「中國古典小說讀本」系列，是現代學術參與古典小說閱讀與出版的範例。以新文學出版機構的身份（亞東圖書館曾先後出版胡適《嘗試集》、《胡適文存》等新文學讀物）從事古典小說整理，胡適、汪原放等策劃人關注小說的立場和視角、遴選作品的策略與眼光，意味深長。「亞東版」的策劃、出版、發行，對於中國小說史學之建立，以及構建現代中國讀者的「古典小說想像」，都起到至關重要的作用。當有專文論之，此不贅。

〔註 55〕《胡適論學往來書信選》上冊，第 500 頁。

〔註 56〕《胡適古典文學研究論集》上冊，第 168～169 頁。

〔註 57〕胡適全程參與了「亞東版」的小說選目和底本遴選。小說導讀，以胡適所作數量爲最，也最爲用力。參見胡適與汪原放的通信，《胡適論學往來書信選》下冊，第 644～652 頁。

〔註 58〕1921 年 7 月 31 日，胡適在南京東南大學及南京高師暑期學校發表題爲「研究

列。雖然每篇文章各有側重，但整體思路卻一以貫之。1942 年，胡適將這些導讀文字結集爲《中國章回小說考證》一書，以「考證」之總稱概括之，也體現出對於自家小說史研究的學術定位和理論自覺。

胡適曾在覆王重民信中坦言自家「在文學史上的貢獻只是用校勘考證的方法去讀小說書。」〔註 59〕晚年也曾對助手胡頌平談到：「我自己對紅樓夢最大的貢獻，就是從前用校勘、訓詁、考據來治經學史學的，也可以用在小說上。」〔註 60〕胡適以實證方法研究小說，既要藉此傳播科學觀念，又力圖將小說與經史相併置，提高其文化地位，並進而爲新文學的確立提供理論支持。但小說作爲文學文類，具有不同於經史的特性，在納入「考證」視野的過程中，也受到方法的制約。「考證」視野中的小說，首先是作爲社會史料，而不是以具有審美價值的文學文類的身份進入胡適的學術視野。以治經史的眼光和方法研究小說，決定了他「重史輕文」的研究傾向。〔註 61〕胡適在選取考證對象時，依據的主要是小說的學術含量，而不是其審美價值的高低。例如，儘管胡適對《紅樓夢》的思想見地和文學技術的評價始終不高，但這部小說在作者和版本上的諸多疑點，使之成爲可供考證研究大顯身手的絕佳例證。因此，對於《紅樓夢》的考證，幾乎貫穿於胡適的整個學術生涯。〔註 62〕

國故的方法」的講演，著重談了四點，第四點就是「整理」：形式的方面，加上標點和符號，替彼分開段落來。內容方面，加上新的注解，折中舊有的注解。並且加上新的序、跋和考證；還要講明書底歷史和價值。見曹伯言、季維龍編著：《胡適年譜》，合肥：安徽教育出版社，1986 年 1 月，第 209 頁。

〔註 59〕《胡適論學往來書信選》上冊，第 74 頁。著重號爲原文所有。

〔註 60〕胡頌平編著《胡適之先生年譜長編初稿》（校訂版）第十冊，第 3652 頁。

〔註 61〕在 1960 年 11 月 24 日致高陽信中，胡適承認：「三十年來（快四十年了，我的《考證》稿是民國十年三月寫的，改稿是十年十一月改定的）『紅學』的內容，一直是史學的重於文學的。」胡頌平編著《胡適之先生年譜長編初稿》（校訂版）第九冊，第 3385～3386 頁。

〔註 62〕與《紅樓夢》形成鮮明對比的是，《金瓶梅》一直沒有進入胡適的研究視野。儘管關於其作者的疑點更多，可供研究者發揮的餘地更大。表面上看，是因爲《金瓶梅》不適於普及，無法納入「亞東版」的小說選目之中。胡適在致錢玄同信中，也曾批評《金瓶梅》「即以文學的眼光觀之，亦殊無價值。何則？文學之一要素，在於『美感』。請問先生讀《金瓶梅》，作何美感？」《胡適論學往來書信選》下冊，第 1109 頁。事實上，胡適的上述論斷，主要基於對《金瓶梅》表現「獸性的肉欲」的道德評判。所謂「美感」，也建立在這一道德評判之上，並非審美判斷。

胡適的「中國章回小說考證」，側重於兩端：一是對作品的版本、情節及人物形象的起源、流變與生成過程的梳理，二是對小說作者的考證。前者成爲「歷史進化的文學觀念」的絕佳例證，後者則在實踐考證方法的同時，承載了胡適的學術理想與文化關懷。而這兩大側重，無論是研究策略還是具體的操作方法，都與胡適本人對於杜威實用主義哲學的闡釋相符合——所謂「科學試驗室的態度」和「歷史的態度」均蘊含其中。同時，胡適「中國章回小說考證」系列論文，尤其是《〈水滸傳〉考證》和《〈紅樓夢〉考證》這兩篇代表作，在寫作思路上也明顯依照杜威實用主義哲學的思維模式展開。在《實驗主義》一文中，胡適將杜威思想分作五步：

> （一）疑難的境地；（二）指定疑難之點究竟在什麼地方；（三）假定種種解決疑難的方法；（四）把每種假定所涵的結果，一一想出來，看那一個假定能夠解決這個困難；（五）證實這種解決使人信用；或證明這種解決的謬誤，使人不信用。〔註63〕

胡適的「中國章回小說考證」即體現出以上思路。以《〈紅樓夢〉考證》爲例，該文首先指出「紅學」研究陷入了「索隱派」的附會誤區，成爲胡適從事《紅樓夢》考證的觸發點，是爲第一步；然後將附會的「紅學」分爲三派，逐一指出其謬誤，是爲第二步；接下來強調以科學的考證取代猜謎般的索隱，作爲正確的研究方法，是爲第三步；之後提出胡適本人的大膽假設，即「自傳說」，再根據可靠的版本與可靠的材料，分別考察《紅樓夢》作者的事迹家世、著書時代以及版本流變，證實假設的準確性，是爲第四、五步。可見，胡適對於乃師思想的接受，可謂亦步亦趨。不過，在胡適的小說考證中，多有自我發揮之處，體現出自家的研究興趣、文化關懷與言說策略。

中國古代白話小說，尤其是長篇章回小說，由初創到成書，往往不是出於一人之手：或在傳抄中爲文人改寫（如《三國演義》），或在刊刻中遭書商刪削（如《紅樓夢》）。小說中的人物和情節也經歷了由雛形到不斷豐富、最終蔚爲大觀的過程。《水滸傳》作爲其中的代表，成爲第一部進入胡適考證視野的章回小說。〔註64〕《水滸傳》觸發了胡適的「歷史癖」與「考據癖」，小說人物與情節的因時遞變、不斷積累的過程，也使考證方法有了用武之

〔註63〕胡適：《實驗主義》，《胡適文集》第2卷，第233頁。

〔註64〕《〈水滸傳〉考證》於1920年7月27日脫稿，是胡適的第一篇「章回小說考證」文字。

地。胡適對於《水滸傳》的考證頗爲用力，不僅確立了這部小說的文學史價值，並且以此爲契機，總結出「歷史進化的文學觀念」〔註 65〕，成功地實踐了胡適眼中的實用主義哲學的方法論，並使《〈水滸傳〉考證》成爲一篇學術宣言，爲此後自家及其學術追隨者的一系列考證研究，提供了可資借鑒的範例。

胡適《中國章回小說考證》系列論文的另一用力之處，是對於小說作者的考證。小說在中國古代，長期處於邊緣性地位。特別是白話小說，作爲文化消費的對象，作者主要是民間藝人和下層文人，在讀者眼中並不具備「作家」的文化身份和精英地位。即使有上層文人偶或爲之，也多將眞名隱去，以假名存焉，不求以小說傳名，使之與經史詩文等量齊觀，作爲安身立命的大事業。小說既然不被視爲「創作」，也就不存在對於「小說家」的身份認同。這使中國古代小說流傳至今，往往是作品尚存，作者湮沒，從而在小說史研究中造成無數懸案，雖經幾代學人多方努力，但至今仍未有定論。〔註 66〕在胡適開始從事小說考證的 20 世紀初，相去不遠的晚清小說家李寶嘉、劉鶚等人的生平事迹已多汗漫不可考，引起研究者的廣泛爭議〔註 67〕，遑論元明兩代的小說家。中國古代小說「作者」的懸案，使胡適的考證方法獲得了大顯身手的機會。然而，胡適對於小說作者的考證，並未停留在治學方法的操練之上，而將新文學倡導者的學術理想和文化關懷注入其中：尊小說家爲「作

〔註 65〕《胡適古典文學研究論集》下冊，第 790 頁。

〔註 66〕如《金瓶梅》之作者「蘭陵笑笑生」，經幾代學者考證，竟得出十幾種答案。《三國演義》之作者「羅貫中」的生平，《西遊記》是否爲吳承恩所作，《封神演義》之著作權屬於「許仲琳」還是「陸西星」，《水滸傳》之作者「施耐庵」、《紅樓夢》之作者「曹雪芹」是否實有其人，至今也莫衷一是，爭議不絕。小說作者之爭，一直是中國小說史學的研究熱點。特別是在「紅學」領域，對於作者生平及家世的研究，逐漸形成所謂「曹學」，尤爲突出。參見陳曦鍾、段江麗、白嵐玲：《中國古代小說研究論辯》，南昌：百花洲文藝出版社，2006 年 5 月。

〔註 67〕1931 年 11 月 8 日，容肇祖致胡適信，據周桂笙《新庵筆記》中的一則史料，證胡適《〈官場現形記〉序》中「這書有光緒癸卯（1903）茂苑惜秋生的序，痛論官的制度；這篇序大概是李寶嘉自己作的」之論斷有誤。《胡適論學往來書信選》下冊，第 1165 頁。胡適本人在讀羅振玉《雪堂叢刻》時，也從其《五十日夢痕錄》中檢出有關劉鶚（鐵雲）的「事實一篇」，並說：「我尋求劉鐵雲事實，久而無所得，今見此篇，大喜過望。……他的《老殘遊記》，我當時即疑心是一種自傳。今讀此傳，果然。」《胡適日記全編》第 3 卷，第 467 頁。

家」，視小說爲「創作」，將「文學」的身份賦予小說和小說家，從根本上提升了其文化地位。

1922年，在爲自家《吳敬梓年譜》所作短序中，胡適指出：「中國小說家都不能有傳記，這是中國文學史上最不幸的事。」〔註68〕三十多年後，又在一次致詞中解釋自家投入大量精力，考證白話小說的用意：一是研究白話文學史，以提高白話文學的地位；一是感激白話文的創始者，所以研究他們的生平，表揚他們的事迹。〔註69〕對小說家生平的考證，是胡適小說史研究的主要內容，甚至成爲胡適考證小說的前提，在其「中國章回小說考證」系列中佔據了顯著的位置。即使對於《水滸傳》作者施耐庵這樣的「烏有先生」〔註70〕，雖然不能考證其眞實身份，但對於小說家「高超的新見解」、「偉大的創造力」〔註71〕仍大加讚賞。此外，胡適率先爲小說家編寫傳記和年譜，改變了小說家不入正史、「自來無傳」局面。在胡適看來，小說首先是「創作」；既然是「創作」，其「作者」——小說家——的價值就應該得到認可和尊重。這一論斷在今天已成爲常識，似乎並無高妙之處。但考慮到中國小說史學建立之初，小說和小說家尚未完全擺脫邊緣性地位，胡適對其價值的認定，隱含著將小說和小說家置於文學體系之中心的文化策略，對於小說地位的提升，功莫大焉。

考證小說從作者入手，也源於胡適講求實證的治學理念。這在對《紅樓夢》的一系列考證中體現得最爲突出。在《〈紅樓夢〉考證》等著作中，胡適提出了其小說史研究中最著名、也最大膽的「假設」——「自傳說」。「自傳說」針對的是「索隱派紅學」：

> 他們不去搜求那些可以考定《紅樓夢》的著者，時代，版本等等的材料，卻去收羅許多不相干的零碎史事來附會《紅樓夢》裏的情節。他們並不曾做《紅樓夢》的考證，其實只做了許多《紅樓夢》的附會！〔註72〕

〔註68〕《胡適日記全編》第3卷，第871～877頁。

〔註69〕胡頌平編著：《胡適之先生年譜長編初稿》（校訂版）第七冊，第2406頁。

〔註70〕1929年6月26日，胡適手抄胡瑞亭《施耐庵世籍考》，在日記中說：「我不信此事，頗疑爲鄉下小族無可依託，只好假託於《水滸》作者，而不知《水滸》作者也是烏有先生也。」《胡適日記全編》第5卷，第440～443頁。

〔註71〕胡適：《〈水滸傳〉考證》，《胡適古典文學研究論集》下冊，第785頁。

〔註72〕胡適：《〈紅樓夢〉考證》（改定稿），《胡適紅樓夢研究論述全編》，上海：上海古籍出版社，1986年9月，第75頁。著重號爲原文所有。

事實上，「索隱派」和胡適的《紅樓夢》研究，使用的方法都是考證。但在胡適看來，「索隱派」的「考證」建立在猜謎一般的臆想之上，缺乏實證的科學精神，只能以「附會」命名之。胡適將小說的情節視爲作者曹雪芹的親身經歷，從考證作者入手，強調「必須先作這種種傳記的考證，然後可以確定這個『作者自敘』的平凡而合情理的說法」〔註 73〕，動搖了「索隱派」的根基。應該承認，胡適對「索隱派」的批駁，使「紅學」更爲接近小說本身。然而，實證性的治學方法，對於批駁「索隱派」十分有效，對於審美判斷則不無局限。實證性研究遮蔽了小說與傳記之間的區隔，使胡適以治史的眼光閱讀小說，也就決定了他對於小說寫實性的格外關注。儘管胡適的小說考證，並不迴避審美判斷，但不語怪力亂神的閱讀趣味〔註 74〕，使胡適的審美判斷成爲實證研究的延伸：以實證精神考證作者，同樣以實證精神判斷作品文學價值之高下。在致高陽信中，胡適說：

> 我寫了幾萬字的考證，差不多沒有說一句讚頌《紅樓夢》的文學價值的話，……我止說了一句：「《紅樓夢》只是老老實實的描寫這一個『坐吃山空』『樹倒猢猻散』的自然趨勢，因爲如此，所以《紅樓夢》是一部自然主義的傑作。」此外，我沒有說一句從文學觀點來讚美《紅樓夢》的話。
>
> 老實說來，我這句話已過分讚美《紅樓夢》了。書中主角是赤霞宮神瑛侍者投胎的，是含玉而生的，——這樣的見解如何能產生一部平淡無奇的自然主義的小說！〔註 75〕

可見，寫實視角下的文學閱讀，以及對於小說社會史料價值的關注，逐漸強化了中國小說史研究的史學歸屬。這一趨勢由胡適首創，經其弟子顧頡剛、周汝昌等人的倡導與發揮，形成了中國小說史學的學術品格，成爲 20 世紀上半期中國小說史研究的主流。

〔註 73〕胡適：《對潘夏先生論〈紅樓夢〉的一封信（與臧啓芳書）》，《胡適紅樓夢研究論述全編》，第 223 頁。

〔註 74〕在《論短篇小說》一文中，胡適將《神仙傳》和《搜神記》之類稱爲「最下流」。《胡適古典文學研究論集》下冊，第 682 頁。

〔註 75〕胡頌平編著：《胡適之先生年譜長編初稿》（校訂版）第九冊，第 3386 頁。

五、胡適中國小說史研究繫年

編寫說明：

1.《繫年》將胡適中國小說史研究的知識背景、資料準備、學術成果以及學術交流和論爭的相關情況以編年方式記錄，力圖展現《中國章回小說考證》等研究論著的生成過程和胡適中國小說史研究的基本面貌。

2.《繫年》主要依據胡適的小說史研究論著、日記、往來書信，同時參考相關研究成果，並通過注釋注明資料出處。

1899 年

開始看古典小說，包括《水滸傳》、《三國演義》、《紅樓夢》、《儒林外史》，《薛仁貴征東》、《薛丁山征西》、《五虎平西》、《粉妝樓》、《正德皇帝下江南》、《七劍十三俠》，彈詞小說《雙珠鳳》、《琵琶記》，筆記小說《聊齋誌異》、《夜雨秋燈錄》、《夜譚隨錄》、《蘭苕館外史》、《寄園寄所寄》、《虞初新志》等等。〔註 1〕

1906 年

11 月 16 日，在《競業旬報》第三期發表章回小說《眞如島》，筆名「鐵兒」。用意是「破除迷信，開通民智」。斷斷續續連載至第三十七期，共十一回。後《競業旬報》停刊，小說遂未完。〔註 2〕

〔註 1〕胡適：《四十自述・九年的家鄉教育》，歐陽哲生編：《胡適文集》第 1 卷，北京：北京大學出版社，1998 年 11 月，第 49～51 頁。

〔註 2〕胡適：《四十自述・在上海（二）》，《胡適文集》第 1 卷，第 80～81 頁。

1908 年

8 月，在《競業旬報》發表《無鬼叢話》，第三條痛罵《西遊記》和《封神榜》。〔註 3〕

撰寫《藏暉室筆記之一・小說叢話》（未刊稿，無寫作日期，當是 1910 年出國留學前在上海時期所作），論及《石頭記》、《金瓶梅》、《七俠五義》等，除考察作者外，已見以小說爲社會史料之閱讀趣味及眼光。〔註 4〕

1916 年

4 月 5 日，日記中有題爲《三八、吾國歷史上的文學革命》短文一篇，說：

文學革命，在吾國史上非創見也。……唐代文學革命巨子不僅韓氏一人，初唐之小說家，皆革命功臣也（詩中如李杜韓孟，皆革命家也）。「古文」一派至今爲散文正宗，然宋人談哲理者似悟古文之不適於用，於是語錄體興焉。語錄體者，以俚語說理記事。

……至元人之小說，此體始臻極盛。

……總之，文學革命，至元代而登峰造極。其時，詞也，曲也，劇本也，小說也，皆第一流之文學，而皆以俚語爲之。其時吾國眞可謂有一種「活文學」出世。倘此革命潮流（革命潮流即天演進化之迹。自其異者言之，謂之「革命」。自其循序漸進之迹言之，即謂之「進化」可也）。不遭明代八股之劫，不受明初七子諸文人復古之劫，則吾國之文學必已爲俚語的文學，而吾國之語言早成爲言文一致的語言，可無疑也。……今日之文學，獨我佛山人（吳趼人），南亭亭長（李伯元），洪都百錬生諸公之小說可稱「活文學」耳。〔註 5〕

5 月 18 日，日記中有《談活文學》一文。說：「吾國『活文學』僅有宋人語錄，元人雜劇院本，章回小說，及元以來的劇本、小說而已。」〔註 6〕

7 月 26 日，覆任鴻雋信，說：「且足下亦知今日受人崇拜之莎士比亞，即當時唱京調高腔者乎？莎氏之諸劇，在當日並不爲文人所貴重，但如吾國之

〔註 3〕胡適：《四十自述・在上海（二）》，《胡適文集》第 1 卷，第 82 頁。

〔註 4〕曹伯言整理：《胡適日記全編》第 1 卷，合肥：安徽教育出版社，2001 年 10 月，第 42～47 頁。

〔註 5〕《胡適日記全編》第 2 卷，第 352～356 頁。

〔註 6〕《胡適日記全編》第 2 卷，第 389 頁。

《水滸》、《三國》、《西遊》，僅受婦孺之歡迎，受『家喻戶曉』之福，而不能列爲第一流文學。」〔註 7〕

9 月 5 日，日記中有《王陽明之白話詩》一文，說：「清文正傳不在桐城、陽湖，而在吳敬梓、曹雪芹、李伯元、吳趼人諸人也。」〔註 8〕

1917 年

1 月，作《文學改良芻議》，載《新青年》第二卷第五號，說：「吾每謂今日之文學，其足與世界『第一流』文學比較而無愧色者，獨有白話小說（我佛山人，南亭亭長，洪都百鍊生三人而已）一項。……吾惟以施耐庵、曹雪芹、吳趼人爲文學正宗，故有『不避俗字俗語』之論也。」〔註 9〕

5 月 1 日，在《新青年》第三卷第三號，發表《歷史的文學觀念論》。〔註 10〕

5 月 10 日，致陳獨秀信，裁定諸多章回小說之流品，結末稱「故鄙以爲吾國第一流小說，古人惟《水滸》、《西遊》、《儒林外史》、《紅樓夢》四部，今人惟李伯元、吳趼人兩家，其它皆第二流以下耳。」〔註 11〕

9 月以後，在北京大學任教。〔註 12〕

11 月 20 日，覆錢玄同信，指出錢氏對於《三國演義》的誤會。批評《金瓶梅》「即以文學的眼光觀之，亦殊無價值。何則？文學之一要素，在於『美感』。請問先生讀《金瓶梅》，作何美感？」〔註 13〕

1918 年

3 月 15 日，在北京大學國文研究所小說科，講演「論短篇小說」。講演稿載 1918 年 5 月 15 日《新青年》第四卷第五號。〔註 14〕

〔註 7〕杜春和、韓榮芳、耿來金編：《胡適論學往來書信選》上冊，石家莊：河北人民出版社，1998 年 8 月，第 419 頁。

〔註 8〕《胡適日記全編》第 2 卷，第 482 頁。

〔註 9〕《胡適古典文學研究論集》上冊，上海：上海古籍出版社，1988 年 8 月，第 22～29 頁。

〔註 10〕曹伯言、季維龍編著：《胡適年譜》，合肥：安徽教育出版社，1986 年 1 月，第 118 頁。

〔註 11〕《胡適論學往來書信選》下冊，第 756～758 頁。

〔註 12〕胡頌平編著：《胡適之先生年譜長編初稿》（校訂版）第一冊，臺北：聯經出版事業公司，1990 年 11 月，第 263 頁。

〔註 13〕《胡適論學往來書信選》下冊，第 1107～1109 頁。

〔註 14〕《胡適年譜》，第 127 頁。

4 月，作《建設的文學革命論》，載《新青年》第四卷第四號，以《水滸傳》、《西遊記》、《儒林外史》、《紅樓夢》爲國語文學之標準和模範。〔註 15〕

1919 年

8 月 14 日，作《漢學家的科學方法》，載《科學》1920 年 2 月 3 日。〔註 16〕

8 月 16 日，作《論國故學——答毛子水》，載《新潮》第二卷第一期。〔註 17〕

8 月，作《清代學者的治學方法》，總結清代學者治學方法爲「總括起來，只是兩點：(1)大膽的假設。(2)小心的求證。假設不大膽，不能有新的發明。證據不充足，不能使人信仰」。原題《清代漢學家的科學方法》，載 1919 年 11 月至 1921 年 4 月《北京大學月刊》第五、七、九期。〔註 18〕

1920 年

4 月 8 日，作《吳敬梓傳》，稱之爲「我們安徽的第一個大文豪」，說一部《儒林外史》的宗旨，就是「批評明朝科舉用八股文的制度」。〔註 19〕

7 月 27 日，《〈水滸傳〉考證》脫稿，提出「歷史進化的文學觀念」。〔註 20〕

10 月 7 日，汪原放覆信，談點校嘉慶本《儒林外史》事。〔註 21〕

10 月 24 日，汪原放來信，談對〔亞東本〕《儒林外史》次序的意見。〔註 22〕

約本年 11 月 28 日，胡祥木來信，評價哀情小說。〔註 23〕

12 月 11 日，汪原放覆信，談〔亞東本〕《儒林外史》、《紅樓夢》出版事。〔註 24〕

12 月 14 日，覆青木正兒信，說：

〔註 15〕《胡適古典文學研究論集》上冊，第 50～69 頁。
〔註 16〕《胡適之先生年譜長編初稿》（校訂版）第二冊，第 370 頁。
〔註 17〕《胡適之先生年譜長編初稿》（校訂版）第二冊，第 370 頁。
〔註 18〕《胡適年譜》，第 162 頁。
〔註 19〕《胡適古典文學研究論集》下冊，第 1060、1061 頁。
〔註 20〕《胡適古典文學研究論集》下冊，第 790 頁。
〔註 21〕《胡適論學往來書信選》下冊，第 644～645 頁。
〔註 22〕《胡適論學往來書信選》下冊，第 646 頁。
〔註 23〕《胡適論學往來書信選》下冊，第 933～934 頁。
〔註 24〕《胡適論學往來書信選》下冊，第 646～647 頁。

先生前函曾提及令師狩野先生的《水滸考》，又蒙先生許我搜求載此文的《藝文》雜誌。此文我極想拜讀一遍。……

另寄上《儒林外史》一部，奉贈先生。〔註 25〕

1921 年

1 月 19 日，汪原放覆信，談〔亞東本〕《紅樓夢》、《西遊記》、《鏡花緣》出版事。〔註 26〕

1 月 24 日，覆青木正兒信，說：

先生說岡島的著作中有「《忠義水滸傳》二卷，自第一回至第十回，附訓點刊佈」。此本是否聖歎批本？若是明本百回本的前十回，我極想得著一部，不知能求得著嗎？

明代之《忠義水滸傳》（百回本）不知在日本尙可購買嗎？如能購得，我極願買一部。我近來買得一部一百十五回本的《水滸》，是一種六十六回本與《征四寇》合併起來的。〔註 27〕

1 月 31 日，汪原放來信，談購買木板本章回小說事。〔註 28〕

2 月 8 日，覆青木正兒信，感謝寄贈《忠義水滸傳》二冊，談此本與現行金聖歎本及百十五回本對讀事。並請青木代訪百回本《忠義水滸傳》和百二十回本《水滸全書》。〔註 29〕

2 月 17 日，青木正兒覆信，說：「關於你的對於百回本的 text 的觀察，我有一事不能同意底地方。從我的意見，小說之起原在演史，演史使人聽的，所以往往插入駢句和韻語，以娛俗耳。今觀察百回及百二十回本，繁用這個手段，可見卻存小說的舊觀。……金本刪除這個駢句和韻語，從文字手段上而說，就是做一進步，從小說形式上而論，卻是損傷舊觀了。自從這個見地，我也敢說『聖歎改擹〔竄〕了水滸了』！……他是很大膽，很不羈的一個評家，一經他手裏，悉做自家藥籠中的東西而改出來。」〔註 30〕

2 月 24 日，汪原放覆信，請教點讀《西遊記》事。〔註 31〕

〔註 25〕《胡適論學往來書信選》下冊，第 809 頁。
〔註 26〕《胡適論學往來書信選》下冊，第 647～648 頁。
〔註 27〕《胡適論學往來書信選》下冊，第 812～813 頁。
〔註 28〕《胡適論學往來書信選》下冊，第 649～650 頁。
〔註 29〕《胡適論學往來書信選》下冊，第 816～817 頁。
〔註 30〕《胡適論學往來書信選》下冊，第 819 頁。
〔註 31〕《胡適論學往來書信選》下冊，第 650～652 頁。

3月17日，寫成《紅樓夢考證》初稿。至11月12日，改定。〔註32〕

4月2日，致顧頡剛信，說：「近作《紅樓夢》考證，甚盼你為我一校讀。如有遺漏的材料，請為我簽出。」並請顧氏代為借書。〔註33〕

4月3日，致顧頡剛信，談高鶚史料事。〔註34〕

4月4日，顧頡剛覆信，提供有關高鶚的史料。〔註35〕

4月12日，顧頡剛來信，提供有關曹雪芹家世的史料。〔註36〕

4月13日，覆顧頡剛信，談曹寅及其史料。〔註37〕

4月16日，顧頡剛覆信，考證曹寅生平。〔註38〕

4月16日，覆顧頡剛信，談曹寅及其史料。〔註39〕

4月19日，顧頡剛覆信，考證曹寅家世。〔註40〕

4月20日，顧頡剛來信，考證曹雪芹家世。〔註41〕

4月20日，致顧頡剛信，談曹氏家族史料。〔註42〕

約本年4月21日，容肇祖來信，從張問陶《船山詩草》辛酉集《贈高蘭墅鶚同年》詩，為《紅樓夢考證》中推測「張問陶和高鶚是戊申鄉試同年」找出證據。〔註43〕

4月23日，顧頡剛來信，考證曹寅生年。〔註44〕

4月26日，顧頡剛來信，考證曹寅生平。〔註45〕

4月30日，顧頡剛來信，談對於曹雪芹家世的新發現。〔註46〕

5月1日，在天津，於天津圖書館查閱《楝亭全集》，於《文鈔》中摘錄

〔註32〕《胡適之先生年譜長編初稿》（校訂版）第二冊，第432頁。
〔註33〕《胡適論學往來書信選》下冊，第1027頁。
〔註34〕《胡適論學往來書信選》下冊，第1028頁。
〔註35〕《胡適論學往來書信選》下冊，第1028～1032頁。
〔註36〕《胡適論學往來書信選》下冊，第1033～1044頁。
〔註37〕《胡適論學往來書信選》下冊，第1044～1046頁。
〔註38〕《胡適論學往來書信選》下冊，第1046～1049頁。
〔註39〕《胡適論學往來書信選》下冊，第1049～1050頁。
〔註40〕《胡適論學往來書信選》下冊，第1050～1052頁。
〔註41〕《胡適論學往來書信選》下冊，第1052～1053頁。
〔註42〕《胡適論學往來書信選》下冊，第1053～1054頁。
〔註43〕《胡適論學往來書信選》下冊，第1163～1164頁。
〔註44〕《胡適論學往來書信選》下冊，第1054頁。
〔註45〕《胡適論學往來書信選》下冊，第1055～1056頁。
〔註46〕《胡適論學往來書信選》下冊，第1056頁。

有關曹寅之史料，並考證曹寅及曹雪芹生平。〔註47〕

5月8日，天津圖書館張中孚（嘉謀）來信，提供楊鍾羲《雪橋詩話》中有關曹雪芹事迹之史料。檢得《耆獻類徵》引《嘯亭雜錄》中敦誠敦敏生平史料。〔註48〕

5月5日，覆顧頡剛信，考證曹寅生卒年及曹雪芹家世。〔註49〕

5月9日，顧頡剛覆信，考證曹雪芹家世及其與《紅樓夢》中人物和情節之對應關係。〔註50〕

5月13日，錄俞平伯質疑《紅樓夢》爲高鶚補作之言論，附顧頡剛論《紅樓夢》信。〔註51〕

5月16日，錄《雪橋詩話》中有關敦誠敦敏生平史料。〔註52〕

5月17日，錄《雪橋詩話》中有關《紅樓夢》及文康史料。〔註53〕

5月19日，得青木正兒贈岡島璞譯《忠義水滸傳》。〔註54〕覆青木正兒信，說：

我想先把現有的各本《水滸傳》序例與回目，排列作一個比較表，然後尋出各本的先後與來歷。這篇「新考證」若做得成，差不多全是你的幫助的結果。

你考定百十回（《英雄譜》）本爲明末刻本，我覺得大概不錯。可惜鈴木先生所藏本已缺前面的序文與回目了。我懸揣此本之序必與我贈你的百十五回本的序相同。此序中有「東望而三經略之魄尚震，西望而兩開府之魂未招」兩句，可證此本初刻成時必在明崇禎時，滿洲已很成邊患，熊廷弼、袁崇煥等已死，流賊已很橫行，你以爲如何？

譯本《忠義水滸傳》第142回有李逵反對招安，宋江大怒欲斬李逵，一大段，爲百十五回本所無。此段可考見「忠義」二字的性質，怪不得聖歎看不起此本。〔註55〕

〔註47〕《胡適日記全編》第3卷，第233～238頁。
〔註48〕《胡適日記全編》第3卷，第246～247頁。
〔註49〕《胡適論學往來書信選》下冊，第1057～1058頁。
〔註50〕《胡適論學往來書信選》下冊，第1058～1059頁。
〔註51〕《胡適日記全編》第3卷，第254～258頁。
〔註52〕《胡適日記全編》第3卷，第259～260頁。
〔註53〕《胡適日記全編》第3卷，第260～261頁。
〔註54〕《胡適日記全編》第3卷，第265頁。
〔註55〕《胡適論學往來書信選》下冊，第821～822頁。

5 月 20 日，覆顧頡剛信，談關於曹雪芹及高鶚生平史料。〔註 56〕得單不庵送來《雪橋詩話續集》，檢得曹雪芹生平史料一則。〔註 57〕

5 月 26 日，顧頡剛覆信，考證曹雪芹家世。〔註 58〕

5 月 30 日，致顧頡剛信，考證曹雪芹家世。〔註 59〕買得一種一百二十四回本《水滸傳》。〔註 60〕

5 月 31 日，作《水滸傳各本回目對照表》。〔註 61〕

6 月 1 日，始作《〈水滸〉考證的跋》，6 月 11 日完成，改名《〈水滸傳〉後考》。又作附錄《致語考》。〔註 62〕

6 月 6 日，顧頡剛來信，考證曹雪芹家世及高鶚之補作。〔註 63〕

6 月 9 日，購《八旗人詩鈔》，錄敦誠、敦敏與曹雪芹贈答詩四首。〔註 64〕

6 月 10 日，俞平伯來信，談與顧頡剛關於《紅樓夢》中大觀園在南在北及賈母年齡之爭論。〔註 65〕

6 月 17 日，購楊鍾羲編《八旗文經》，從其《作者考》中錄曹寅、敦誠史料。〔註 66〕

6 月 18 日，致顧頡剛信，提示有關曹雪芹、高鶚史料。〔註 67〕

6 月 23 日，顧頡剛覆信，考證曹寅、曹雪芹、高鶚。〔註 68〕

6 月 28 日，覆顧頡剛信，談大觀園與隨園之關係。〔註 69〕

7 月 2 日，購清宗室永奎（嵩山）的《神清室詩稿》三卷。「集中有《訪菊》、《夢菊》、《簪菊》、《問菊》五首七律。……此五題即《紅樓夢》三十八回菊花詩十二題之五。詩的做法大致也相同。大概這十二題是當時這一班滿

〔註 56〕《胡適論學往來書信選》下冊，第 1060～1061 頁。
〔註 57〕《胡適日記全編》第 3 卷，第 270～271 頁。
〔註 58〕《胡適論學往來書信選》下冊，第 1061～1063 頁。
〔註 59〕《胡適論學往來書信選》下冊，第 1063～1065 頁。
〔註 60〕《胡適日記全編》第 3 卷，第 281 頁。
〔註 61〕《胡適日記全編》第 3 卷，第 286 頁。
〔註 62〕《胡適日記全編》第 3 卷，第 289～310 頁。
〔註 63〕《胡適論學往來書信選》下冊，第 1065～1069 頁。
〔註 64〕《胡適日記全編》第 3 卷，第 306～308 頁。
〔註 65〕《胡適論學往來書信選》下冊，第 960～961 頁。
〔註 66〕《胡適日記全編》第 3 卷，第 321～322 頁。
〔註 67〕《胡適論學往來書信選》下冊，第 1069 頁。
〔註 68〕《胡適論學往來書信選》下冊，第 1070～1072 頁。
〔註 69〕《胡適論學往來書信選》下冊，第 1072 頁。

洲詩人的詩社題目，雪芹也做了十二首，遂裝到《紅樓夢》裏去。」〔註 70〕

7 月 10 日，顧頡剛覆信，考證曹雪芹家世。〔註 71〕

7 月 16 日，日記中說：「沒有一個眞正南方學者能做一部《聊齋誌異》，也沒有一個眞正南方學者能做一部《閱微草堂筆記》！還有些笨伯先生說蒲松齡與紀昀都是借鬼狐罵人，不知道這兩個『北方之豪』的腦海裏都是二十四分的深信鬼狐爲事實。」〔註 72〕

7 月 18 日，顧頡剛覆信，提供曹家及《紅樓夢》史料。〔註 73〕

7 月 31 日，在南京東南大學及南京高師暑期學校演講，題爲「研究國故的方法」。著重談了下面四點：（一）「歷史的觀念」。要把舊書當作歷史看，知彼好到什麼地步，或者壞到什麼地步。這是研究國故方法底起點，是「開宗明義」的第一章。（二）「疑古的態度」。簡要言之，就是「寧可疑而錯，不可信而錯」十個字。我們疑古底目的，是在得其「眞」。（三）「系統的研究」。要研究文學和哲學，就得先研究其文學史和哲學史；政治亦然。……找出因果的關係，前後的關鍵。（四）「整理」。形式的方面，加上標點和符號，替彼分開段落來。內容方面，加上新的注解，折中舊有的注解。並且加上新的序、跋和考證；還要講明書底歷史和價值。枕薪記錄，載 1921 年 8 月 4 日上海《民國日報》副刊。這個題目 1922 年 10 月又在北京高等師範講過一次，何呈錡記錄，載同年 11 月《國文學會叢刊》第一卷第一期。〔註 74〕

8 月 13 日，與顧頡剛談編寫《中國歷史》的事，說：「做歷史有兩方面，一方面是科學——嚴格的評判史料；一方面是藝術——大膽的想像力。史料總不會是齊全的。往往有一段，無一段，又有一段。那沒有史料的一段空缺，就不得不靠史家的想像力來填補了。有時史料雖可靠，而史料所含的意義往往不顯露，這時候也須靠史家的想像力來解釋。整理史料固重要，解釋（interpret）史料也極爲重要。中國止有史料——無數史料，——而無歷史，正因爲史家缺欠解釋的能力。」〔註 75〕

〔註 70〕《胡適日記全編》第 3 卷，第 352 頁。
〔註 71〕《胡適論學往來書信選》下冊，第 1073～1074 頁。
〔註 72〕《胡適日記全編》第 3 卷，第 374～375 頁。
〔註 73〕《胡適論學往來書信選》下冊，第 1074～1075 頁。
〔註 74〕《胡適年譜》，第 209 頁。
〔註 75〕《胡適日記全編》第 3 卷，第 431 頁。

9月6日，顧頡剛來信，提供曹寅史料。〔註76〕

9月12日，翻看羅振玉的《雪堂叢刻》，檢出他的《五十日夢痕錄》，略看一遍。頁 23 以下有紀劉鐵雲事實一篇。說：「我尋求劉鐵雲事實，久而無所得，今見此篇，大喜過望。……他的《老殘遊記》，我當時即疑心是一種自傳。今讀此傳，果然。」〔註77〕

9月24日，朱希祖來信，說：

近日讀了你的《紅樓夢考證》，說曹寅生平的事實很詳，快慰得很。但是曹寅生平尚有一件最大的事業卻失落未載，現在我想把這件事告訴你，將來再版時補入。

曹寅生平最大的事業，影響我們文學界的就是刻《全唐詩》一事……

我想曹寅在詩學上做了如許功績，他的兒子曹雪芹又在小說上做了一代能手，在清代文學史上，皆有很大影響，是不可不表彰的。〔註78〕

11月4日，校改《清代學者的治學方法》，補作第八章。概括出「大膽假設，小心求證」的原則，認爲「此篇亦是一篇很好的方法論，見解與做法都有一點長處，故尚可存」。〔註79〕

11月10日，陳筱莊（寶泉）借《靖逆記》一部。從其中曹綸傳可證曹綸不是曹寅後人。〔註80〕

11月12日，完成《〈紅樓夢〉考證》。此次共改了七八千字，兩日而畢。〔註81〕

11月13日，朱希祖借《金椶亭詩鈔》一部，凡十八卷。中有二詩，可考吳敬梓的事實。〔註82〕

11月19日，作《〈胡適文存〉序例》，說：「我的唯一的目的是注重學問思想的方法。故這些文章，無論是講實驗主義，是考證小說，是研究一個字的文法，都可說是方法論的文章。」〔註83〕

〔註76〕《胡適論學往來書信選》下冊，第1075～1076頁。
〔註77〕《胡適日記全編》第3卷，第467頁。
〔註78〕《胡適論學往來書信選》上冊，第393～395頁。
〔註79〕《胡適日記全編》第3卷，第510頁。
〔註80〕《胡適日記全編》第3卷，第513頁。
〔註81〕《胡適日記全編》第3卷，第516頁。
〔註82〕《胡適日記全編》第3卷，第516頁。
〔註83〕《胡適文集》第2卷，第1頁。

1922 年

1 月 4 日，蔡元培來信，說：「承賜大著《胡適文存》四冊，拜領，謝謝！雖未遑即全讀，亟檢《〈紅樓夢〉考證》讀之，材料更增，排比亦更順矣。弟對於『附會』之辨，須俟出院後始能爲之。」〔註 84〕

1 月 21 日，胡祥木來信，提供臨桂倪氏《桐陰清話》、福州梁恭辰《勸誡四錄》中關涉《紅樓夢》史料各一則；《夷堅志》中關涉「致語」史料一則，爲胡適《水滸傳考證》後附之《致語考》提供左證。〔註 85〕作《章實齋先生年譜序》，說：「我這部年譜，雖然沿用向來年譜的體裁，但有幾點，頗可以算是新的體例。」〔註 86〕

2 月 5 日，翻看乾隆時葉堂編訂的《納書楹曲譜》，抄錄其中有關《西遊記》的材料。〔註 87〕

2 月 11 日，購《煙畫東堂小品》十二冊，似是南陵徐氏刻。中有宋人平話《京本通俗小說》殘本七種，甚可貴。購《唐三藏取經詩話》殘本一冊，羅振玉影印的。此書中已有猴行者，可供《〈西遊記〉考證》的材料。購《〈儒林外史〉評》二卷，二冊。合刊天目山樵與黃某之評。光緒十一年當塗黃安謹子眘（黃之子）刻。〔註 88〕

2 月 12 日，車上讀宋代《京本通俗小說》四種，都是鬼小說：

《碾玉觀音》，情節頗離奇。

《菩薩蠻》，簡單。

《西山一窟鬼》，中有王婆說媒一段白話甚好。

《志誠張主管》，簡單。〔註 89〕

2 月 13 日，看《京本通俗小說》三種：《拗相公》，《錯斬崔寧》，《馮玉梅團圓》。說：「《拗相公》是誣衊王安石的；《馮玉梅》寫南渡時兵亂時的人民流離，頗好。」〔註 90〕

2 月 15 日，日記中說：「偶看小說《平妖傳》，忽有意外的發見。此書有

〔註 84〕《胡適論學往來書信選》下冊，第 1293 頁。

〔註 85〕《胡適論學往來書信選》下冊，第 935～937 頁。

〔註 86〕《胡適之先生年譜長編初稿》（校訂版）第二冊，第 475 頁。

〔註 87〕《胡適日記全編》第 3 卷，第 550～551 頁。

〔註 88〕《胡適日記全編》第 3 卷，第 554 頁。

〔註 89〕《胡適日記全編》第 3 卷，第 556 頁。

〔註 90〕《胡適日記全編》第 3 卷，第 556 頁。

楚黃、張無咎的序，說王綵三每稱羅貫中《三遂平妖傳》堪與《水滸》頡頏，……我的意外發見乃是卷首的『燈花婆婆』的致語。因此可見周亮工說的那有燈花婆婆的致語的羅氏《水滸傳》，並非《水滸傳》，乃是《平妖傳》。二書同託名羅貫中，故有此誤記。三百年的疑團，到此始打破，可稱一快事！」〔註 91〕

3 月 3 日，作《文學革命運動》一文，將白話文學劃分爲五個時期：

一、漢魏六朝「樂府」。

二、唐代的白話詩和禪宗的白話散文。

三、五代的白話詞，北宋柳永、歐陽修、黃庭堅的白話詞，南宋辛棄疾一派的白話詞。

四、金、元時代的白話小曲和白話雜劇。

五、明清白話小說。

明清五百年的白話小說，代表第五個時期的白話文學。五百年流行最廣，勢力最大，影響最深，就是《水滸》、《三國》、《西遊》、《紅樓》等幾部小說。……白話小說起與宋代，到明朝已進入成人時期。〔註 92〕

3 月 13 日，顧頡剛來信，談《紅樓夢》。〔註 93〕

3 月 15 日，劉昱厚來信，讚揚《紅樓夢考證》，並請教有關《紅樓夢》的問題。〔註 94〕

3 月 24 日，擬《國語文學史》新細目，於兩宋金元明清各部分中均設專門章節討論小說。〔註 95〕

約本年 4 月 21 日，張汝舟來信，說：「去年在南京舊家，得幾卷《水滸》，書名《忠義水滸全書》。」將書之大概告訴胡適，並提出對胡適《水滸傳考證》的幾點疑問。〔註 96〕

4 月 19 日，松筠閣送來《四松堂集》一部。摘錄其中有關敦誠及曹雪芹史料，並考證曹雪芹生平。〔註 97〕

4 月 21 日，蔡元培送來《四松堂集》刻本五冊，並附抄錄其中有關曹雪

〔註 91〕《胡適日記全編》第 3 卷，第 557～558 頁。

〔註 92〕《胡適之先生年譜長編初稿》（校訂版）第二冊，第 478 頁。

〔註 93〕《胡適日記全編》第 3 卷，第 579 頁。

〔註 94〕《胡適論學往來書信選》上冊，第 464 頁。

〔註 95〕胡適：《〈白話文學史〉自序》，《胡適古典文學研究論集》上冊，第 177～179 頁。

〔註 96〕《胡適論學往來書信選》下冊，第 680～686 頁。

〔註 97〕《胡適日記全編》第 3 卷，第 624～628 頁。

芹史料之來信。〔註 98〕

5 月 14 日，作《跋〈紅樓夢〉考證》，答蔡元培先生來信。〔註 99〕

5 月 15 日，作《〈三國演義〉序》，至 5 月 16 日完成。〔註 100〕

5 月 24 日，致錢玄同信，談《〈三國演義〉序》的主要觀點。〔註 101〕

讀董授經新刻的《醉醒石》十五卷。說：

這是一部明朝的短篇小說，中多明朝晚年的故事，頗有歷史的價值。著作的年代當在崇禎時，在《今古奇觀》之後。見解有在《今古奇觀》之上的，技術也不壞。

將來當重作《論短篇小說》一文，加入《京本通俗小說》及《醉醒石》等材料，爲系統之研究。《今古奇觀》有許多續本，也可供研究。〔註 102〕

6 月 14 日，王獨清來信，說：

先生說：「施耐庵是明朝中葉一個文學大家的假名。」這自然是很對的。我以爲施耐庵或是著者別墅之稱，如隨園、有懷堂等。後人把施耐庵底「施」字當作姓看，其實這個施字也可以作動詞解，就是「施耐」；其下「庵」字，與隨園之「園」、有懷堂之「堂」同。著者自名其著書之庵爲「施耐」，或含有二義：一是表忍耐苦痛的意思，……一是敘他著這部書的經過，這麼一部大書，當然著者認爲終生事業，非有耐力是不行的。……

先生承認袁枚《隨園詩話》中說《紅樓夢》中底大觀園即是他底隨園的話，甚是。在外國苦於無書，但我記得《隨園詩話》中還有說曹雪芹底詩的一條，似乎像這樣說：

曹雪芹詩云：「可憐繡戶侯門女，獨臥青燈古佛旁」。我記得這一條似乎沒有提說《紅樓夢》，若我這記憶不錯，那麼我就疑惑曹雪芹必有詩集，像「可憐繡戶侯門女」的詩，必定在他底詩集上也刊印著。……袁枚這一條當係指他詩集中底詩而言。……若這段假設不錯，那麼就更可以證明《紅樓夢》是他「『將眞事隱去』的自敘的書」了。〔註 103〕

7 月 1 日，董康贈宋劉斧《青瑣高議》，評該書說：「此書上接唐人的短

〔註 98〕《胡適日記全編》第 3 卷，第 630～631 頁。

〔註 99〕《胡適之先生年譜長編初稿》（校訂版）第二冊，第 486 頁。

〔註 100〕《胡適日記全編》第 3 卷，第 667 頁。

〔註 101〕《胡適年譜》，第 233～234 頁。

〔註 102〕《胡適日記全編》第 3 卷，第 673 頁。

〔註 103〕《胡適論學往來書信選》上冊，第 311 頁。

篇，下接宋人的京本小說，確是可寶貴的小說史料。」〔註 104〕

8 月 14 日，魯迅來信，提供關於《西遊記》作者事迹的材料。說：「焦循《劇說》引《茶餘客話》說《西遊記》作者事，亦與《山陽志遺》所記略同。」並借同文局印之有關於《品花》考證之寶書。〔註 105〕

8 月 26 日，日本學者今關來談，對今關說：

我們的使命，是打倒一切成見，為中國學術謀解放。

我們只認方法，不認家法。

中國今日無一個史家。〔註 106〕

10 月 21 日，作《宋代「說話」種類表》。〔註 107〕

10 月 29 日，作《吳敬梓年譜》，11 月 2 日完成。短序中說：「中國小說家都不能有傳記，這是中國文學史上最不幸的事。」11 月 3 日修改，定稿。〔註 108〕

11 月 17 日，出席文友會本年第二次會，演說《中國小說發達史》。〔註 109〕

1923 年

2 月 4 日，改定《〈西遊記〉考證》。〔註 110〕

3 月 7 日，為日譯本《五十年來中國之文學》作序，說：「小說向來受文士的蔑視，但這幾十年中也漸漸得著了相當的承認。古小說的發現，尤為這個時期的特色。《宣和遺事》的翻印，《五代史平話》殘本的刻行，《唐三藏取經詩話》的來自日本，南宋《京本通俗小說》的印行，都可給文學史家許多材料。近年我們提倡用新式標點符號翻印古小說，如《水滸傳》，《紅樓夢》之類，加上歷史的考證，文學的批評，這也可算是這個時期一種小貢獻。」〔註 111〕

3 月 9 日，徐名驥來信，據乾隆《淮安府志》卷二十二下《文苑》頁二十九上之吳承恩傳，提供吳承恩生平史料及該書卷三十《藝文》頁七十六所載

〔註 104〕《胡適日記全編》第 3 卷，第 712 頁。
〔註 105〕《胡適論學往來書信選》下冊，第 1288～1289 頁。
〔註 106〕《胡適日記全編》第 3 卷，第 772 頁。
〔註 107〕《胡適日記全編》第 3 卷，第 857～861 頁。
〔註 108〕《胡適日記全編》第 3 卷，第 871～877 頁。
〔註 109〕《胡適日記全編》第 3 卷，第 883 頁。
〔註 110〕《胡適年譜》，第 268 頁。
〔註 111〕《胡適古典文學研究論集》上冊，第 168～169 頁。

吳承恩詩五首名錄。〔註112〕

4月3日，日記中說：「我以為中國『文藝復興時期』當自宋起。宋人大膽的疑古，小心的考證，實在是一種新的精神。……王學之興，是第二期。那時的戲曲小說，『山人』『才子』，皆可代表一種新精神與新趨勢。肉體的生活之尊嚴，是這個時期的一點特別色彩。」〔註113〕

4月8日，日記中說：「小說《三俠五義》為《七俠五義》之原本，我近得一本，乃是光緒己卯（五年，1879）初次用聚珍板排印的，錯字甚多，顏脊敏果作顏查散，可證俞樾在光緒十五年所見，仍是此本。此書未經南方人改動，樸茂滑稽，風趣遠勝改本。」〔註114〕

5月22日，完成《〈鏡花緣〉的引論》。〔註115〕

6月4日，顧頡剛轉來俞平伯的雜記一篇，論《儒林外史》的回數。〔註116〕

10月13日，王鍾麟來信，因校對日本內閣本與李玄伯本《李卓吾批評百回本忠義水滸傳》，發現「不同之處很多」，「所有不同之處，很可考見孰先孰後，可以明瞭演變之迹的」。〔註117〕

12月12日，作《〈水滸續集兩種〉序》，說《水滸續集》是合兩種書做成的：「一部是摘取百十五回本《水滸傳》的第六十六回以後，是為《征四寇》。一部是清初陳忱做的《水滸後傳》。」並考定此陳忱是南潯的陳忱（號雁蕩山樵），而不是秀水的陳忱。〔註118〕

12月31日，魯迅來信，談《水滸傳》版本，建議亞東圖書館刊印《三俠五義》、《西遊補》、《海上花列傳》。〔註119〕

1924年

1月5日，魯迅來信，稱讚《〈水滸續集兩種〉序》「序文極好，有益於讀者不鮮」，附寄《西遊補》，並建議亞東圖書館重印《海上花列傳》。〔註120〕

〔註112〕《胡適論學往來書信選》下冊，第1138～1139頁。
〔註113〕《胡適日記全編》第4卷，第7～8頁。
〔註114〕《胡適日記全編》第4卷，第11頁。
〔註115〕《胡適日記全編》第4卷，第16頁。
〔註116〕《胡適日記全編》第4卷，第33頁。
〔註117〕《胡適論學往來書信選》上冊，第39～40頁。
〔註118〕《胡適古典文學研究論集》下冊，第866～874頁。
〔註119〕《胡適日記全編》第4卷，第145～146頁。
〔註120〕《胡適論學往來書信選》下冊，第1289頁。

1 月，在東南大學國學研究班講「再談整理國故」。著重從建設方面談了四種整理國故的方式：

一、最低限度之整理——讀本式整理。這種方式，即是整理所有最著名的古書，使成爲普通讀本，使一般人能讀能解。

二、索引式的整理。如以繩索錢，使能提綱挈領也。

三、結帳式的整理。把自古迄今各家的聚訟結合起來，作一判斷，好像商家在年底結帳一樣。

四、專史式的整理。就各種性質類似的古書，纂集起來作爲一種專史，如詩賦史、詞曲史……等類是也。

載 1924 年 2 月 25 日《晨報副鐫》。〔註 121〕

11 月 7 日，作《與陳世芬書》，將《醒世姻緣》、《儒林外史》作爲「中國教育史料」。〔註 122〕

12 月 6 日，容庚來信，說：「頃從友人處看見一部舊抄本一百二十回的《紅樓夢》，前後並無序跋批評。拿來校亞東的本子，校了兩回，很多不同的地方（另紙錄呈）。……不知道與先生所藏『程乙本』比較怎麼樣？如不相同，這就可算《紅樓夢》的祖本了。那麼，先生謂後四十回爲高鶚所補，恐怕有些不對？」〔註 123〕

12 月 10 日，容庚來信，說：「茲再校出《紅樓夢》一段，與通行本不同，卻描寫細緻得多。如與先生所藏『程乙本』不同，便可確定其爲未經修改的原本了。……八十回後的也曾校了兩回，無甚異同。高氏『至其原文，未敢臆改』的話，確是可信。先生信程氏的話而不信高氏的話，恐有些不對？」〔註 124〕

12 月 26 日，作《讀吳承恩〈射陽文存〉》。又考證了吳承恩的生卒年代。過去他作《西遊記考證》，初定吳承恩生於明正德之末（約 1520），附記中改爲弘治、正德之間（約 1505）。現根據《射陽文存》的資料考證，「大概吳承恩生於 1500 年左右，死於 1580 年左右」。1930 年 7 月 30 日爲本書寫後記，又改爲死於 1582 年。載 1925 年 4 月 3 日《猛進》周刊第四期。〔註 125〕

〔註 121〕《胡適年譜》，第 289 頁。

〔註 122〕《胡適之先生年譜長編初稿》（校訂版）第二冊，第 578 頁。

〔註 123〕《胡適論學往來書信選》下冊，第 1161 頁。

〔註 124〕《胡適論學往來書信選》下冊，第 1162 頁。

〔註 125〕《胡適古典文學研究論集》下冊，第 944～946 頁。

1925 年

2 月 14 日，段翰蓀來信，質疑胡適《水滸傳後考》中施耐庵大概是一個文人的論斷。據於四川聽一位地師所講故事，說施耐庵爲陳友諒軍師。〔註 126〕

3 月 14 日、21 日，在《現代評論》第一卷第十四、十五期，發表《狸貓換太子故事的演變》。文末說：「《宋史・后妃傳》的六百個字在八九百年內竟演成一部大書，竟演成了幾十本的連臺長戲。這件事的本身不值得多大的研究。但這個故事的生長變遷，來歷分明，最容易研究，最容易使我們瞭解一個傳說怎樣變遷沿革的步驟。這個故事不過是傳說生長史的一個有趣味的實例。此事雖小，可以喻大。」〔註 127〕

3 月 15 日，完成《〈三俠五義〉序》。〔註 128〕

約本年 5 月 25 日，劉大杰來信，題爲《古本〈水滸〉與俗本〈水滸〉——致胡適之先生》，說：

胡先生是無論如何，不會承認金聖歎假託古本，去竄改眞本的了。換一句說，就是胡先生斷定新百回本以前，確有一種七十回本——金聖歎所謂的古本……

金聖歎評本前面的施序，是金氏僞託的了，因此我們對於施耐庵本身的有無，也就起了懷疑。……

金聖歎的評本，是竄改百廿回本和新百回本成的。他稱眞本爲俗本，稱自己的改本爲古本。再進一步說，就是明朝中葉那種七十回本，完全是金聖歎自己假託的，確實是沒有這種本子的了。假如我們要是承認原百回本是羅貫中做的，施耐庵這一個人，也就根本不能成立。〔註 129〕

11 月 7 日，在上海作《〈老殘遊記〉序》。〔註 130〕

12 月，作《〈兒女英雄傳〉序》。說：文鐵仙不肯寫他家所以敗落的原因，卻用全力描寫一個理想的圓滿的家庭，「於是《兒女英雄傳》遂成一部傳奇的而非寫實的小說了」。〔註 131〕

約本年，李宗侗來信，談訪問說《三俠五義》、《小五義》評書者劉傑謙

〔註 126〕《胡適論學往來書信選》下冊，第 958～959 頁。
〔註 127〕《胡適文集》第 10 卷，第 25 頁。
〔註 128〕《胡適年譜》，第 301 頁。
〔註 129〕《胡適論學往來書信選》上冊，第 455～457 頁。
〔註 130〕《胡適年譜》，第 312 頁。
〔註 131〕《胡適古典文學研究論集》下冊，第 1159 頁。

事，劉謂《三俠五義》爲士子所作，並談及作品情節及人物的形成與流變。〔註 132〕

1926 年

6 月 30 日，作《〈海上花列傳〉序》。〔註 133〕

1927 年

5 月 22 日，胡星垣來信，說：「茲啓者：敝處有舊藏原抄《脂硯齋批紅樓》，惟只存十六回，計四大本。因聞先生最喜《紅樓夢》，爲此函詢，如合尊意，祈示知，當以原書送閱。」〔註 134〕

本年夏，購得乾隆甲戌（1754 年）鈔本《脂硯齋重評石頭記》殘本十六回，爲曹雪芹在世時之鈔本。〔註 135〕

8 月 11 日，致錢玄同信，說：「近日收到一部乾隆甲戌抄本的《脂硯齋重評石頭記》，只剩十六回，卻是奇遇！批者爲曹雪芹的本家，與雪芹是好朋友。其中墨評作於雪芹生時，朱批作於他死後。有許多處可以供史料。……此爲近來一大喜事，故遠道奉告。」〔註 136〕

11 月 12 日，作《〈官場現形記〉序》。〔註 137〕

11 月 14 日，作《重印乾隆壬子本〈紅樓夢〉序》。〔註 138〕

本年，作有關《脂硯齋重評石頭記》讀書札記若干。〔註 139〕

1928 年

2 月 12 日至 2 月 16 日，作《考證〈紅樓夢〉的新材料》。說明劉銓福藏的殘本《脂硯齋重評〈石頭記〉》「是海內最古的《石頭記》抄本」，提供了大量考證《紅樓夢》的新材料。載 1928 年 3 月 19 日《新月》第一卷第一期。〔註 140〕

〔註 132〕《胡適論學往來書信選》上冊，第 586～588 頁。

〔註 133〕《胡適年譜》，第 318 頁。

〔註 134〕《胡適論學往來書信選》下冊，第 927 頁。

〔註 135〕胡不歸：《胡適之先生五十歲年表》，《胡適傳記三種》，合肥：安徽教育出版社，2002 年 3 月，第 90 頁。

〔註 136〕《胡適論學往來書信選》下冊，第 1130～1131 頁。

〔註 137〕《胡適年譜》，第 335 頁。

〔註 138〕《胡適年譜》，第 336 頁。

〔註 139〕《胡適日記全編》第 4 卷，第 543～547 頁。

〔註 140〕《胡適紅樓夢研究論述全編》，上海：上海古籍出版社，1986 年 9 月，第

4 月 20 日，作《廬山遊記》。在結束語中，借題談了他作考據文章的理由：「我爲什麼要考證《紅樓夢》？在消極方面，我要教人懷疑王夢阮、徐柳泉、蔡孑民一班人的謬說。在積極方面，我要教人一個思想學問的方法。我要教人疑而後信，考而後信，有充分證據而後信。」載 1928 年 5 月 10 日《新月》第一卷第三期。〔註 141〕

5 月 10 日，作《〈曲海〉序》。指出：「向來中國的學者對於小說戲曲大都存鄙薄的態度，故校勘考據的功力只用於他們所謂『正經書』，而不用於小說曲本；甚至於收藏之家，目錄之學，皆視小說戲劇爲不足道。……比較說來，小說更受上流社會的輕視，故關於他們的記載更缺乏。」〔註 142〕

6 月，《白話文學史》上卷由新月書店出版。〔註 143〕

9 月 10 日，作《〈宋人話本八種〉序》。〔註 144〕

9 月，作《治學的方法與材料》一文。認爲科學的方法，只不過是「尊重事實，尊重證據」。在應用上，科學的方法只不過「大膽的假設，小心的求證」。載《新月》第一卷第九期，《小說月報》第二〇卷第一期。〔註 145〕

11 月 21 日，致孫佳訊信，說：

今天在《秋野》第二卷第五期裏得讀你的《〈鏡花緣〉補考》，我很高興，又很感謝。高興的是你尋得了許多海州學者的遺著，把這位有革新思想的李松石的歷史考的更詳細了；感謝的是你修正了我的許多錯誤。但我還有兩個小請求：

(1) 你的《補考》，將來可否許我收到《〈鏡花緣〉的引論》的後面作個附錄？……

(2) 吳魯星先生的《考證》，不知載什麼雜誌裏，你能代索一份賜寄嗎？〔註 146〕

約 11 月，孫佳訊覆信，談考證《鏡花緣》作者及相關材料事。〔註 147〕

---

158 頁。

〔註 141〕《胡適文集》第 4 卷，第 152 頁。

〔註 142〕《胡適文集》第 4 卷，第 569 頁。

〔註 143〕《胡適年譜》，第 349 頁。

〔註 144〕《胡適年譜》，第 351 頁。

〔註 145〕《胡適之先生年譜長編初稿》（校訂版）第三冊，第 757 頁。

〔註 146〕《胡適論學往來書信選》上冊，第 489 頁。

〔註 147〕《胡適論學往來書信選》上冊，第 490～491 頁。

12 月 11 日，孫佳訊來信，寄吳魯星《〈鏡花緣〉考證》稿，並談作者考證事。〔註 148〕

12 月 7 日，吳奎明來信，說：「《鏡花緣》一書，出產在吾海〔州〕，所以我幼時就聽父老講出一些傳說來。才子許喬林的原稿，又說是腹稿……及到讀了先生的《引論》，又引起我的疑團；我又屢屢聽到許著《鏡花緣》，並聽有原刻板藏在板浦許裔處。」〔註 149〕

1929 年

約本年 2 月 19 日，余嘉錫來信，提供考證《水滸傳》材料若干。〔註 150〕

4 月 20 日，應邀看李祖韓先生藏之曹雪芹畫像手卷，說：「此人號雪芹，但不姓曹。」「我斷定此人是翰林院中一個前輩，不是《紅樓夢》的作者。」〔註 151〕

6 月 23 日，完成《水滸傳新考》，收入《胡適文存》三集時，改題爲《百二十回本忠義水滸傳序》。並作《水滸版本源流沿革表》。〔註 152〕

6 月 26 日，手抄胡瑞亭《施耐庵世籍考》。日記中說：「我不信此事，頗疑爲鄉下小族無可依託，只好假託於《水滸》作者，而不知《水滸》作者也是烏有先生也。」〔註 153〕

約本年 9 月 29 日，鄭振鐸來信，指出胡適《宋人話本八種》序中「元曲的『楔子』沒有放在篇首的。在篇首如何可用『楔』呢？」之論斷有誤。〔註 154〕

約本年，孫楷第來信，說：

而欲搜羅俗文，宜先調查小說、戲曲諸目，於是有小說目錄之編輯。（戲曲稍有依據，小說則無，自來無目錄。）因得瀏覽諸小說書，於板本源流及文字內容稍稍留意。繼複檢蔣瑞藻、錢靜方等考證及魯迅氏所著書而閱之，知雖街談巷談，班氏取目爲小知者，亦盡有田地。如蔣氏等書，漫無倫紀，似不足以云著作。魯迅則曾談本書，才學富贍，凡所論定，俱確有所見，不

〔註 148〕《胡適論學往來書信選》上冊，第 491～492 頁。
〔註 149〕《胡適論學往來書信選》上冊，第 627 頁。
〔註 150〕《胡適論學往來書信選》下冊，第 640～642 頁。
〔註 151〕《胡適日記全編》第 5 卷，第 395 頁。
〔註 152〕《胡適日記全編》第 5 卷，第 438～439 頁。
〔註 153〕《胡適日記全編》第 5 卷，第 440～443 頁。
〔註 154〕《胡適論學往來書信選》下冊，第 875～876 頁。

爲妄發；文亦淵正遒美，不愧作者。惜於板本源流，猶未詳述；又爲體裁所限，於本書內容及故事之源猶未能備載。

竊嘗謂吾國小說俗文素被擯斥，收藏家不掇拾，史學家不著錄，考證家不過問，使七八百年以來負才之士抱冤屈而不得伸。獨先生於「五四」之際，毅然提倡，不僅爲破壞工作，兼從事於積極整理，爲小說擡高身份，使風氣稍稍轉移，今之讀書人猶肯從事於此，實源淵於先生，可謂豪傑之大先天下之憂樂者也！

並談及自家擬定小說書目之體例及內容。〔註 155〕

1930 年

2 月，孫楷第來信，附呈《大公報》民國十九年二月三日《文學副刊》，譯《斯文》雜誌本年一月號之長澤規矩也氏《蠹魚漫言》，論及《西遊記》鼎刻本及世德堂刻本。〔註 156〕

約本年 3 月 16 日，趙景深來信，考證《好逑傳》創作之朝代。〔註 157〕

約本年 6 月 16 日，孫楷第來信，提供《南曲譜》中有關《西遊記》陳光蕊及江流事旁證一條。〔註 158〕

7 月 19 日，讀明朝小說《醒世恒言》。日記中說：「此書本有四十卷，我得的本子刪去《海陵王》一卷，而把張廷秀一卷分作兩卷。……《海陵王》一卷之被刪，不全是因爲淫褻，恐怕還是因此譏刺金人，怕犯滿洲人的忌諱罷？」並分析該書與《今古奇觀》、《京本通俗小說》之關係，考證其中源出「宋本」的作品。〔註 159〕

7 月 24 日，儲皖峰來信，從清梁辰恭《北東園筆錄》四編卷四中抄錄有關《紅樓夢》的一段記載，提供給胡適。〔註 160〕

10 月 8 日，孫楷第帶來聊齋俗文學幾種，張子高（準）又借來《聊齋文集》十二冊，「大喜過望」。〔註 161〕

約本年，孫楷第來信，說：「亞東排印古小說，甚便閱者，自是勝事。」

〔註 155〕《胡適論學往來書信選》上冊，第 494～495 頁。
〔註 156〕《胡適論學往來書信選》上冊，第 498～499 頁。
〔註 157〕《胡適論學往來書信選》下冊，第 905 頁。
〔註 158〕《胡適論學往來書信選》上冊，第 501 頁。
〔註 159〕《胡適日記全編》第 5 卷，第 730～732 頁。
〔註 160〕《胡適論學往來書信選》下冊，第 1282～1284 頁。
〔註 161〕《胡適日記全編》第 5 卷，第 804 頁。

並提供道光己亥眉山何氏刊本《通易西遊正旨》，張含章（署無名氏，當即張氏）序，有關於陳光蕊事之材料。〔註 162〕

1931 年

3 月 13 日，抄錄吳昌齡《西遊記》（鹽谷溫印本）的取經故事摘要。〔註 163〕

3 月 15 日，改定《跋〈四遊記〉本的〈西遊記傳〉》，斷定此書「是一個妄人硬刪吳承恩本縮成的節本，決不是吳本以前的古本」，指出魯迅《中國小說史略》之誤斷，載 1931 年 5、6 月《國立北平圖書館館刊》第五卷第三期。〔註 164〕

約本年 5 月 5 日，吳晗來信，談編寫《胡應麟年譜》事。〔註 165〕

5 月 6 日，覆吳晗信，為吳晗編寫《胡應麟年譜》提供指導。〔註 166〕

6 月 12 日，李宗侗來信，說：「偶翻百廿回本《水滸》尊序，見對袁無涯道人未考證，又對李卓吾批《水滸》疑為後人贗作，因憶袁中道的《遊居柿錄》中有與這件公案相關的記載。亟翻道書，果於卷九得之，……能知李卓吾確曾批點過《水滸》。」〔註 167〕

約本年 6 月 29 日，吳晗來信，從清梁恭辰《北東園雜錄》中抄錄材料，為胡適《跋〈紅樓夢〉考證》中「曹雪芹的兒子先死了，雪芹感傷成病，不久也死了。據此，雪芹死後，似乎沒有後人」之論斷提供證據，證明胡適考證之正確。〔註 168〕

7 月 15 日，日記中說：

《舶載書目通覽》第九冊「享保十三年書目校閱寫」之下有

《醒世姻緣傳》一百回

……

享保十三年為雍正六年（1725）。……如此條可大證《醒世姻緣》出版在雍正六年以前。（孫子書說）〔註 169〕

〔註 162〕《胡適論學往來書信選》上冊，第 500 頁。
〔註 163〕《胡適日記全編》第 6 卷，第 92～93 頁。
〔註 164〕《胡適之先生年譜長編初稿》（校訂版）第三冊，第 967 頁。
〔註 165〕《胡適論學往來書信選》上冊，第 594～595 頁。
〔註 166〕《胡適論學往來書信選》上冊，第 596 頁。
〔註 167〕《胡適論學往來書信選》上冊，第 588～589 頁。
〔註 168〕《胡適論學往來書信選》上冊，第 604～605 頁。
〔註 169〕《胡適日記全編》第 6 卷，第 128 頁。

約本年 8 月 26 日，吳晗來信，談編寫《胡應麟年譜》事。〔註 170〕

9 月 5 日，作《辨僞舉例——蒲松齡的生年考》。考定「蒲松齡生於崇禎十三年庚辰（1640），死於康熙五十四年乙未正月二十二日（1715 年 2 月 25 日），享年七十六歲」。載 1932 年 3 月 10 日《新月》第四卷第一期。〔註 171〕

11 月 8 日，容肇祖來信，據周桂笙《新庵筆記》卷三（引自魯迅《小說舊聞鈔》）一則史料，證胡適《官場現形記序》中「這書有光緒癸卯（1903）茂苑惜秋生的序，痛論官的制度；這篇序大概是李寶嘉自己作的」之論斷有誤。〔註 172〕

12 月 13 日，作《〈醒世姻緣傳〉考證》，載 1932 年 3 月 10 日《新月》第四卷第一期。〔註 173〕

約本年某月 18 日，吳晗來信，談編寫《胡應麟年譜》事。〔註 174〕

約本年某月 19 日，吳晗來信，談編寫《胡應麟年譜》事。〔註 175〕

約本年某月 28 日，吳晗來信，說：「先生的《紅樓夢考證》頁三十七，以敦誠兄弟的詩斷定曹雪芹的生卒時代——生約 1715～1720，死乾隆三十年左右，約 1765——這是一個極精確的論斷。但是先生的話只是假設，並沒有什麼強硬的同時代的證據。……近幾天在《延芬室稿》找到一些可以證實此問題的材料，特抄了獻給先生。」〔註 176〕

1932 年

約本年 3 月，孫楷第來信：說：「《隋史演義》之歷史演變，自明迄清，凡經數變，以至荒謬俗書爲止，其頭緒實不在《三國》、《水滸》之下，可作一長文述之。以先生大手筆，爲此等文最相宜。」〔註 177〕

約本年夏，孫楷第來信，從《永樂大典》見評話一段，可「知吳承恩《西遊記》原自有祖本，且其書遠在永樂以前也。」〔註 178〕

〔註 170〕《胡適論學往來書信選》上冊，第 605～607 頁。
〔註 171〕《胡適古典文學研究論集》下冊，第 975 頁。
〔註 172〕《胡適論學往來書信選》下冊，第 1165 頁。
〔註 173〕《胡適年譜》，第 402 頁。
〔註 174〕《胡適論學往來書信選》上冊，第 603～604 頁。
〔註 175〕《胡適論學往來書信選》上冊，第 599～603 頁。
〔註 176〕《胡適論學往來書信選》上冊，第 596～599 頁。
〔註 177〕《胡適論學往來書信選》上冊，第 502 頁。
〔註 178〕《胡適論學往來書信選》上冊，第 503 頁。

約本年6月9日，孟森來信，談《醒世姻緣》。〔註179〕

7月24日，作《〈日本東京所見中國小說書目提要〉序》。指出本書作者孫子書（楷第）「是今日研究中國小說史最用功又最有成績的學者。他的成績之大，都由於他的方法之細密。他的方法，無他巧妙，只是用目錄之學做基礎而已。……這種記載便是爲中國小說史立下目錄學的根基。……這是最穩固可靠的根基，因爲七八百年中的小說發達史都可以在這些板本變遷沿革的痕迹上看出來。所以孫先生本意不過是要編一部小說書目，而結果卻是建立了科學的中國小說史學，而他自己也因此成爲中國研究小說史的專門學者。」〔註180〕

7月27日，孫楷第來信，感謝胡適爲《日本東京所見中國小說書目提要》作序。提示曲譜中有關陳光蕊及江流故事的材料。〔註181〕

8月2日，羅爾綱來信，提供《夢闌瑣筆》（《昭代叢書》本）中有關《醒世姻緣》作者爲蒲松齡的一則史料。〔註182〕

12月7日，錄讀徐星署藏《脂硯齋重評石頭記》札記三則。〔註183〕

1933年

1月14日，李辰冬來信，抄錄自家關於《紅樓夢》的博士論文的研究大綱，並請教。〔註184〕

1月17日，陳垣覆信，說：「賜示大著《蒲松齡生年考》，仔細讀過；石印本《聊齋詩集》，亦仔細讀過。先生所考定蒲松齡生年及年歲，精確不可移易，至佩至佩！」但對胡適斷定《全集》皆係捏造提出質疑。〔註185〕

1月22日，作《跋乾隆庚辰本〈脂硯齋重評石頭記〉鈔本》。〔註186〕

4月3日，羅爾綱來信，提供《虞初近志》中的兩篇傳記，吳沃堯《李伯元傳》和李葭榮《我佛山人傳》，補魯迅《中國小說史略》之缺。〔註187〕

〔註179〕《胡適論學往來書信選》下冊，第892～894頁。

〔註180〕《胡適古典文學研究論集》下冊，第1271頁。

〔註181〕《胡適論學往來書信選》上冊，第504頁。

〔註182〕中國社會科學院近代史研究所中華民國史組編：《胡適來往書信選》中冊，北京：中華書局，1979年5月，第126～127頁。

〔註183〕《胡適日記全編》第6卷，第194～195頁。

〔註184〕《胡適論學往來書信選》上冊，第579～582頁。

〔註185〕《胡適論學往來書信選》下冊，第715～717頁。

〔註186〕《胡適年譜》，第425頁。

〔註187〕《胡適來往書信選》中冊，第205～207頁。

1934年

1月7日，覆倫哲如信，說：「拙著《〈醒世姻緣〉考證》，承先生印可，我很高興。又承抄示李葆恂筆記，甚感。李君在當時能如此推崇此書，不可謂非先覺。《般陽詩萃》中有蒲留仙詩百四十首之多，我實不知有此書。」〔註188〕

1935年

7月30日，致《中央日報》社長陳博生信，稱《中央日報》專欄《北晨藝圃》發表署名「履道」的《蒲松齡死年辨》一文爲「冒充考證的欺詐文字」。指出該文之史料錯誤。並說：「我的《辨僞舉例》是我生平最得意的一篇考證學的小品文字」。〔註189〕

8月17日，再致陳博生信，指責《中央日報》又發表「履道」的答辯文字，再次以實證材料辨僞，措辭嚴厲。〔註190〕

10月1日，爲張元《柳泉蒲先生墓表》作《跋》，載1935年10月17日天津《益世報·讀書》周刊第二十期。〔註191〕

約本年，孫楷第來信，提供考證《金瓶梅》材料，對小說作者提出假設（李開先）並求證，兼評《金瓶梅》之小說史地位。〔註192〕

1936年

3月21日，覆葉英信，說：「你讀過《儒林外史》沒有？那是中國教育史的最好史料。」〔註193〕

3月24日，柳存仁來信，柳氏曾作《陸西星封神傳考證》，向胡適提供有關《封神演義》作者爲陸西星的新證據。〔註194〕

6月4日，有《北京大學新印程廷祚〈青溪全集〉》一文，提出《儒林外史》是宣揚顏李學派的小說。載天津《益世報》「讀書周刊」五十一期。〔註195〕

6月10日，致張政烺信，說：

〔註188〕《胡適論學往來書信選》上冊，第436頁。
〔註189〕《胡適論學往來書信選》下冊，第775～777頁。
〔註190〕《胡適論學往來書信選》下冊，第777～780頁。
〔註191〕《胡適年譜》，第486頁。
〔註192〕《胡適論學往來書信選》上冊，第508～512頁。
〔註193〕《胡適論學往來書信選》上冊，第346頁。《胡適來往書信選》中冊，第307頁。
〔註194〕《胡適論學往來書信選》下冊，第939～940頁。
〔註195〕《胡適之先生年譜長編初稿》（校訂版）第四冊，第1512～1515頁。

謝謝你八日的信。……現在得你的考證，此書（《封神演義》）的作者是陸長庚，大概很可信了。

他的《南華副墨》有萬曆戊寅自序，戊寅爲萬曆六年（1578），其時已在吳承恩（生約當 1500）近八十歲的時候了。《西遊記》必已流行。陸長庚大概從《西遊記》得著一種 inspiration，就取坊間流行的《武王伐紂書》（《全相平話》本，與今存之《列國志傳》之第一冊相同），放手改作，寫成這部《封神演義》。

我那天在講堂上曾說：《封神》改本所以大勝於原本，就使紂方大大的生色，又造出一個申公豹來，從中挑撥是非，搬仙調怪，才有「三十六路伐西岐」的大熱鬧。

「三十六路伐西岐」似脫胎於《西遊記》的八十一難。《封神》一榜似從《水滸》的石碣脫胎出來。但《封神》中的三十六路，一路未完，一路已起；十絕陣未全破，而趙公明兄妹等都已出場。其章法波瀾起伏，實勝於《西遊記》。〔註 196〕

6 月 22 日，致羅爾綱信，說：「我在《史學》（中央日報）第十一期上看見你的《清代士大夫好利風氣的由來》，……這種文章是做不得的。這個題目根本就不能成立。……我近年教人，只有一句話：『有幾分證據，說幾分話。』有一分證據，只可說一分話；有三分證據，然後可說三分話。治史者可以作大膽的假設，然而決不可作無證據的概論也。」〔註 197〕

本年，作《〈封神演義〉的作者》，載 1936 年 7 月 12 日《獨立評論》第 209 號。〔註 198〕

1941 年

3 月 17 日，孫楷第來信，說：

近閱李慈銘《越縵堂日記補》庚集上，咸豐十年二月十六日記有一條談到《醒世姻緣》，也說是蒲松齡作的，可見道、咸間的人都已知道這書是蒲公作。抄於後：「十六日辛亥，晴。無俚閱小說演義，名《醒世姻緣》者，書百卷，乃蒲松齡所作。老成細密，亦此道中之近理可觀者。」〔註 199〕

〔註 196〕《胡適論學往來書信選》下冊，第 687～688 頁。

〔註 197〕《胡適論學往來書信選》下冊，第 826～827 頁。

〔註 198〕《胡適年譜》，第 506 頁。

〔註 199〕《胡適來往書信選》中冊，第 519 頁。

1942 年

《中國章回小說考證》由實業印書館出版。收入：《〈水滸傳〉考證》；《〈水滸傳〉後考》（附《致語考》）；《百二十回本〈忠義水滸傳〉序》；《〈水滸〉續集兩種序》；《〈紅樓夢〉考證》；《重印乾隆壬子本〈紅樓夢〉序》；《考證〈紅樓夢〉的新材料》；《跋〈紅樓夢考證〉》；《〈西遊記〉考證》；《〈三國演義〉序》；《〈三俠五義〉序》；《〈官場現形記〉序》；《〈海上花列傳〉序》；《〈鏡花緣〉的引論》。〔註 200〕

1943 年

3 月 19 日，王重民來信，說：「萬曆間世德堂刻《西遊記》第二本，持校亞東校印先生藏本，文字全同，惟無陳光蕊逢災江流報仇事。子出謂清初汪象旭始增入此二事。然則先生藏本當從汪本出，而汪本從世德堂本出也。觀今本第九、十兩回，描寫長安相重複，插入痕迹極明顯。」〔註 201〕

3 月 31 日，致王重民信，說：

你說世德堂刻本《西遊記》小說無陳光蕊與江流事，使我很感興趣。楊景賢雜劇始有此二事，後人大概根據此劇加入的。

你說，除此加入一段外，世德堂本與我用的本子文字全同，此一點也使我很放心。當我勸亞東用此本標點時，我深信此本爲現存各本中最好的本子。友朋中頗有人疑此本的描寫細密傳神之處是後來增修的，不是吳承恩的原文。我堅持用此本，力主書中描寫傳神之處，皆是原文所有。但近年西遊古本漸出，我竟無機會細校，每以爲憾。今得你的斷語，使我放心多了。〔註 202〕

5 月 25 日，覆王重民信，說：

我在民國九年考證《水滸》，其時《水滸》通行本只有金聖歎的七十一回本，藏書家亦不知收藏小說善本古本。此後十年之中，《水滸》的百回本，百廿回本，百十五回本等等，相繼出現，都是因爲我們幾個人肯出重價收買，重賞之下，古本自出了。

……

我和馬隅卿、孫子書諸人在文學史上的貢獻只是用校勘考證的方法去讀

〔註 200〕《胡適年譜》，第 600 頁。

〔註 201〕《胡適論學往來書信選》上冊，第 45～46 頁。

〔註 202〕《胡適論學往來書信選》上冊，第 48 頁。

小說書。讀小說要考證校勘，然後感覺古本精本的需要。否則石印的聖歎評本確是比百回古本方便得多多也！〔註 203〕

10 月 27 日，致楊聯陞信，評李光璧《〈封神演義〉考證——附楊聯陞先生來函》一文。〔註 204〕

1944 年

4 月 28 日，王重民覆信，說：「至如先生文字的明白，且能化難爲易，那是人人知道的。這篇《全校〈水經注〉辨僞》，正如先生考《紅樓夢》、《水滸傳》一樣，而明白簡易，則猶過之。」〔註 205〕

1945 年

7 月 13 日，作《記但明倫道光壬寅（1842）刻的〈聊齋誌異新評〉》一文。〔註 206〕

1946 年

10 月 4 日，爲《大公報・文史》周刊題字並作《引子》，說：「文化是一點一滴造成的。文化史的研究，依我們的愚見，總免不了無數細小問題的解答。高明的思想家盡可以提出各種大假設來做文化史的概括見解。但文史學者的主要工作還只是尋求無數細小問題的細密解答。文化史的寫定終得倚靠這種一點一滴的努力。我們沒有共同的歷史觀。但我們頗盼望我們自己能夠努力做到一條方法上的共同戒律：『有幾分證據，說幾分話』。有五分證據，只可說五分的話。有十分證據，才可說十分的話。」載 1946 年 10 月 16 日上海《大公報》〔註 207〕

10 月 6 日，作《考據學的責任與方法》，說：「歷史的考據是用證據來考定過去的事實。史學家用證據考定事實的有無、眞僞、是非，與偵探訪案，法官斷獄，責任的嚴重相同，方法的謹嚴也應相同。」載 1946 年 10 月 16 日上海《大公報・文史》周刊第一期。〔註 208〕

〔註 203〕《胡適論學往來書信選》上冊，第 74 頁。
〔註 204〕《論學談詩二十年：胡適楊聯陞往來書劄》，合肥：安徽教育出版社，2001 年 8 月，第 4～5 頁。
〔註 205〕《胡適論學往來書信選》上冊，第 204 頁。
〔註 206〕《胡適之先生年譜長編初稿》（校訂版）第五冊，第 1888 頁。
〔註 207〕《胡適年譜》，第 638 頁。
〔註 208〕《胡適年譜》，第 638～639 頁。

1947 年

10 月 2 日，作《記金聖歎刻本〈水滸傳〉裏避諱的謹嚴》，載 1947 年 11 月 14 日《申報・文史》周刊第四十期。〔註 209〕

12 月 7 日，致周汝昌信，稱讚周著《曹雪芹生卒年》說：「《楙齋詩鈔》的發見，是先生的大貢獻。……《紅樓夢》的史料添了六首詩，最可慶幸。」但堅持自家關於雪芹年歲考證之結論。〔註 210〕

1948 年

6 月 4 日，周汝昌來信，爲考證《紅樓夢》請胡適指導。向胡適借曹寅詩文集並《紅樓夢》脂批本。說：「先生當日作考證，是以雪芹爲主要目標，家世背景只明大概。而我現在卻非僅以雪芹個人爲考證目標，舉凡關於曹家之隻詞詞組，皆在搜集之內，皆有其價值用處。」〔註 211〕

7 月 11 日，周汝昌來信，說：「前造謁，蒙不棄款談，並慨然將極珍罕的書拿出，交與一個初次會面陌生的青年人，憑他攜去。我覺得這樣的事，旁人不是都能作得來的。並談脂批本之價值及集本校勘《紅樓夢》的願望。」〔註 212〕

7 月 25 日，周汝昌覆信，談《紅樓夢》戚蓼生本。〔註 213〕

9 月 11 日，周汝昌來信，談爲脂本錄副本事，撰寫《紅樓家世》事。並說：「頗疑《石頭記》裏的北靜王，即是清高宗第六子質莊親王。」〔註 214〕

9 月 19 日，周汝昌覆信，談考證曹寅材料。〔註 215〕

10 月 23 日，周汝昌來信，談考證《紅樓夢》材料並劉銓福。〔註 216〕

1949 年

7 月 5 日，作《校勘學和考據學的題語》，指出：「校勘學的正路是多尋求古本，——尋求原稿本或最接近原稿本的古本。同樣的，考證學的正路是多尋求證據，——多尋求最直接的、最早的證據。『推理的校勘』不是校勘學的

〔註 209〕《胡適年譜》，第 665 頁。
〔註 210〕《胡適論學往來書信選》下冊，第 847 頁。
〔註 211〕《胡適論學往來書信選》下冊，第 848 頁。
〔註 212〕《胡適論學往來書信選》下冊，第 849～850 頁。
〔註 213〕《胡適論學往來書信選》下冊，第 851 頁。
〔註 214〕《胡適論學往來書信選》下冊，第 853～854 頁。
〔註 215〕《胡適論學往來書信選》下冊，第 855 頁。
〔註 216〕《胡適論學往來書信選》下冊，第 856～859 頁。

正路，證據不夠的推求也不是考據學的正路。」〔註217〕

1950年

6月21日，翻看上海排印的《五續今古奇觀》，是坊間抽印的「短篇小說總集」的一部，其中材料往往出於「三言」，「二拍」。說：「今天我特別注意王本立《天涯尋親》一篇，其中寫明朝北方『差役』制度的可怕，特別寫報充『里役』之種種痛苦，眞是重要史料。」〔註218〕

12月12日，日記中說：「前作《吳敬梓年譜》，用《文木山房集》作材料最多。集有序文幾篇，其一爲唐時琳，是江寧府訓導。我頗疑爲《儒林外史》裏面的虞博士。」並引《隨園全集》中的材料考證之。〔註219〕

1951年

9月8日，錄9月7日作《對潘夏先生〈紅樓夢〉的一封信》，批評潘氏的「紅學」研究仍用「索隱法」。特別強調：「必須先作這種傳記的考證，然後可以確定這個『作者自敘』的平凡而合情理的說法。」〔註220〕

1952年

12月1日，在臺灣大學講「治學方法」第一講：引論。說：「有兩句話也許可以算是講治學方法的一種很簡單扼要的話。那兩句話就是：『大膽的假設，小心的求證』。……今天講治學方法引論，可以說就是要說明什麼叫做假設；什麼叫做大膽的假設；怎麼樣證明或者否證假設，比大膽的假設還要重要。」講演稿載1952年12月2日臺北《中央日報》，收入《胡適言論集》甲編。〔註221〕

12月5日，第二講：方法的自覺。說：「方法的自覺，……就是方法的批評：自己批評自己，自己檢討自己，發現自己的錯誤，糾正自己的錯誤。……要做到方法的自覺，……一要審查自己的證據可靠不可靠；二要審查自己的證據與本案有沒有相干。……又強調做學問要能養成『勤、謹、和、緩』的好習慣；有了好習慣，當然就有好的方法，好的結果。」講演稿載1952年12

〔註217〕《胡適年譜》，第711頁。

〔註218〕《胡適日記全編》第8卷，第39頁。

〔註219〕《胡適日記全編》第8卷，第83頁。

〔註220〕《胡適日記全編》第8卷，第135～137頁。

〔註221〕《胡適之先生年譜長編初稿》（校訂版）第六冊，第2242～2244頁。

月 6 日臺北《中央日報》，收入《胡適言論集》甲編。〔註 222〕

12 月 6 日，第三講：方法與材料。這次講演，基本上是他 1928 年 8 月寫的《治學的方法與材料》一文的思想，但作了新的補充的論證。大意是：「材料可以幫助方法；材料的不夠，可以限制做學問的方法；而且材料的不同，又可以使做學問的結果與成績不同。……做研究要得到好的成績，不外上面所說的三個條件：一，直接的研究材料；二，能夠隨時隨地擴張材料；三，能夠擴充研究時所用的工具。這是從事研究學問而具有成績的人所通有的經驗。」講演稿載 1952 年 12 月 7 日臺北《中央日報》，收入《胡適言論集》甲編。〔註 223〕

1953 年

1 月 12 日，在臺灣省立師範學院演講《傳記文學》，認爲「《紅樓夢》也是傳記文學。」〔註 224〕

1954 年

3 月 23 日，出席中國文藝協會歡迎茶會，致詞解釋過去曾化過許多精力，對於白話小說如《紅樓夢》、《水滸傳》、《醒世姻緣》考證的用意：一是研究白話的白話文學史，以提高白話文學的地位；一是感激白話文的創始者，所以研究他們的生平，表揚他們的事迹。〔註 225〕

1955 年

1 月 25 日，覆張愛玲信，說：「『平淡而近自然的境界』是很難得一般讀者的賞識的。《海上花》就是一個久被埋沒的好例子。」〔註 226〕

1959 年

3 月 12 日，改定《容忍與自由》一文，說：「我十七歲的時候（1908）曾在《競業旬報》上發表幾條《無鬼叢話》，其中就有一條是痛罵小說《西遊記》和《封神榜》的，……我在那時候當然沒有夢想到說這話的小孩子在十五年後（1923）會很熱心的給《西遊記》作兩萬字的考證！我在那時候當然更沒

〔註 222〕《胡適之先生年譜長編初稿》（校訂版）第六冊，第 2247～2251 頁。
〔註 223〕《胡適之先生年譜長編初稿》（校訂版）第六冊，第 2251～2256 頁。
〔註 224〕《胡適之先生年譜長編初稿》（校訂版）第六冊，第 2325 頁。
〔註 225〕《胡適之先生年譜長編初稿》（校訂版）第七冊，第 2406 頁。
〔註 226〕《胡適之先生年譜長編初稿》（校訂版）第七冊，第 2462 頁。

有想到那個小孩子在二、三十年後還時時留心搜求可以考證《封神榜》的作者的材料！」〔註227〕

5月9日，作《「深沙神」在唐朝的盛行》筆記一條。以後改題爲《〈西遊記〉的沙和尚的來歷》〔註228〕

6月26日，覆拙哉信，說：「道士的書，百分之九十九是僞作。《仙佛合宗》書中說『邱祖作《西遊記》以明心曰心猿』，正足以證此書是僞作。小說《西遊記》與邱處機《西遊記》是兩部書，完全無關。」〔註229〕

12月27日，上午，在臺灣圖書館學會演講《找書的快樂》，談考證《紅樓夢》的兩個問題：作者問題和版本問題；並以考證《紅樓夢》和《儒林外史》爲例，介紹如何搜集資料。〔註230〕

下午，對中國教育學會等六個學術團體發表專題演講，題爲《中國教育史的材料》說：「要找尋教育史的活的資料，《儒林外史》、《醒世姻緣》……都有很好的資料。《儒林外史》實在是一部很好的教育史資料，書中不但談到學制，學生、老師們的生活，同時還談到由於學制，老師、學生們的生活與關係，所養成的學生的人格與德性。《醒世姻緣》雖然是一部全世界最偉大的怕太太小說，但它裏面有些地方，把當時的學制與師生之間的生活情形，描寫得非常透澈。」〔註231〕

1960年

5月30日，抄錄一粟《紅樓夢書錄》並加評論。〔註232〕

11月19日，覆信給高陽，對其所作《曹雪芹的年齡和生父新考》發表評論。〔註233〕

11月20日，致蘇雪林信，談《紅樓夢》說：

我寫了幾萬字考證《紅樓夢》，差不多沒有說一句讚頌《紅樓夢》的文學價值的話。

〔註227〕《胡適之先生年譜長編初稿》（校訂版）第八冊，第2854頁。

〔註228〕《胡適之先生年譜長編初稿》（校訂版）第八冊，第2895～2896頁。

〔註229〕《胡適之先生年譜長編初稿》（校訂版）第八冊，第2947頁。

〔註230〕《胡適日記全編》第8卷，第652～654頁。

〔註231〕《胡適日記全編》第8卷，第655～656頁。《胡適之先生年譜長編初稿》（校訂版）第八冊，第3133頁。

〔註232〕《胡適日記全編》第8卷，第716～721頁。

〔註233〕《胡適之先生年譜長編初稿》（校訂版）第九冊，第3370～3373頁。

我向來感覺，在見解上，《紅樓夢》比不上《儒林外史》；在文學技術上，《紅樓夢》比不上《海上花列傳》，也比不上《老殘遊記》。

我平心靜氣的看法是：在那些滿洲新舊王孫與漢軍紈绔子弟的文人之中，曹雪芹要算是天才最高的了，可惜他雖有天才，而他的家庭環境及社會環境，以及當時整個的中國文學背景，都沒有可以讓他發展思想與修養文學的機會。在那一個淺陋而人人自命風流才子的背景裏，《紅樓夢》的見解與文學技術當然都不會高明到那兒去。他描寫人物，確有相當的細膩、深刻，都只是因爲他的天才高，又有「半世親見親聞」的經驗作底子。可惜他的貧與病不許他從容寫作，從容改削。他的《紅樓夢》，依據我們現在發見的可靠資料看來，是隨寫隨鈔出去換錢買糧過活的，不但全書沒有寫完成，前八十回還有幾回是顯然「未成而芹逝矣」（脂批本二十二回畸笏記）。〔註 234〕

11 月 21 日，夜有《所謂「曹雪芹小象」的謎》一文，此文寫至 22 日清晨 2 時脫稿，認爲畫中人號「雪芹」，但不是曹雪芹。載 1961 年 4 月 15 日臺北《新時代》第一卷第四期。〔註 235〕

11 月 24 日，致高陽信。說：

你說的不錯：「三十年來（快四十年了，我的『考證』稿是民國十年三月寫的，改稿是十年十一月改定的）『紅學』的內容，一直是史學的重於文學的。」

我寫了幾萬字的考證，差不多沒有說一句讚頌《紅樓夢》的文學價值的話，——大陸上中共清算我，也曾指出我止說了一句：「《紅樓夢》只是老老實實的描寫這一個『坐吃山空』『樹倒猢猻散』的自然趨勢，因爲如此，所以《紅樓夢》是一部自然主義的傑作。」此外，我沒有說一句從文學觀點來讚美《紅樓夢》的話。

老實說來，我這句話已過分讚美《紅樓夢》了。書中主角是赤霞宮神瑛侍者投胎的，是含玉而生的，——這樣的見解如何能產生一部平淡無奇的自然主義的小說！

我曾仔細評量《紅樓夢》前八十回裏的詩、詞、曲子，以及書中表現的思想與文學技術；我也曾評量曹雪芹往來的朋友——如宗室敦誠、敦敏等人

〔註 234〕《胡適之先生年譜長編初稿》（校訂版）第九冊，第 3374～3375 頁。
〔註 235〕《胡適之先生年譜長編初稿》（校訂版）第九冊，第 3381 頁。

——的詩文所表現的思想與文學技術。我平心靜氣的看法是：曹雪芹是個有天才而沒有機會得著修養訓練的文人，——他的家庭環境、社會環境、往來朋友、中國文學的背景等等，都沒有能夠給他一個可以得著文學的修養訓練的機會，更沒有能夠給他一點思考或發展思想的機會。……在那個貧乏的思想背景裏，《紅樓夢》的見解當然不會高明到那兒去，《紅樓夢》的文學造詣當然也不會高明到那兒去。

……

我常說，《紅樓夢》在思想見地上比不上《儒林外史》，在文學技術上比不上《海上花》（韓子雲），也比不上《儒林外史》，……也可以說，還比不上《老殘遊記》。（那些破落戶的舊王孫與滿漢旗人，人人自命風流才子，在那個環境裏，雪芹的成就總算是特出的了。）〔註 236〕

1961 年

1 月 17 日，致蘇雪林、高陽信，說：

雪林說曹雪芹是最幸運的作家，我寫給你們的兩封信，本意正是要指出他是最不幸的作家。但我好像沒有把這個意思說清楚，讀者可能只看見我說《紅樓夢》的見解比不及《儒林外史》，文學技術比不上《海上花列傳》，他們可能不容易看出我指出他的貧與病，他的環境，他的背景，全部是要說明曹雪芹是一位最不幸的作家，但應該得到我們在三百年後的同情的惋惜與諒解。

……

我今天要補充一個意思，就是：《紅樓夢》的最大不幸是這部殘稿既沒有經過作者自己的最後修改，又沒有經過長時間的流傳，就被高鶚、程偉元續補成百二十回，就被他們趕忙用活字排印流傳出來了。

……

所以在民國十六年以前的一把三十多年中，全國流行的《紅樓夢》都是那部沒有經過第一次修改的「程甲本」，這是《紅樓夢》的最大不幸。

……

曹雪芹的殘稿的壞鈔本，是只可以供我們考據家作「本子」比勘的數據的，不是供我們用文學批評的眼光來批評詛罵的。〔註 237〕

〔註 236〕《胡適之先生年譜長編初稿》（校訂版）第九冊，第 3386 頁。
〔註 237〕《胡適之先生年譜長編初稿》（校訂版）第十冊，第 3455～3457 頁。

1月24日，致胡天獵信，談小說版本。〔註238〕

2月4日，沈志明借《豆棚閒話》，作筆記，略考小說作者之籍貫及成書年代。〔註239〕

2月8日，作《影印乾隆甲戌脂硯齋重評石頭記的緣起》。爲配合曹雪芹將近二百年紀念的日期，題作2月12日。〔註240〕

2月12日，作《胡天獵先生影印乾隆壬子年活字版百廿回〈紅樓夢〉序》，說：「胡天獵先生收藏舊小說很多，可惜他只帶了很少一部分出來，其中居然有這一部原用木活字排印的『程乙本』《紅樓夢》！現在他把這部『程乙本』影印流行，使世人可以看看一百七十年前程偉元、高鶚『詳加校閱改訂』的《紅樓夢》是個什麼樣子。這是《紅樓夢》版本史上一件很值得歡迎贊助的大好事，所以我很高興的寫這篇短序來歡迎這個影印本。」載1962年7月5日香港《大學生活》第十八卷第四期。〔註241〕

2月15日，半夜寫《跋〈紅樓夢〉書錄》小文。〔註242〕

2月16日，批評壽鵬飛《〈紅樓夢〉本事辯證》之「索隱派」論斷。〔註243〕

2月17日，又寫上文《補記》。〔註244〕翻看「願爲明鏡室主人」的《讀紅樓夢雜記》（《香豔叢書》第十四集）。摘錄可證「自敘說」之材料兩則。〔註245〕

2月18日，對胡頌平說：《讀紅樓夢雜記》（《香豔叢書》）的作者「願爲明鏡室主人」，「就是旌德的江順怡，字秋珊；是我太太的上一代的人。」〔註246〕

5月6日，作《跋子水藏的有正書局石印的戚蓼生序本紅樓夢的小字本》一文。〔註247〕

5月18日，《跋〈乾隆甲戌脂硯齋重評石頭記影印本〉》一文脫稿，說：

〔註238〕《胡適之先生年譜長編初稿》（校訂版）第十冊，第3462～3463頁。
〔註239〕《胡適日記全編》第8卷，第755～756頁。
〔註240〕《胡適之先生年譜長編初稿》（校訂版）第十冊，第3498～3501頁。
〔註241〕《胡適之先生年譜長編初稿》（校訂版）第十冊，第3501～3502頁。
〔註242〕《胡適日記全編》第8卷，第756頁。
〔註243〕《胡適日記全編》第8卷，第757頁。
〔註244〕《胡適之先生年譜長編初稿》（校訂版）第十冊，第3507～3508頁。
〔註245〕《胡適日記全編》第8卷，第757～758頁。
〔註246〕《胡適之先生年譜長編初稿》（校訂版）第十冊，第3359頁。
〔註247〕《胡適之先生年譜長編初稿》（校訂版）第十冊，第3561～3562頁。

「今天我寫這篇介紹脂硯（齋）甲戌影印本的跋文，我只想談談三個問題：第一，我要指出這個甲戌本在四十年來《紅樓夢》的版本研究上曾有過劃時代的貢獻。第二，我要指出曹雪芹在乾隆甲戌年（1754）寫定的《石頭記》初稿本止有這十六回。第三，我要介紹原藏書人劉銓福，並附帶介紹此本墨筆加批的孫桐生。」載 1961 年 6 月 1 日臺北《作品》第二卷第六期。〔註 248〕

6 月 21 日，用有正書局戚本（大字本）校《脂評庚辰本紅樓夢》。對胡頌平說：「我自己對紅樓夢最大的貢獻，就是從前用校勘、訓詁、考據來治經學史學的，也可以用在小說上，校勘必須要有本子，現在本子出來了，可以工作了。」〔註 249〕

7 月 18 日，作《「十殿閻王」》筆記一則，說：「病床上看《聊齋誌異》的呂湛恩注本，此公的注釋很有用；特別是他充分運用了山東各縣的方志，注明蒲留仙的朋友、老師、同鄉、先輩的姓名事略，給了我們絕大的方便。」〔註 250〕

9 月 3 日，覆王某信，說：「小說《西遊記》與邱長春毫無關係，從前一切道士妄說，都不足信。」〔註 251〕

10 月 10 日，致蘇雪林信，談《紅樓夢》各版本書字之差異。〔註 252〕

10 月 14 日，覆翁慧娟（雅南）信，評其《紅樓夢雜記》，並談《紅樓夢》版本。〔註 253〕

〔註 248〕《胡適之先生年譜長編初稿》（校訂版）第十冊，第 3569～3589 頁。
〔註 249〕《胡適之先生年譜長編初稿》（校訂版）第十冊，第 3652 頁。
〔註 250〕《胡適古典文學研究論集》下冊，第 976 頁。
〔註 251〕《胡適之先生年譜長編初稿》（校訂版）第十冊，第 3725～3726 頁。
〔註 252〕《胡適日記全編》第 8 卷，第 784～787 頁。
〔註 253〕《胡適日記全編》第 8 卷，第 789～796 頁。

參考書目

（依作者姓氏音序）

1. 《魯迅全集》，北京：人民文學出版社，2005 年 11 月。
2. 林辰、王永昌編：《魯迅輯校古籍叢編》，北京：人民文學出版社，1999 年 7 月。
3. 單演義標點：《魯迅小說史大略》，西安：陝西人民出版社，1981 年 4 月。
4. 許壽裳保存：《中國小說史大略》，見魯迅博物館魯迅研究室編：《魯迅研究資料》第 17 輯，天津：天津人民出版社，1986 年 9 月。
5. 〔日〕伊藤漱平、中島利郎編，楊國華譯：《魯迅增田涉師弟答問集》，上海：華東師範大學出版社，1989 年 7 月。
6. 曹伯言整理：《胡適日記全編》，合肥：安徽教育出版社，2001 年 10 月。
7. 杜春和、韓榮芳、耿來金編：《胡適論學往來書信選》，石家莊：河北人民出版社，1998 年 8 月。
8. 《胡適古典文學研究論集》，上海：上海古籍出版社，1988 年 8 月。
9. 《胡適紅樓夢研究論述全編》，上海：上海古籍出版社，1986 年 9 月。
10. 《論學談詩二十年：胡適楊聯陞往來書劄》，合肥：安徽教育出版社，2001 年 8 月。
11. 歐陽哲生編：《胡適文集》，北京：北京大學出版社，1998 年 11 月。
12. 唐德剛譯：《胡適口述自傳》，北京：華文出版社，1992 年 8 月。
13. 中國社會科學院近代史研究所中華民國史組編：《胡適來往書信選》，北京：中華書局，1979 年 5 月。
14. 阿英：《小說四談》，上海：上海古籍出版社，1981 年 12 月。
15. 曹伯言、季維龍編著：《胡適年譜》，合肥：安徽教育出版社，1986 年 1 月。

16. 陳伯海：《中國文學史之宏觀》，北京：中國社會科學出版社，1995 年 12 月。
17. 陳國球：《文學史書寫形態與文化政治》，北京：北京大學出版社，2004 年 3 月。
18. 陳平原：《陳平原小說史論集》，石家莊：河北人民出版社，1997 年 8 月。
19. 陳平原：《文學的周邊》，北京：新世界出版社，2004 年 8 月。
20. 陳平原主編：《現代學術史上的俗文學》，武漢：湖北教育出版社，2004 年 10 月。
21. 陳平原：《中國大學十講》，上海：復旦大學出版社，2002 年 10 月。
22. 陳平原：《中國現代學術之建立——以章太炎、胡適之爲中心》，北京：北京大學出版社，1998 年 2 月。
23. 陳洪：《中國小說理論史》，合肥：安徽文藝出版社，1992 年 9 月。
24. 陳曦鍾、段江麗、白嵐玲：《中國古代小說研究論辯》，南昌：百花洲文藝出版社，2006 年 5 月。
25. 陳以愛：《中國現代學術研究機構的興起——以北大研究所國學門爲中心的探討》，南昌：江西教育出版社，2002 年 10 月。
26. 陳玉堂：《中國文學史書目提要》，合肥：黃山書社，1986 年 8 月。
27. 戴燕：《文學史的權力》，北京：北京大學出版社，2002 年 3 月。
28. 耿雲志、聞黎明編：《現代學術史上的胡適》，北京：生活・讀書・新知三聯書店，1996 年 5 月。
29. 顧潮：《歷劫終教志不灰——我的父親顧頡剛》，上海：華東師範大學出版社，1997 年 12 月。
30. 顧頡剛：《顧頡剛日記》，臺北：聯經出版事業股份有限公司，2007 年 5 月。
31. 顧頡剛編著：《古史辨》第一冊，上海：上海古籍出版社，1982 年 3 月。
32. 胡不歸等：《胡適傳記三種》，合肥：安徽教育出版社，2002 年 3 月。
33. 胡從經：《中國小說史學史長編》，上海：上海文藝出版社，1998 年 4 月。
34. 胡頌平編著：《胡適之先生年譜長編初稿》（校訂版），臺北：聯經出版事業公司，1990 年 11 月。
35. 〔英〕赫爾塞等著，黃偉等譯：《重解偉大的傳統》，北京：社會科學文獻出版社，1999 年 1 月。
36. 黃霖：《近代文學批評史》，上海：上海古籍出版社，1993 年 2 月。
37. 黃霖等著：《中國小說研究史》，杭州：浙江古籍出版社，2002 年 7 月。

38. 李慶:《日本漢學史》(第二部),上海:上海外語教育出版社,2004 年 3 月。
39. 魯迅博物館魯迅研究室編:《魯迅藏書研究》,北京:中國文聯出版公司,1991 年 12 月。
40. 魯迅博物館魯迅研究室編:《魯迅年譜》(增訂本),北京:人民文學出版社,2000 年 9 月。
41. 魯迅博物館魯迅研究室《魯迅研究月刊》編輯部選編:《魯迅回憶錄》(專著),北京:北京出版社,1999 年 1 月。
42. 羅志田:《裂變中的傳承——20 世紀前期中國的文化與史學》,北京:中華書局,2003 年 5 月。
43. 歐陽哲生選編:《解析胡適》,北京:社會科學文獻出版社,2000 年 10 月。
44. 浦江清:《浦江清文錄》,北京:人民文學出版社,1958 年 10 月。
45. 錢鍾書:《談藝錄》(補訂本),北京:中華書局,1984 年 9 月。
46. 〔美〕施瓦茨著,葉鳳美譯:《尋求富強:嚴復與西方》,南京:江蘇人民出版社,1989 年 7 月。
47. 孫昌熙:《魯迅「小說史學」初探》,濟南:山東教育出版社,1989 年 12 月。
48. 譚正壁:《中國小說發達史》,上海:光明書局,1935 年 8 月。
49. 唐弢等:《魯迅著作版本叢談》,北京:書目文獻出版社,1983 年 8 月。
50. 〔美〕梯利著,葛力譯:《西方哲學史》(增補修訂版),北京:商務印書館,1995 年 7 月。
51. 王得後:《〈兩地書〉研究》,天津:天津人民出版社,1982 年 9 月。
52. 王國維:《宋元戲曲史》,上海:華東師範大學出版社,1995 年 12 月。
53. 王瑤主編:《中國文學研究現代化進程》,北京:北京大學出版社,1996 年 12 月。
54. 〔美〕韋勒克、沃倫著,劉象愚等譯:《文學理論》,北京:生活・讀書・新知三聯書店,1984 年 11 月。
55. 吳俊:《魯迅評傳》,南昌:百花洲文藝出版社,1992 年 8 月。
56. 夏曉虹:《覺世與傳世——梁啓超的文學道路》,上海:上海人民出版社,1991 年 8 月。
57. 〔日〕鹽谷溫著,孫俍工譯:《中國文學概論講話》,上海:開明書店,1929 年 6 月。
58. 〔美〕余英時:《重尋胡適歷程——胡適生平與思想再認識》,桂林:廣西師範大學出版社,2004 年 9 月。

59. 元青：《杜威與中國》，北京：人民出版社，2001 年 9 月。
60. 趙景深：《〈中國小說史略〉旁證》，西安：陝西人民出版社，1987 年 6 月。
61. 趙英：《籍海探珍——魯迅整理祖國文化遺產擷華》，北京：中國文史出版社，1991 年 8 月。
62. 中國社會科學院文學研究所魯迅研究室編：《魯迅研究學術論著資料彙編（1913～1983）》第 1～4 卷，北京：中國文聯出版公司，1985 年 10 月～1987 年 7 月。
63. 鍾敬文著／譯、王得後編：《尋找魯迅・魯迅印象》，北京：北京出版社，2002 年 1 月。
64. 周作人：《知堂回想錄》，香港：三育圖書文具公司，1980 年 11 月。